中国金融期货交易所
China Financial Futures Exchange

金融期货与期权丛书

主编：张慎峰

汇率决定理论的微观结构方法

THE MICROSTRUCTURE APPROACH TO EXCHANGE RATES

理查德·K. 莱昂 (Richard K. Lyons) ◎著

王 玮　马 明◎译

王 玮　彭 程◎校

中国金融出版社

责任编辑：戴　硕　李　融
责任校对：刘　明
责任印制：毛春明

图书在版编目（CIP）数据

汇率决定理论的微观结构方法（Huilü Jueding Lilun de Weiguan Jiegou Fangfa）/理查德·K. 莱昂著；王玮，马明译；王玮，彭程校. —北京：中国金融出版社，2014. 11
（金融期货与期权丛书）
ISBN 978-7-5049-7427-3

Ⅰ. ①汇…　Ⅱ. ①理…②王…③马…④王…⑤彭…　Ⅲ. ①汇率理论—研究　Ⅳ. ①F830. 73

中国版本图书馆 CIP 数据核字（2014）第 034525 号

出版发行　中国金融出版社
社址　北京市丰台区益泽路 2 号
市场开发部　(010)63266347，63805472，63439533（传真）
网上书店　http://www.chinafph.com
(010)63286832，63365686（传真）
读者服务部　(010)66070833，62568380
邮编　100071
经销　新华书店
印刷　利兴印刷有限公司
尺寸　169 毫米×239 毫米
印张　20. 25
字数　288 千
版次　2014 年 11 月第 1 版
印次　2014 年 11 月第 1 次印刷
定价　48. 00 元
ISBN 978-7-5049-7427-3/F. 6987
如出现印装错误本社负责调换　联系电话（010）63263947

总　　序

20 世纪 70 年代初开始，欧美国家金融市场发生了深刻变化。1971 年，布雷顿森林体系正式解体，浮动汇率制逐渐取代固定汇率制，汇率波动幅度明显加大。同期，各国也在不断推进利率市场化进程。随着欧美国家利率、汇率市场化程度的提升，利率、汇率风险逐渐成为市场风险的主要来源，经济主体对利率、汇率风险管理的需求大幅增加。金融期货期权就是在这样的背景下产生的。1972 年，芝加哥商业交易所推出了全球第一个外汇期货交易品种；1973 年，芝加哥期权交易所推出了全球第一个场内标准化股票期权；1975 年，伴随美国利率市场化进程，芝加哥期货交易所推出了全球第一个利率期货品种——国民抵押协会债券期货；1982 年，堪萨斯交易所又推出全球第一个股指期货——价值线指数期货合约。金融期货期权市场自诞生以来，发展一直十分迅猛。近年来，金融期货期权成交量已经占到整个期货期权市场成交量的 90% 左右，成为金融市场的重要组成部分。

金融期货期权市场是金融市场发展到一定阶段的必然产物，发达的金融期货期权市场是金融市场成熟的重要标志。金融期货期权能够高效率地实现金融风险在市场参与主体之间的转移，满足经济主体金融风险管理需求。1990 年，诺贝尔经济学奖获得者莫顿·米勒对其有过经典的评价："金融衍生工具使企业和机构有效和经济地处理困扰其多年的风险成为了可能，世界也因之变得更加安全，而不是变得更加危险。"

金融期货期权诞生以来，对全球经济发展起到了积极的促进作用。在宏观层面，金融期货期权显著提升了金融市场的深度和流动性，提高了金融市场的资源配置效率，有效改善了宏观经济的整体绩效；在微观层面，金融期货期权为金融机构提供了有效的风险管理工具，使金融机构在为企业和消费者提供产品和服务的同时，能够及时对冲掉因经营活动而产生的利率、汇率等风险敞口，使它们能够在利率、汇率市场化的环境下实现稳健经营。

党的十八大明确提出，要更大程度、更广范围发挥市场在资源配置中的基础性作用，要继续深化金融体制改革，健全促进宏观经济稳定、支持实体经济发展的现代金融体系，加快发展多层次资本市场，稳步推进利率和汇率市场化改革。可以预见，我国将进入一个经济金融市场化程度更高的新时代，利率、汇率等金融风险将成为市场主体日常经营中必须面对和处理的主要风险。在这样的时代背景下，加快发展我国金融期货期权等衍生品市场具有格外重要的意义：

一是有利于进一步提升我国金融市场的资源配置效率。期货期权市场的发展，有利于提升基础资产市场的流动性和深度，从而为基础资产市场的投资者进行资产配置、资产转换、风险管理提供便利，促进金融市场资源配置功能的发挥。

二是助推我国利率和汇率市场化改革进程。随着我国利率、汇率市场化程度不断提高，机构面临的利率、汇率风险在增加。如果缺乏有效的风险管理工具，包括商业银行在内的各类市场主体无法有效地管理风险敞口。这不仅对金融机构稳健经营构成挑战，也会牵制利率和汇率市场化改革的进程。只有在利率和汇率市场化改革过程中，适时推出相应的期货期权衍生产品，才能保证利率和汇率市场化目标的实现。

三是有利于推动我国经济创新驱动，转型发展。实体经济以创新为驱动，必然要求金融领域以创新相配合，才能不断满足实体经济日益多样化、个性化的需求。金融期货期权是各类金融创新的重要催化剂和基础构件，发展金融期货期权等衍生品，有利于推动整个金融行业开展有效创新，拓展和释放金融服务实体经济的空间和能量，促进我国实现创新驱动的国家发展战略。

总　序

当前，我国金融期货期权市场还处在发展的初期，远远不能满足市场参与者日益增加的风险管理需求，也远远不能适应我国实体经济发展和金融改革创新的新形势和新要求，加快发展我国金融期货期权市场已经时不我待。

2010 年 4 月 16 日，中国金融期货交易所推出了沪深 300 股指期货，标志着我国资本市场改革发展又迈出了一大步，对于完善我国资本市场体系具有重要而深远的意义。中国金融期货交易所肩负着发展我国金融期货期权等衍生品市场的重大历史使命，致力于打造“社会责任至上、市场功能完备、治理保障科学、运行安全高效”的世界一流交易所，建设全球人民币资产的风险管理中心。加强研究和交流是推动我国金融期货期权市场发展的重要手段，中国金融期货交易所组织出版的这套金融期货与期权丛书，旨在进一步推动各方关注我国金融期货期权市场的发展，明确金融期货期权市场发展路径；帮助大家认识和理解金融期货期权市场的内在功能和独特魅力，凝聚发展我国金融期货期权的共识；培育金融期货期权文化，培养我国金融期货期权市场的后备人才。这套金融期货与期权丛书涵盖了理论分析、实务探讨、翻译引进和通俗普及等四大板块，可以适应不同读者的需求。相信这套丛书的出版必将对我国金融期货期权市场发展事业起到积极的推动作用。

中国金融期货交易所董事长

2013 年 7 月

中文版序言

我十年前出版的英文版著作，现在有了这本中文译本，对此我感到十分振奋。亚洲金融市场，特别是中国的金融市场，正经历着迅速的发展，这是十分卓越的成就。我以加州大学伯克利分校哈斯商学院院长的身份，每年都会造访中国两次。每一次的造访经历都使我对中国的金融创新和制度进步感到惊讶。但其中最深刻的金融演变，莫过于人民币正稳健地发展为世界主导货币之一。

微观结构分析方法为读者洞悉这些演变提供了一个“显微镜”。它在汇率的传统宏观经济分析方法与基于信息经济学的微观基础之间搭建了桥梁。这种微观基础及其对交易大厅中真实交易过程的解读，使得微观结构分析方法成为业者结合汇率理论和实盘交易的基本方法。对于金融机构如何在外汇市场中发现价值，通过微观结构分析方法可以发现，答案就蕴藏在这些金融机构专有的关于交易和指令流的信息中。

在外汇市场上，微观结构分析方法可以发挥着强大的作用。在加州大学伯克利分校金融工程硕士项目中，我们把它作为学习和研究的重点。微观结构分析法也在不断地发展和完善，例如，我的长期合作伙伴和朋友，Martin Evans 教授，最近出版了《汇率动态学》（*Exchange*

Rate Dynamics，普林斯顿大学出版社，2011 年）。我希望本书及他的著作都能为读者对汇率的思考提供帮助。

理查德 · K. 莱昂

美国加州大学伯克利分校

2011 年 7 月 29 日

Preface to "The Microstructure Approach to Exchange Rates" (Chinese Edition)

I am thrilled that my book, which appeared ten years ago in its English-language edition, is now available in Mandarin. Asia's financial markets, and China's in particular, are developing so rapidly it is remarkable. I go to China twice a year as Dean of the Haas School of Business at the University of California Berkeley. Each time I am surprised by how much more evolved the narrative is around financial innovation and institutional development. On top of this, the RMB is on a clear path to becoming one of the world's leading currencies.

The Microstructure Approach provides a valuable lens for making sense of the changes. It provides an explicit connection between the traditional macroeconomic approach to exchange rates and a set of microfoundations that are grounded in information economics. That grounding, and its appreciation for what really takes place on the trading floor, makes this approach a natural one for practitioners who want to reconcile what they see from day to day with the more traditional models in textbooks. The approach also provides a lens for identifying how financial institutions are finding value in foreign exchange markets, that is, in the information about trades and order flows that is largely proprietary to those financial institutions.

The Microstructure Approach has held up well. We still rely on it heavily in our Masters in Financial Engineering program here at UC Berkeley. The approach continues to develop as well, for example, in the recent book published by my longtime co - author and friend, Professor Martin Evans, "Exchange Rate Dynamics" (Princeton University Press, 2011). I hope you find it as useful for organizing your thinking about exchange rates as I have.

Richard K. Lyons
Berkeley, California, USA
July 29, 2011

I dedicate this book to my wonderful wife, Jen.

英文版序言

本书着眼于汇率经济学和微观金融学这两个理论领域的交叉内容。从传统上看，两个理论领域是各自独立发展的，但是在近年，它们开始相互融合，而这种融合又在各自的领域推动了理论上的新发展。在汇率经济学领域，新的理论进展就来自于一个独特的方法——微观市场结构方法。

本书的直接读者应是上述两个领域的专家，他们往往对从彼此领域了解更多的知识有着浓厚的兴趣。不过这在过去并非易事，相关研究领域往往有着各自不同的知识传统，要做到融会贯通需要投入大量的时间进行研究。本书将为此提供便利，以节省研究者宝贵的时间。在本书结尾处，我将给出两个理论领域的研究材料，即便读者并不熟悉某个领域，也可以找到可用于研究的材料。从业人员也可以从中找到大量有用的资源（第 7 章到第 9 章的实证研究内容就与这部分读者关系密切）。

本书的一大特色是将理论研究和经验研究结合在一起（参见 O'Hara 1995 年的理论文本）。实际上本书在内容安排上着重突出了理论和实证研究之间的相互影响。第 4 章给出了基于微观结构理论的规范架构，其中的一些理论架构最初是为集中分析纽约股票交易所发展出来的，而纽约股票交易所的市场结构是为每只股票提供单一交易商的模式。外汇市场在此种情况下也是适用这些理论框架的，第 4 章也对此进行了分析。第 5 章总结了实证研究的有关理论框架，并突出了在外汇市场上的应用。这些经验研究主要集中于第 4 章的理论。从第 7 章到第 10 章这最后 4 章的内容，主要是给出在前 6 章中展示过的理论的实际应用，从而使相关内容反映了理论和实证研究的深度结合。

本书的一个特点是它突出了信息经济学，而不是交易制度的作用。

对微观市场结构理论不熟悉的人通常将注意力放在交易安排上（诸如不同交易机制的结果上）。这固然是相关领域中的重要组成部分，但在本书的安排中，相关内容却并非如此。本书的重点在于金融信息经济学，以及微观结构工具是如何厘清与汇率相关信息的种类的。与此相对应，本书从第 2 章开始就迅速将论述内容集中到金融信息经济学上，而从第 3 章开始，才展开前面大量有关外汇交易机制的内容。

本书在教学方面也颇有特色。相关的三篇理论综述主要集中在第 4 章至第 6 章，分别是：微观市场结构理论、微观市场结构的实证研究以及汇率理论。在第 4 章，有关微观市场结构的理论综述是通过“理性预期”模型展开的。整章内容从隐含拍卖人模型开始，延伸到 Kyle 的显性拍卖人模型。我认为这更多是概念上的一种自然拓展，而不是有关微观市场结构理论方面书籍的典型顺序。为了揭示潜在规律，第 4 章也给出了微观市场结构理论的一个基本范式。在第 4 章的结尾我给出了一个附录，其中包括几个重要技术工具的简易说明。在实证研究方面，第 5 章在综述的开始给出了一整套可以通过互联网获得的数据和信息（相关数据可以从我的网站〈www. haas. berkeley. edu/ ~ lyons〉获得）。近年来，数据质量有了大幅提高（这很大程度上可以归功于电子交易的盛行），为了使读者尽快熟悉，有关综述也提供了简易说明。第 6 章的内容承上启下，与前面的章节相比更为微观，与其后的章节相比更为宏观。有关汇率理论综述以“估值”的方式展开，这里估值包括汇率“基础理论”的传统定义。对于那些估值概念主要来自于股票市场的红利折现模型的读者来说会有所帮助。第 6 章也突出描述了汇率模型和市场微观结构模型之间的相似之处（类似汇率决定的资产组合平衡模型和库存模型在概念上的联系）。

本书也涵盖了一些新的成果。例如，第 7 章和第 8 章就包含一些新的文献，而第 9 章大部分内容都是新加入的。分布于其他章节的许多观点和争论同样也是新的内容（例如，微观市场结构理论潜在应用的前景）。第 7 章到第 9 章的大部分内容都来自于我与三位同事的合作，他们是：Martin Evans、Mintao Fan 和 Michael Moore。

从教学的角度来看，本书适合于三类课程：首先，在所有10个章节中，第1、4、6、7、8和9章适合开设国际宏观经济学的博士课程；其次，第1、2、3、4、5和10章的内容适合开设市场微观结构理论的博士课程；最后，本书也适合国际金融硕士课程，具体包括第1、3、6、7和9章的内容。

这里也有一些地方需要进一步说明。通常对微观市场结构理论来说，我对价格决定方面的分析强调采用指令流的方法（可用正负号标注的交易量表示）。这种突出与我个人兴趣和工作密切相关。尽管我提供的资料中很多不是我的成果，但我本人的研究成果的作用要远远大于文献综述。用一位审稿人的话来说，本书是个人心血的结晶，而非仅仅是职业上的论点。在此我要提前对未能列出名字的作者表示抱歉（对相关综述感兴趣的，我个人推荐Sarno和Taylor在2000年发表的文献）。

第二点说明是我对“微观结构方法”一词的使用。尽管对于微观结构模型的组成这里并没有统一的定义，我在书中采用了一个相对广泛的定义。对我来说，微观结构方法不仅是描述相关问题的有力工具，也是构造这些问题的方法。实际上，系统构架的本质就是理论价值的重要一面。一旦完成相关的研究，后续章节还将会使这一点更加明确。

最后，我还要补充一个说明。本书某些部分的内容在一些读者看来可能有些传教的成分。由于我在第1章中描述了整部书的主题，所以在此尤其会给读者这种感觉。（汇率经济学家将会发现这些主题的争论性远比微观结构金融领域的要多。）为了能够使读者更好地理解本书，我觉得最好还是尽早提出这些主题。随后的章节则给出了大部分支持这些议题的证据。

这里我还要感谢很多人。MIT出版社的Victoria Richardson和Elizabeth Murry的支持和鼓励令我感动。我也想要感谢我的几位同事，他们是本书早期草稿的匿名审稿人，给了我很多有价值的建议。我也要感谢Alain Chaboud、Mike Dennis、Petra Geraats、Philipp Hartmann、Harold Hau、Jen Lyons、Michael Melvin、Michael Moore、Carol Osler、Richard Portes、Hélène Rey、Dagfinn Rime、Andrew Rose、Patrik Safvenblad、Sergio Schmukler、Mark Taranto 和 Paolo Vitale 以及他们所给出的广泛的评论和建议。我的一个朋友和同事——Michael Klein，为本书的写作提供了灵感，并给出很多有洞察力的见解。我感谢图卢兹大学和斯德哥尔摩大学在我写作本书时，慷慨地提供给我访学机会。国家科学基金也给了我很多财务上的支持，本书（以及很多基于此的研究）在很大程度上是他们投入的结果。最后，我还要感谢 Jim McCarthy，我的一个老朋友和外汇交易员，正是他把我引入了外汇交易的世界。

目　　录

第1章　微观结构分析方法概述

十年前，笔者（本书作者 Lyon）接受一位在银行进行即期外汇交易的朋友邀请，去帮他一段时间的忙。虽然笔者以前写过关于汇率的论文，了解汇率的运作，可以说是这个领域的专家，但是坐在那里，看着朋友一整天都忙着进行交易，而且每天的交易额都超过10亿美元的时候，忽然觉得原来的想法错了。在这个领域中，交易的标准额度是1 000万美元，100万美元的交易根本不算什么。虽然笔者认为汇率取决于宏观经济，但是朋友最关心的根本不是这个方面的信息。交易的速度是极快的：每五秒钟或者十秒钟报价一次，每一分钟或者两分钟进行一次交易，而且要不断地决定持有多少头寸。不必说，他们根本没有聊天的时间，当朋友在繁忙的交易时段问“应该做什么?”的时候，笔者才发现之前对这个领域的理解是相当不全面的，对于朋友的问题，也只能不安地一笑置之。

本书正是后来笔者对相关领域产生兴趣后的产物，其主要内容是之前的理解与目前的认识之间的差异。实际上，这个差异也可以看成是两种学术观点的不同：一类是汇率经济学观点，另一类则是金融微观结构理论。汇率经济学家使用的是宏观经济汇率决定模型（汇率是由通货膨胀、经济产出、利率等宏观经济变量函数所决定的），但这些汇率经济学家对微观结构模型一点都不了解。而另外一些研究微观结构的学者则恰好相反，他们把外汇看成是国际经济学家的职责范围，而对宏观经济汇率模型则不熟悉，他们历来研究的重点是股票市场尤其是纽约证券交易所的微观经济形势。

尽管写作本书的目的有很多，但是主要有两个值得一提。第一个是对这个新兴领域感兴趣的学者所面临的门槛较低，汇率经济和微观结构这两方面较低的门槛有助于这一研究领域发挥其潜力。第二个目的是把过去的研究工作融合为一个综合的研究方法——微观结构方法。尽管从20世纪90年代开始，许多学者就把微观结构工具应用于外汇市场，但到目前为止现有的研究在很大程度上仍没有系统化。

汇率经济学是否需要一种新的研究方法呢？的确，它正面临危机——从某种意义上来说，现在汇率的宏观经济理论正处于实证研究的危机之中，在近期国际经济学概览（Handbook of International Economics）组织的调查中，Jeffrey Frankel 和 Andrew Rose（1995，1709）这样说道："证明宏观经济变量对浮动汇率有持续极大影响的证据是很少的，除了像恶性通货膨胀这样的特殊情况。这些发现的否定意义导致人们对汇率的研究处于一种悲观的状态。"

最后，希望本书可以唤起一些乐观的态度。

1.1 汇率的三种研究方法：商品市场法、资产定价法和微观结构法

在20世纪70年代之前，汇率决定理论占主导地位的研究方法是商品市场法，从这种研究方法来看，货币需求主要来自于商品的购买和销售。例如，随着出口的增加，外国市场对于一国货币的需求也会增加。模型虽然简单，意思却很明确：有贸易盈余的国家的货币会升值（盈余创造了货币需求）。尽管这种分析方法直观来看很有吸引力，但是从数据方面来看则是完全失败的：事实上，贸易平衡与外汇市场中几大货币的汇率波动是几乎不相关的。得出这种与"商品市场法"相左的结论也许并不出乎意料，因为商品和服务贸易只占全部货币交易数量的一小部分（低于日交易额1.5万亿美元的外汇市场的5%的比例）。

在20世纪70年代，因为认识到货币需求不仅仅来源于商品的购买和销售，也来自于资产的购买和销售，因此在商品市场定价法的基础上，出现了资产市场定价法。例如，为了购买日本政府债券，美国投资者首先需要购买足够的日元。此外，投资者以美元计价的投资收益则依赖于

日元汇率的波动，所以投资者对日元债券的需求也部分地取决于其对于该货币的投机性需求。这些观念上的转变逐渐带来了模型上的转变。模型开始验证投机“效率”这一概念：由于汇率包含所有公开可获得的信息，因此汇率本身在这些模型中就已经十分有效，当然这也使通过收集公开信息来获取超额收益丧失了意义。这是商品市场定价法所不具备的一个特征。[1]

但令人不安的是，相关的实证研究并没有支持资产市场定价法，模型中包含的宏观经济变量没有像预期的那样引起汇率变动，这方面的经典文献来自于 Meese 和 Rogoff (1983a)；他们认为资产市场定价模型在解释主要货币的汇率波动方面还不如一个简单的“无变化”模型，所以资产市场定价模型也没有进一步发展下去。在他后来的研究中，Meese (1990) 总结到：“现在的模型能够解释的汇率改变的部分（按月份或者季度）基本为零。”这方面的文献很多，参见 Frankel 和 Rose (1995), Isard (1995), Taylor (1995)。

资产定价理论也无法解释外汇市场巨大的成交量。之所以难以解释，是因为在实际交易中，宏观经济数据变量对于汇率变动是难以发挥作用的。相反，因为所有的宏观经济信息是公开的，一旦消息公开，汇率就被推动到一个新的一致性水平；这种推动汇率变化的预期的改变是不需要任何交易实现的。在资产定价法中，观念差异不是交易的驱动力，因为资产定价法的前提条件就是所有人的信念是相同的。

这些与资产市场定价法相左的观点也并不意味着该方法是“错误的”。事实上，从广义上讲，大多数人仍认为它是合适的。此外，它表明模型缺少一些关键因素，这些因素在汇率决定中有重要作用。

本书提出了一种新的研究汇率的方法，即微观结构法。与资产市场定价法一样，微观结构法认为货币的需求来自于资产的购买和销售。从这个角度看，这些理论是互补性的，而不是竞争性的，不同之处在于微观结构法放宽了资产定价法中最不符合现实的三个假设[2]：

1. 信息：微观结构模型认为与汇率相关的某些信息并不总是公开的。

2. 交易者：微观结构理论认为市场参与者对价格的影响并不完全一样。

3. 机制：微观结构理论认为不同的交易机制对价格的影响也不完全相同。

对微观结构不熟悉的人们常常关注于第三方面——不同交易机制的结果。但本书的重点无疑放在第一方面——信息经济（为了突出重点，下一章将直接转向金融信息的经济学，交易者异质性和交易机制的内容将在第3章中讲到）[3]。从经验上看，所有决定市场出清汇率的信息是公开获得的这一观点并不真实。可以从理论和实证上利用微观结构工具来对这个结果进行分析，而且最终的分析表明，信息公开这个假设是不正确的，它忽略了很多影响汇率的决定因素。

下面考虑一些例子，这些例子表明微观结构方法的目标是基于上述三个假设。从非公开信息的角度看，银行的外汇交易员可以经常看到非公开的交易信息。正如将在后面的章节详细介绍的那样，这些信息预示着接下来一段时间的汇率走势（例如，银行交易员在市场其他人之前就发现私人参与者或者中央银行的需求）。考虑到市场参与者的特异性，交易员对于相同的信息也会有不同的看法。另外一个参与者特异性的例子是交易动机的不同：一些交易者主要是为了套期保值，而另外一些交易者根本就是投机者（即使都是投机者，在规模上也有很大区别）。考虑到交易机制对价格的影响，假设一个市场的透明度很低（个人交易数额和价格都不能观察到），低透明度减缓了参与者更新形成适当价格水平的速度，也改变了价格形成的路径。

根据这些例子，人们可以把微观结构方法描述为采取第一线交易看法的观点。假定汇率通常是在实际交易室中决定，这可能是一个合理的开始。但是放宽这三个假设有助于理解汇率吗？放宽其他类别资产的相关假设取决于研究者对其市场的理解。最终的判断可能建立在微观工具的特定应用上。本书的后半部分将会介绍一些具体应用。

在介绍这些应用之前，希望读者们在头脑中做好准备，要接受传统的研究方法与数据不一致这个事实。事实上，Flood 和 Taylor（1996，

286）就曾根据相关事实概括如下：

根据近二十年来对宏观经济数据详尽的检验，可以认为对短期汇率的运行方式的理解，已经不会从对宏观基础数据的进一步检验中得到改进。这也使得关于外汇市场微观结构理论方面的新的研究工作在本书中才看起来更为可靠和更有前途。

1.2 微观结构理论的特点

上一节在外汇汇率的范畴内引入了微观结构这一概念。但是并没有像在国内金融学上那样给它下个定义。Maureen O'Hara（1995，1）将微观结构市场定义为：证券交易价格形成与发现的过程及运作机制。本书采纳的定义与她的定义是一致的。因为她下的定义非常广泛，所以可能有助于更深入的研究。

从宏观方法变为微观方法时，两个在宏观方法中没有作用的变量反而发挥了重要的作用。这些变量是微观理论的重要特点，有助于对微观结构下定义。这些变量分别是：

1. 指令流；

2. 价差（买卖价差）。

如果对这些变量标上数量和价格，可以清晰地看出这两个因素是经济学发展的原始动因。尽管这些标签看上去如此轻率，但是若通过放大镜，借助于数量和价格来描述这些变量，则会使我们更加接近真相。文中将分别介绍这两个变量进而希望读者都能够弄清楚。

指令流

了解指令流是了解汇率的微观结构理论区别于早期理论的基础。指令流是微观金融领域的一个重要概念。它是指带有符号的交易量（区别于传统的、不带符号的交易量）。比如，如果你跟一个交易员（做市商）联系，然后你决定卖给交易员 10 单位（股，欧元等），那么交易量就是 10，但是指令流是 -10。指令流带负号是因为这笔交易的发起人处于卖方，而报价的交易员则是被动接受（交易量的符号是由发起的那一方决定的）。因此，指令流衡量的是在某一段时间内买方或者卖方发出的带符号的交易量之和。一个负的总量意味着在该时期是卖出为主。因此，尽管交易中不变的事实是所有交易中都有一个卖方和一个买方，但是微观结构理论在测量指令流的时候提供了一种严格的在单个交易前加上符号的方法。

在没有做市商的市场上，这个定义需要稍微进行调整。某些金融市场用“限价指令册”[4]取代了做市商，这里有一个限价委托的例子。“当市场价格到达50时，为我购买10单位”。限价委托都被收集在一个电子“账簿”里面，这本账簿里面最有竞争力的指令确定了最佳的买入和卖出价。例如，以最高买价购买的限价指令成为市场上最好的投标。如果你进入市场，并且想立刻卖出10单位，你应该在最佳投标价卖出，而不是在最高的价位（最好的限价委托类似于有交易商的最好的市场买入和卖出报价），限价委托是交易的被动接受方，就像报价交易商在之前例子中总是被动方一样。当需要立即执行的指令到达时（如在现有的最佳价格卖出10单位），这些指令——称为市价委托——产生带符号的指令流。在上面的例子中，就像在更早之前的例子一样，卖出10单位的市场委托产生的指令流为－10。

在微观结构金融学领域，指令流是“过度需求”的一个变量，而不是它的同义词。这有两个原因，一方面原因与过度有关，而另一方面原因则与需求有关。第一个原因，根据定义，在均衡状态“过度需求”应该等于零，因为每一笔交易都有两个方面。但这并不是真正的指令流，因为在外汇市场上，指令是针对做市商发起的，做市商必须接受买卖量之间的不平衡。这种做市商的不主动使得“过度需求”和“指令流”这两个概念有了一定的区别。第二个原因就是事实上，指令流与需求本身是不一样的。指令流度量的是实际交易，而需求变化不一定会引起交易的发生。比如，由公开信息引起的需求变化在传统的汇率模型中会导致价格的变化，但并不一定有交易发生。

总体来说，微观结构模型的一个显著的特征是指令流所扮演的核心角色。这一点值得重视，因为它极大地扩充了微观结构的适用性。在资产定价理论中，指令流没有占据任何角色，它甚至不是一个有助于理解汇率的变量。从“价格影响的机制性结构”的狭义概念到“研究市场的新的观点”的广义概念，所有类型的微观结构模型都告诉我们，变量是非常重要的部分，它让交易者知道指令流是值得注意的。指令流在外汇市场重要性的问题比特殊的外汇机构对价格的影响问题更值得关注。

让我们来观察一个简单的图，这个图反映出微观结构模型的一个与指令流直接相关的重要特征。该图说明信息处理包括两个阶段：第一个阶段是交易商以外的市场参与者（包括共同基金、避险基金、有特别信息的个体等）对基本面的分析和研究；第二个阶段是交易商，即价格的制定者，对第一阶段分析结果的解读。交易商通过指令流解读第一阶段的分析结果并在此基础上设定价格。[5]

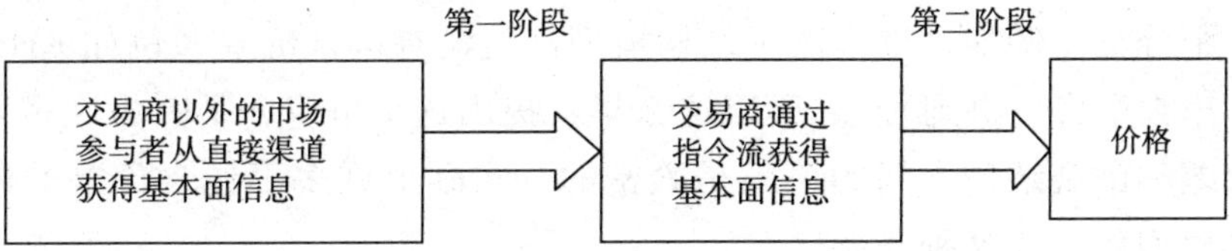

图1.1 信息传递的两个阶段

因为指令流包含了那些分析基本面的交易者的交易思路，所以指令流传递了基本面信息。从这个意义上说，指令流是一个传递机制。但现实中，这些隐含信息的交易混合着许多无信息的交易，因此分析指令流并不那么简单。在Kyle的模型中，做市商只能通过指令流来了解基本面信息，这个假设显然比较严格。完全依赖于指令流的分析是因为这些分析所得的信息不对外公开。对于公开信息，做市商显然不需从指令流中了解。尽管一些信息在外汇市场是公开的，但这些信息并不多。因此分析指令流信息就变得相当重要。

买卖价差

价差作为微观理论的第二个重要变量，它得到了这个领域的许多关注。主要有三个原因，一个是科学上的，一个是实践中的，一个是历史性的。科学上的原因与数据有关：价差数据是极大部分数据集的核心成分，同时也是可以检验假说的可行目标。相反，这也代表了重要但不可测量的贸易环境的其他特征（所谓的重要但不可测量包括信息流，观念的分散，流动性驱动的指令流等）。“价差”受到广泛关注第二个原因是实践性原因。参与者非常关心交易成本的控制，这种关心以及投入其中的资源已经影响到了微观结构的研究过程。第三个原因则是历史性原因。最初，是微观结构领域试图把自身从理性预期的交易文化中分离出去。而理性期望模型完全从交易机制中提炼出来的前提，是交易机制对潜在基本面与价格之间的关系的影响很小。明确微观结构研究方法的天然路径则定位成以下问题：交易机制的改变是怎么改变价格的？这个目标会引起对真实交易的价格价差决定的关注。[6]

尽管价差得到了普遍的关注，但是它仍然只是广阔的微观结构领域的一个分支。例如，许多微观结构模型甚至没有包含价差（例如 Kyle 模型，第 4 章将会讲到）。之所以这么早就提出这个争议，是因为许多人认为价差和微观结构之间的关系是紧密的，实际上许多不包含价差的微观结构模型放松了这种联系。

在指令流和价差这两个重要特征中，本书更加关注指令流。在这些介绍价差的例子中，关心的重点也在于它们所隐含的信息理论，这些信息是有极大意义的。例如，在第 2 章中，单独从价差行为中搜集到的证据，这些证据表明指令流可以起到预测价格运动的作用。这一点是非常重要的，因为它违背了传统模型的一个假设，即所有外汇市场参与者能够同时获得信息。一些参与者提前被通知得到某些信息，因为他们观察到更多的指令流。因此，以单独的价差行为为基础，可以得出一个更加有意义的结论：与资产定价方法相反，汇率决定不完全是公开信息的函数。[7]

1.3 至关重要的理论

熟悉汇率经济的读者不大可能熟悉微观结构，对这些读者而言，在一开始就提出一些本书中至关重要的理论是很有帮助的。尽早把这些介绍给读者，对于以后章节的应用更加有价值。下面是汇率经济学家有争议的四个主题。

主题一：指令流对于汇率决定非常重要

这里针对上述主张提出一些观点，在本书后面也还会提到。让我们来思考这样一个例子，来看看经济学家和市场执业者在世界观上的不同。以下是实际操作者在很长时间里用来解释价格运动的一个例子：在价格上升时，执业者断言："买者多于卖者。"听到这个解释时经济学家笑了，因为这句话等同于"价格会一直上升到供求平衡"。但是这两个句子并不是等价的。对于经济学家来说，"价格会一直上升到供求平衡"这句话会让他们想起"瓦尔拉斯拍卖者"理论，这是一种考虑价格怎么调整到市场出清水平的理论方法。瓦尔拉斯拍卖者搜集初步的指令，目的是发现市场出清价格。所有真实的交易都发生在这个价格水平上——没有任何交易发生在价格形成过程中。（熟悉理性预期模型的读者在那个模型中也可以看出这一点，在市场出清价格上所有指令都表现出这个特征。[8]）

执业者脑中似乎有不同的模型。在执业者的模型中有真实的交易商而不是抽象的拍卖人。交易商就像买方和卖方之间的缓冲器。交易商收集的指令是当前的真实指令，而不是先前的指令，因此交易会在变为新的价格之后发生。[9]尤其重要的是，交易商根据包含在指令流中的供求信息决定新的价格（图1.1"两阶段过程"表现了这一点）。

执业者的模型可以合理化吗？研究者不是第一次碰见这个问题，因为当交易在非均衡价格发生时也会遇到这个问题（根据"瓦尔拉斯拍卖者"理论，在这个价格下不会发生交易）。这就是不合理的行为。但是这种解释忽略了这个难题重要的一点：这些交易是否平衡取决于交易商得到的信息。如果交易商首先知道买方多于卖方，那么最终会把价格提高，这时就不清楚为什么会在一个较低的临时价格出售。但是如果不知道买方与卖方之间的不平衡，理性的交易会在价格变化过程中出现。

（不同在于，交易商不像拍卖人那样以所有可得的信息来制定价格。）这正好是标准的微观结构模型中的一种情形。如果交易商知道的与拍卖人知道的一样多的话，这种不合理的交易可能在有很多限制性现实性信息的模型中变得合理。

主题二：微观结构的长期影响

把“微观结构”与“高频率”联系在一起是很自然的，但也有欺骗性。诚然，微观结构领域的实证性工作常常确实是针对高频数据进行研究的，但是并不是说微观结构工具与相对低频率的、与资源相关的现象就没有关系。事实上，微观结构理论中许多工具都表现出低频率现象，由于认识到更广泛的微观文献，新的微观研究工具持续出现。本书的后面章节尤其是第 7 章，将专门介绍较低频率相关性的例子。

考虑到长期效应，最重要的一点是指令流传递了信息，这些信息对价格的影响应该是长期存在的。实际上，一个区分定价错误和信息的经验假设是信息对价格有持久的影响，而定价错误是瞬时的（French & Roll 1986，Hasbrouck 1991a，第 2 章会详细介绍）。在股权市场、债券市场和外汇市场的数据都表现出了这种长期效应。例如在外汇市场，Evans（1997），Evans 和 Lyons（1999），Payne（1999），Rime（2000）都表明指令流对于汇率具有显著的长期影响。事实上，这些影响从统计上来看确实是持久的。在微观结构的长期影响中，这种信息渠道无疑是最根本的。

关于低频率相关性的另一个来源即是，多重均衡取决于微观结构参数，某些参数值决定了在一个给定的模型中多重均衡是否是可能的，如果可能的话，这个均衡就可能被选中（Portes & Rey，1998；Hau，1998；Hartmann，1998a；Rey，2001）。这些不同的均衡分别在一些模型中适用于某汇率水平，在其他模型中又适用于汇率的波动（多重波动状态是 Rose 1999 和 Spiegel 1998 的研究重点）。无论哪种方式，取决于微观结构因素的多重均衡通过对价格的长期影响提供了另外一种研究方式（均衡本质上是持久的，所以对价格的影响是长期的）。[10]

类比方法可能会有助于理解，就像显微镜对于病理学的重要作用，微观结构对于汇率的宏观影响也同样非常重要。在医学上，显微镜在现象出现的级别上提出了解决办法，无论这个现象是否有宏观效应，这都是真的。在这个水平上提出的解决办法对于理解来说相当关键。同样，微观结构工具在价格的决定过程中提出了解决办法。交易商可以得到哪些信息？影响他们做出决定的力量是什么呢？（无论喜不喜欢，在主要的货币市场，没有汇率之外的价格确定，这是一个不容抹杀的事实。）对这些问题的解答有助于更长期地理解汇率。

主题三：微观结构与宏观经济学家有关

1987年，世界股票暴跌，许多人认为这与宏观经济相关。哪些专业的分析工具可以用于解释这种暴跌现象呢？Grossman（1988），Gennotte和Leland（1990），Jacklin，Kleidon和Pfleiderer（1992），Romer（1993）针对这次暴跌所发表的最新文章，显然支持放宽资产定价理论的三个假设，尤其是模型的丰富性。主要有三方面原因：（1）信息结构：哪个参与者知道什么信息。（2）多样化：哪种类型的参与者比较主动，他们的交易动机是什么。（3）机制：每个参与者在交易中担任的角色，每个参与者获得了哪些交易信息。微观结构理论确实有了成果。

宏观经济学家在20世纪90年代亚洲金融危机中也应用微观结构工具去解释汇率贬值。这些论文也引入了传统宏观理论不常用的信息结构，多样性和机构因素（Chen，1997；Calvo，1999；Corsetti Morris & Shin，1999；Carrera，1999）。

主题四：汇率经济学受益于信息理论的背景

在许多方面，这个主题都遵循着前三个主题。传统汇率模型的信息经济学都非常简单。宏观经济信息都是公开可获取的，所以每个人都可以同时得到这些新的信息，这些信息也会在价格中直接反映出来。没公开发布的分散信息的聚集假设没有任何作用，当然问题在于是否这就是价格决定理论的实质呢？或者说是否忽略了一些重要的东西呢？这些问题将在下一章解答。

1.4　微观结构工具在汇率难题中的应用

接下来将阐述汇率经济学中的难题以及微观结构是怎样帮助解决这些难题的。虽然后面的章节会详细介绍，这里也将介绍一些初步的概念。首先考虑外汇市场庞大的交易量这个难题（迄今为止最大的金融市场每天交易额为1.5万亿美元）。事实上，微观结构理论在这个难题上已经取得了相当大的进步。近年来在交易量放大效应上有了一定的发现，这个效应也称为“烫手山芋”效应。“烫手山芋”交易是在最初的客户交易之后，在交易商之间传递不想要的交易头寸。Burnham（1991，135）曾写到：“接到指令后，货币交易商企图通过另外的做市商或者经纪人市场寻找一个双向价格从而重建他自己的均衡，这时‘烫手山芋’游戏开始了……这是一个寻找愿意接受新的货币头寸交易对手的过程，这些货币头寸正好可以解释外汇市场巨大的交易量。”交易商在这个过程中需要把自己不想持有的交易头寸转移出去，这也是他们控制风险的结果。相反，在资产定价理论中，交易量主要从事投机交易。

理解价格决定比理解庞大交易量产生的原因更加重要，但是后者仍然十分重要。这里主要有三个原因。第一，对高交易量产生原因的不理解会导致不合理的政策，比如许多汇率经济学家们的注意力集中在交易税问题上，这个问题的支持者把庞大的交易量与过度的投机交易联系在一起。但如果大部分交易量反映了交易商的风险控制，那么交易税无意中会阻碍对风险的控制。第二，庞大的交易量会阻碍指令流在传递信息上的作用。之前讲到过指令流传递信息，信息的准确性取决于指令流的成因，了解这些原因对信息的准确性有积极的还是消极的作用是很重要的。第三，对指令流产生原因的误解可能会导致错误的理论。交易量之谜的存在表明资产定价理论没有提到外汇市场的关键特征。或许忽略的特征不重要，但是要确信它们是无足轻重的，这仍需要在信仰上的飞跃。

汇率经济学中最大的难题是什么呢？第 7 章会直接说明这个问题。三个最大的难题分别是[11]：

1. 决定论难题：汇率变动与宏观经济基本面几乎无关（至少在不到两年的期间内）。

2. 过度波动难题：相对基本经济因素最佳测量来说，汇率波动也过于剧烈。

3. 远期偏差难题：外汇市场投机交易回报巨大可预测但无法解释。

微观结构理论通过期望形成过程（即市场参与者形成对未来基本面的预期）把这些难题彼此联系在一起。它使这种联系没有偏离资产定价理论中常见的理性预期理论。相反地，微观结构理论使整个期望的形成在更丰富的信息经济环境中变得更加直接。本书关注于信息类型（例如公开的相对于非公开的）和信息如何形成期望（如指令流的聚集是否有效率）。[12]微观结构工具在解决信息类型以及信息形成期望这个问题中有很大作用。

第 7 章提出这三大难题并且表明微观结构工具在实证方面已经取得了极大的进步。7.1 节介绍了第一个难题，它回顾了 Evans 和 Lyons（1999）的工作，他们发现指令流对汇率变动有极大的影响。7.3 节通过对现有外汇市场汇率波动资源的研究引入了第二个难题（Killeen，Lyons 和 Moore 2000a，Hau 1998，Jeanne 和 Rose 1999）。7.4 节提出了解释第三个难题的微观工具——前向预期偏差，或许说上述工作已经彻底解决了三大难题可能犯了严重的错误，但它们确实已经取得了很大的进步。[13]

1.5 跨越宏微观的分界线——合二为一

如上所述，微观结构理论和资产定价理论的核心区别是交易中信息所扮演的角色。在资产定价理论中，交易没有发挥任何作用（宏观经济信息是公开发布的）；而在微观结构模型中，信息则起到了推动作用。在这两种定价理论中，经验论者对结构模型从全局的角度来看，这种区别很有启发性。

结构模型：资产定价理论

资产定价理论中的汇率决定公式如下所示：

$$\Delta P_t = f(i,m,z) + \varepsilon_t \tag{1.1}$$

ΔP_t 表示一段时间内名义汇率的改变量，时间跨度基本上是一个月。函数 $f(i,m,z)$ 中主要变量分别是国内外现在以及过去资产的名义利率 i，货币供应量 m，其他宏观决定因素 z。[14]我们假设公开信息变量的改变会改变价格，但是指令流没有发挥任何作用（尽管这时需求应该会发挥作用，1.2 节中曾介绍过指令流与需求的区别）。如果指令流引起的价格效应使得价格上升，就把它包含在误差项 ε_t 中。尽管在逻辑上是一致的，同时也很直观，但是长期的文献资料表明宏观因素在浮动汇率变化的成因中只占一小部分（少于 10%）（Frankel & Rose，1995；Isard，1995；Taylor，1995）。

结构模型：微观结构理论

在微观结构理论中，汇率决定公式来自于实际价格制定者（交易商）所面临的最优化问题。[15]等式如下所示：

$$\Delta P_t = g(X,I,Z) + \varepsilon_t \tag{1.2}$$

ΔP_t 表示在两个交易中名义汇率的变化量，而不是等式（1.1）中的按月份进行的名义汇率的变化量。函数 $g(X,I,Z)$ 中的主要变量包括指令流 X（带符号以表明方向），交易者的净头寸（存货）的测量值 I，其他微观决定因素 Z。这里的误差项 ε_t 与（1.1）中的误差项是相同的，都包含了由资产定价理论中公开信息变量引起的价格变化。

跨越宏微观界限的关键是带符号的指令流 X 所担任的角色。微观结构模型预测指令流和价格之间是一种正相关的关系，因为指令流包含了可能影响价格的私有信息。对 ΔP_t 和 X 之间的关系据经验估计是正相关的，这一点在证券市场上尤其重要（证券包括股票、债券和外汇）。也应该注意这些经验估计只有在相对较短的时间里才有效：向电子交易的转变意味着现在可以详细了解指令流记录，再也没有以前所谓的黑匣子。

理论综述

为了把微观和宏观联系起来，在第 7 章提出了一个公式，这个公式把宏微观理论集中在一起，具体如下：

$$\Delta P_t = f(i, m, z) + g(X, I, Z) + \varepsilon_t \quad (1.3)$$

这个公式通过使用多期模型，指令流 X 的测量等使得频率的可估性与资产定价理论相一致。指令流 X 多期的测量比经典的微观结构中指令流跨越的时间更长。

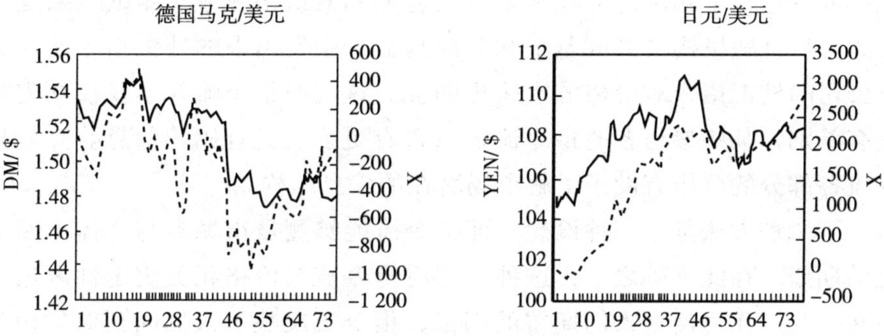

图 1.2 四个月的汇率（实线）和指令流（虚线）走势（1996.5.1—8.31）

对公式的估计表明多期的指令流比宏观变量更具有说服力。事实上，第 7 章介绍了日变化对日指令流进行回归，其决定系数（R Square）会大于 60%。[16]通过图 1.2，我们可以直观地看出这种较强的模型解释力。实线代表在 Evans（1997）的 4 个月的简单模型数据中德国马克与日元对美元的即期汇率（第 5 章详述）。虚线表示在这段时期内各种货币累积的指令流，X 表示的是这段时间内所有外汇交易商的带符号的交易量之和。[17]积累的指令流与名义利率是完全正相关的（购买力增加时价格上升）。指令流持续地解释了汇率的决定（否则汇率水平只能反映某时期的指令流而不是积累的指令流），这个结果很有趣。这种持续效应是一个重要特征，以后章节将会详细介绍。指令流有助于解决汇率难题，指令流效应会持续到与这些难题对应的时期（最低限度应采用月度数据）。[18]

指令流本身对于汇率决定有重要的解释作用，但这并不能说指令流是汇率变动的潜在原因。指令流只是一个近似的原因，潜在的原因实际上是信息。但是，特别地，什么能够确认决定指令流的信息呢？作为信息和价格之间的中间联系，“指令流”这个概念为这个问题提出了好几种方法，这里只是介绍相关概念，以后章节会详细介绍（主要在第 7 章和第 9 章）。

把指令流与潜在决定因素联系起来的一个方法就是分解指令流。（指令流一个好处就是能够被分解），本书在第 9 章中对总指令流的所有组成部分进行了测试，检验其是否具有相同的价格效应。测试结果是否定的：从金融机构（共同基金和对冲基金）中发出来的外汇指令比非金融公司的外汇指令对价格的影响更明显。这表明指令流并不仅仅在需求上有差别，某些参与者的指令流显然含有更多、更有用的信息。针对指令流各部分的分析有助于了解市场潜在的信息结构。

第二种方法基于一种设想，即指令流能够测量市场参与个体不断变化的期望。在此基础之上，这种方法将指令流与价格相关决定性因素联系在一起。作为衡量人们期望的因素，指令流反映了人们回到对货币的信念的意愿。这种方法可以用下式来表示：

$$\Delta P_t = f(Z_t, Z_{t+1}^e) + \varepsilon_t \tag{1.4}$$

Z_t 表示当前的宏观基本面（利率、货币供应等），Z_{t+1}^e 表示对将来宏观基本面的期望。宏观经济工具还不能准确地获得预期的基本面信息：估计常常是缓慢而且不准确的。如果我们把指令流看做是期望的替代品，那么可以对预测宏观变量的变化（如利率）起到重要作用。新的指令流数据集，包括了近六年外汇交易信息，为这种测试提供了足够的数据。

第2章　指令流信息经济学

正如第1章所述，本书的重点在于指令流所含信息的经济学意义。本章的学习将为以后各章节打下坚实基础。这一章需要回答以下几个问题：怎么知道指令流包含了信息？指令流包含了哪些类型的信息？

2.1节介绍了传统资产定价理论模型中的信息经济学的背景，2.2节回顾了近几年对指令流所做的实证研究，这些使用了各种方法的实证研究支持从各种资源中所获得的指令流所起到的信息角色。2.3节定义了指令流的意义，如果指令流所包含的信息是非公开的，就需要知道其包含的具体是什么信息。最后一节对指令流所包含的信息进行了更加理论性的分类。根据这些不同类型的信息可以将一些特别的例子进行分组，这些例子分别是关于宏观经济状况（通货膨胀、货币供应、实际产出等）的不同看法，关于机构风险承受能力的变化，关于投机需求，关于投资组合的平衡等。这些不同类型之间虽然有一些共同点，但最重要的还是它们之间的差异，这些不同之处对于理论研究和实证研究都有一定的提示作用。

本章没有对价格反映指令流信息这一机制进行展开分析（第4章将会介绍），本章主要是确立这么一个观点：指令流是一种传导机制，它把信息传递给价格。

2.1　背景

许多宏观经济学家对于指令流传达了与汇率相关的大量信息这个观点持争议态度。普遍的观点是：宏观经济信息是公开发布的，因此能够在价格中直接反映出来，而不需要指令流发挥作用。[1]在对指令流的传递信息作用进行实证研究之前，先介绍一些背景知识。

正如第 1 章所述，资产定价理论中的汇率决定模型如下所示：

$$\Delta P_t = f(i, m, z) + \varepsilon_t$$

其中，ΔP_t 表示一段时间内名义汇率的改变量，时间范围通常是一个月。函数 $f(i, m, z)$ 中主要变量分别是国内外现在以及过去资产的名义利率 i，货币供应量 m，其他宏观决定因素 z（如国内和国外实际产出）。

接下来要考虑私有信息的可能性。很难想象代理人拥有与利率相关的私人信息。或许有人在某天早上与联邦储备委员会主席有过一场极具启发性的会话，或者也许有人得到了美联储有关的货币政策投票的内部信息，这些都值得怀疑。[2]应该假设所有的代理人拥有相同的有关现在和未来利率的信息，那么有关货币供应和实际产出的私有信息是怎么一回事呢？对于这些变量来说，应该假设所有代理人是同时知晓的。当货币供应量和实际产出的数据公开发布时，所有代理人同时得到了新的信息，这里并不存在基于信息优势进行投机行为的秘诀。

随着愿景上的细微改变，指令流开始发挥信息作用，这种愿景的改变与前述的观点是一致的：即使汇率决定完全取决于公开的信息，也不足以排除指令流的信息作用。在理解这一点时，需要认识到在宏观资产定价模型中，实际上有两个至关重要的假设，这两个假设把指令流从价格中分离出来，这两个假设如下：

1. 与汇率有关的信息是公开的。

2. 信息与价格的映射过程是公开的。

若放宽任何一个假设，那么指令流就会传达一些与价格有关的信息。现在以放宽第二个假设为例，假设你和我都是某家大银行的外汇交易员，并且都看到了相同的宏观数据信息。如果我不知道你是怎么解读该宏观信息的，那么我就需要观察你的交易，从而了解你的看法。你的交易指令将会影响价格并且传递给我一些信息。

从实证研究的角度出发，放宽第二个假设没有争议。对“正确”的宏观经济模型并没有一个一致的看法：现存的宏观资产定价模型只适合少数的数据，如第 1 章所述，在 Isard（1995，182）的书《汇率经济学》

(*Exchange Rate Economics*) 中也提到了这一点:

"所以,直到今天经济学家对宏观基础因素和汇率之间的关系仍然知之甚少。相应的,下列情况令人难以置信:对宏观基础因素具有完全信息的理性市场参与者,可以依据这些信息来准确预测未来市场出清的汇率水平。"

这个事实表现出了指令流在信息对价格的影响中所起到的重要作用。

不过放宽第二个假设也不是恢复指令流信息作用的唯一方法。有许多类型的信息不符合两个假设中的第一个。本书第 2.3 节将会再次讨论这些信息。考虑到这些材料,从 Rubinstein (2000, 17) 那里引用了一些有关信息类型的内容:或许到现在为止,在所有有关资产价格的研究中所忽略的最重要的一点,就是对其他投资者需求曲线的不确定(对天赋或者偏好的不确定)。这就相当于把一种内在不确定的形式注入了经济中,等同于基本面的外在不确定性。在回顾这些信息类型之前,先介绍几种验证指令流信息功能的实证方法。

2.2　指令流信息功能的实证研究

验证指令流信息功能的实证方法有四种,这四种验证方法得出的结论是相似的(这也在一定程度上证实了结论的有效性)。这些方法从不同的角度对指令流的信息功能进行了验证:(1) 指令流对价格的永久效应;(2) 买卖价差中反向选择的部分;(3) 交易中断所造成的波动;(4) 对外汇交易商进行调查。本节将简单回顾符合这四个类别的论文。这里仅对这四个类别进行简单介绍,第 5 章的实证研究将会详细介绍相关的实证方法。[3]

方法一:验证指令流对价格的持续效应

一种方法常用于证明指令流对价格的持续效应是确实存在的。在文献资料中,经常会涉及到区分哪些指令流对价格有短暂影响,哪些指令流对价格有持续影响。当指令流对价格有短暂的影响时,我们常称为

“消化不良”或者“存货效应”。此类效应常常会和定价错误联系在一起。但是，当指令流对价格存在持续效应时，常常反映出潜在的基本面信息（French & Roll，1986，他们在有关信息获取和股票收益波动的论文中使用过这个方案）。

在微观结构的实证研究中，实现这些想法的标准办法是通过估计矢量自回归模型（VAR）来检验指令流变化对价格是否有长期作用（Hasbrouck，1991a，b）。当用主要外汇市场的数据进行检验时，发现指令流确实对价格具有长期作用，意味着它们传递了真实的信息，类似的发现还有很多（Evans，2001；Payne，1999）。

另一种检验方法是用累计指令流来解释外汇市场上的价格波动。就是说，不关心单独的一笔交易是否对价格有影响，而是关心累积的交易流（比如一天）对价格是否有影响。这种思路认为如果单笔交易对价格只有短暂效应，那么累计的日指令流与价格波动就没有关系。实证检验的结果是，日累计指令流与日价格变化有很强的正相关性（Evans & Lyons，1999；Rime，2000）。[4]

方法二：价差和富含信息的指令流

尽管人们对微观结构理论不是很清楚，但是买卖价差提供了一些方法来检验指令流是否带有信息。这是相当引人注目的，它暗示着即使单独以价差行为为基础，人们也能够学到外汇市场信息结构的重要知识。也就是说，信息结构不是一种反映信息对价格有影响的公开信息，而是一种包含个人指令的私有信息。

为了理解价差的测试功能，就有必要了解价差是如何产生的。在第5章写到价差之所以会存在，是因为交易商面临三种成本。第一种成本通常称为逆向选择成本，这是信息不对称的结果。交易商知道跟那些比较“知情”的人交易时，自己可能会亏钱。如果可以在交易之前就区分出谁是更“知情”的人，就不存在这个问题了，交易商可以选择不交易，或者可以把价格调整到合适的价位。但通常交易商根本无法区分谁是更“知情”的人。在这种情况下，防止损失的一个办法就是对所有潜在的参与者——知情者和不知情者都放宽买卖价差。这样，交易商就有比较大的空间来调整价格以防亏损。当一个交易商按照这种方式来保护他自己时，就认为他在自己的买卖价差中考虑了逆向选择的问题。如果在实证中，发现价差中包含了逆向选择的因素，就意味着交易商相信一些交易对象的指令流更好地反映了信息（不管交易商是否有能力识别那些交易对象的身份）。

实证表明逆向选择效应确实存在：交易商会放宽价差来对付那些更有信息含量的指令流（Lyons，1995；Yao，1998b；Naranjo & Nimalendran，2000）。[5]比如，Lyons（1995）发现他所跟踪的外汇市场的交易商按照指令流每增加500万放宽0.0001马克/美元的价差来防止自己亏损。Yao（1998b）也发现价差的反向选择效应。更进一步地，他发现跟踪的交易商总是能够从观察指令流之后所做的交易中获利。与Lyons和Yao不同，Naranjo和Nimalendran（2000）在总体考察外汇市场交易的基础上，重点分析了中央银行的交易——干预。他们发现价差的逆向选择效应与非预期的干预交易的方差成正比。

方法三：交易中断所造成的波动

方法三是通过检验交易停止时，价格仍然继续波动的现象来说明指令流的信息功能。这种方法的诀窍就在于确认交易的停止与公开信息无关——比如假期——然后波动就开始发生变化，因为公共信息指令流导致交易的停止。但是，如果有人非常相信公共信息指令流没有发生变化，那么由于交易停止而导致的波动变化可能就是其他原因引起的。尤其是，如果发现交易停止期间波动变小，这意味着：（1）在交易停止期间，市场上没有包含信息的指令流（informative order flow）；（2）交易停止期间缺乏交易导致定价错误；（3）前两个原因的综合。

French和Roll（1986）是第一个用这种方法来研究股票交易的。他们确认了一系列——大部分发生在星期三——纽约证券交易所由于指令处理积压而关闭的事件。它们一般是发生在常规工作日，不是整个经济体范围上的休假日。因此这种关闭只对潜在的公司，而不是经济整体有影响。唯一的不同在于纽约证券交易所不进行交易，因此没有理由认为公开的信息流会发生变化。French 和 Roll 估计了当周三有交易时周二和周四收益率的波动性，并将结果与周三没有交易的特殊情况进行比较。他们发现周三没有交易时波动性明显降低。根据这个发现以及其他一些现象他们得出了以下的结论：波动性降低的主要原因很可能是周三暂停交易时，信息指令流没有到达市场。

Ito、Lyons 和 Melvin（1998）在外汇市场上做了类似的试验。他们的试验是在东京外汇市场上的交易规则稍作修改后进行的。直到 1994 年 12 月，在东京的市场上银行都被限制在午饭时间不能交易（当地时间从 12 点到 1 点 30 分）。1994 年 12 月该规定取消，宏观经济信息流和政策都没有任何改变（比如公示的日期和时间都没有改变），因此公开信息流没有受到影响。Ito 等发现在取消该限制后，午饭时间美元/日元市场上的波动性翻倍了。[6]这是因为指令流含有信息还是定价错误？波动性增加本身并无法区分这两种原因，但完全归因于定价错误似乎不太可能，因此这个结果支持了“指令流具有信息功能”一说。

方法四：对外汇交易商的调查

如果认为交易者相信指令流是含有信息的，为何不直接询问他们呢？Cheung 和 Yuk - Pang（1999，2000），Cheung 和 Chinn（1999a，1999b），Cheung、Chinn 和 Marsh（1999）调查了全球范围主要交易中心（伦敦、纽约和东京）的外汇交易商。Cheung 和 Yuk - Pang（1999，2000）所调查的交易商中有 50% 相信外汇市场上的大额参与者具有来自“更优质信息”和“大客户基础”的优势。后者正是通常所说的交易商的优势来源，因为他们在自己客户的指令上拥有优先信息，并在此基础上进行投机交易（Yao，1998b）。

其他作者的报告虽然不如上述结果那么正式，但同样也对交易商进行了讨论。比如，Goodhart（1988）写道：“交易员所具有的信息优势的来源在于他们可以很专业地解读指令流中所包含的信息。”同样地，Heere（1999）也与 9 个外汇交易员进行了访谈，指出交易商强调了不对称信息的重要性。她所采访的那些交易商们都说，信息不对称基于指令流和这些指令流背后的机构性质。

2.3 私有信息的定义

本书中，满足以下两个条件的信息可称为私有信息。(1) 不能被所有人共享。(2) 比公开信息更好地预测未来价格走势。[7]

这是一个自然的定义，应该说这个定义比一些人认为的私有信息的定义更为广泛。例如，在这个定义中，如果一个交易者拥有得到指令流信息的特权，那么这些信息可以帮助他预测价格。这些信息就组成了私有信息（交易者期望基于这些私有信息能够进行投机活动）。这个定义在理解投机活动的动机方面是非常有用的。

为了让定义更加具体一些，本书把私有信息分为两个类别，并且列举了外汇市场上的几个例子。考虑一个两期的交易模型，$t=0$ 时的价格为 P_0，$t=1$ 时的价格为 P_1，$t=2$ 时最终收益价值为 V（未知的最终红利）。这个例子中所产生的信息就是第一种类型的私有信息，这种私有信息是关于最终收益 V 的大小的。能够改变收益 V 的期望值的信息显然与 P_0，P_1 有关。介绍两个可以认为是这种类型的外汇市场上的私有信息的例子（下一节会介绍更多的例子）。第一个例子是关于中央银行干预的私有信息：得到中央银行命令的交易商同时也获得了私有信息（Peiers，1997）。第二个例子是关于汇率基本面特别部分的分散的私有信息，例如贸易平衡：实际的商品和服务交易产生了外汇指令，而这些指令早在公共数据发布之前就为交易商们提供了贸易余额的信息（Lyons，1997a）。

第二种类型的私有信息是与收益价值 V 无关的（正好与第一种类型相反），但是与短暂的价格 P_0，P_1 有关。P_0，P_1 取决于除 V 的期望之外的其他变量，这些变量包括在这些价格水平上决定风险溢价的任何变量。一个例子就是交易员的风险偏好，其他的例子包括交易员的交易限制因素，风险资产的供给/分配以及交易环境的特征。这些影响 P_0，P_1 的信

息没有改变 V 的预期，这些质量较好的私有信息就是第二种类型的私有信息。

接下来考虑两个外汇市场的零回报私有信息的例子。第一个例子涉及到的是关于暂时的风险溢价的信息，而第二个例子涉及到的是关于持久的风险溢价的信息。在第一个例子中，由于外汇市场指令流的透明度比较低，交易商比一般公众更好地了解自己的投资行为以及其他交易商的投资行为。如果像许多微观结构模型所预测的那样，投资风险可以获得风险溢价，那么拥有这些信息的交易者比整个市场更能准确地预测暂时的价格。[8]随着交易商了解到越来越多的投资行为，即使最终的期望收益不会改变，也将会引起风险溢价的变化以及随之而来的价格变化[9]（和外汇交易商进行的讨论表明实际上这种类型的私有信息也是有关系的）。第二个涉及到持久的风险溢价私有信息的例子是第一个例子的延伸。具体来说，如果交易商的交易头寸总的看来足够大，为了被市场的其余部门吸收，就需要一个持续的风险溢价，这样的话，拥有较好质量信息的交易商也能够预测价格的影响（下一节将会详细介绍这个机制。Cao & Lyons，1998；Saar，1999）。

本书强调的是第二种类型的私有信息——关于临时价格的信息，主要有以下几个原因：第一，据笔者的判断，这种类型的私有信息与外汇市场的关系很密切。第二，相信外汇市场上不存在私有信息的人认为只存在第一种类型的信息——即关于收益 V 的私有信息（外汇市场上把这种信息解释为关于将来的货币基本面如利差的私有信息）。突出第二种类型的私有信息放宽了这种观点。第三，之前的文献倾向于忽视私有信息的分类，交易的信息理论模型特指有关最终收益的私有信息。实证研究也遵循这一点，但是这使得解释实证研究的结论很困难：到底应该说实证研究表明的是第一种类型的信息还是第二种类型的信息呢？答案并不明确。

对术语“基本面”的评论

对不同的人来说，“基本面”这个术语有不同的含义。例如，有的人会把第二种类型的私有信息看做“非基本面”信息，2.1 节中曾引用过的 Rubinstein（2000）就主张这种狭义定义。在引文中，根据代理人喜好和天赋的不确定性，他把不确定性与基本面区分开来。但是所有这些因素对于资产价格而言，都是基本面。笔者倾向于从同样的立场看待这两类私有信息，并且观察这两类信息的相同之处，互补之处。这个争论不仅仅是语义上的争论，更影响了思考价格决定因素的方式。

本书使用“基本面”术语指的是两种类型的信息，由于意义不是很宽泛，并没有多大的意义，上面提到的关于私有信息的例子乐观地看都真实地决定了价格。没有一个例子需要“金融泡沫”“博傻”或者非理性行为。[10]

2.4 对信息类型分类的扩展

本书用一种更理论化的方法去辨别指令流中可能含有的信息类型。这一节在之前两类私有信息的基础上加入了更详细的分类。在添加更详细的分类时遇到的问题，以及打下理论基础时遇到的问题是，对微观结构不熟悉的读者会发现这个部分难以理解。认为这个部分非常困难的读者应该相信之前的章节仅仅是对本书后面将出现的基本信息理论争论的一个充分的介绍。

首先我们需要认识到微观结构模型中的指令流与信息之间的一个重要的联系，上述内容在本书第 4 章中也会被提及（这一章回顾了微观结构理论），指令流在所有的公认的模型中都是价格的直接决定因素。这里的所有模型的特征是重要的：它确保了对指令流所构成的因果关系不依赖于市场结构的类型。

为了理解指令流所包含信息的具体分类，首先就需要理解指令流对价格产生影响的特定的渠道。在这个更广义的水平上，指令流传达的信息可能是货币市场需要集合的任何信息（如对宏观公告的不同解释，机构风险承受能力的改变，对存货需要的冲击等），在这个广阔的领域，理论提供了不同信息类型的分类。

为了给这些不同的类型做准备，考虑如下所示的简化的资产定价形式。上一节中的两期模型的风险资产的最初价格如下所示：

$$P_0 = \frac{E(V)}{1+d} \tag{2.1}$$

这里 P_0 是 $t=0$ 时的价格，$E(V)$ 是风险资产的最终期望收益，d 是市场出清时的贴现率（两期）。在股票市场的例子中，V 代表的是股息，这个等式与股息贴现模型很相似（所有的贴现的股息都包含在一系列由许多部分组成的收益中），这种价格等式的背景要求是市场出清，在这种市场中，需求与供给相等（通常假定供给是固定的）。任何价格因素——除了分子 $E(V)$ 之外——影响着市场需求/供给的因素都通过出清市场的贴现率 d 影响着资产价格。

现在我们就可以概括出指令流所包含信息的类型。在微观结构理论中大致有三种关键的类型：

1. 收益信息；
2. 贴现率信息——存货效应；
3. 贴现率信息——投资组合平衡效应。

对股票来说，收益信息指的是有关将来股息的信息，即股息贴现模型的分子 $E[V]$。对债券来说，收益主要有利息和本金（只要债券到期会得到履约，那么债券到期所需要偿付的本金就是公开所知的）。对外汇来说，收益主要有短期利率差（外国利率减去本国利率，6.1 节中将会详述）。这些代表的是被称为外汇的货币市场工具的持有者增值所带来的净现金流——与股票持有者持有的股票增值所带来的股息类似（购买外汇的外汇投机者不持有真实的货币，因为真实的货币没有利息，相反利用短期利率工具进行投资会有收益）。能够发现关于收益的私有信息是称为信息模型的一系列微观结构模型的基础。

在这里本书提供了一些指令流本身就传达了关于收益的私有信息的例子。最直白的例子是中央银行的命令中传递的有关未来利率的信息，尽管这个例子在主要的外汇市场并不常见。第二个例子是关于人们对于未来利差期望的信息，这个例子在日常操作中使用得更频繁。[11] 为了更好地理解这个例子，有必要认识到在现实中人们的 $E(V)$ 并不相同。相反，每个人对于未来利率的变化总有自己的预期，正是基于这么多的信息，我们才能形成自己的看法。这里可以把分子表示为 $E(V/\Omega_i)$，用来描述这种情况，Ω_i 表示市场参与者 i 形成的期望，因为参与者 i 的指令依赖于 $E(V/\Omega_i)$，观察他的指令可以了解到这些期望的信息。因此，指令流代表了对人们关于未来收益的期望，而信息早已嵌入其中。当在对价格产生影响进而决定新的价格水平时，这些指令可以看做是金钱支持的投票，而市场在“求和”。[12]

接下来介绍贴现率信息，微观结构理论强调贴现率中时间变量的两个独特性。[13]这两个性质都涉及风险溢价的变化和指令流的中心作用。第一个性质是存货效应（微观结构模型中的存货模型），这里的意思是规避风险的交易者需要补偿，以弥补供需暂时的不平衡，供需越不平衡，交易商必须假定的风险越高，所以要求的补偿越多。例如，假定交易者收集市场的卖单（交易商需要买），交易商或许只会在一个稍微低一点的价格上购入少量的指令，而更愿意在一个非常低的价格上购入大量的指令。此时，交易商提供了流动性从而赚取了暂时的风险溢价。平均来说，市场供求不平衡持续时间较长，对价格的影响持续时间也越长。一旦供求达到平衡，交易商不再有存货头寸，对价格的影响也消失——风险分散化。（在公式 2.1 中，存货效应可以改变决定价格 P_0 的贴现率 d，但是不改变有关 P_1 的贴现率。）这种影响价格的指令流就是当人们认为“微观结构的影响迅速消失时”考虑的指令流。总之，因为风险不能完全迅速地传递给整个市场，所以对价格产生了影响；相反，交易商在短期内承担不成比例的风险，这会在短期内影响价格。[14]

引起贴现率时间变动的第二个性质是这三种信息类型中的第三类，宏观经济学家称为投资组合平衡效应。区别投资组合平衡效应与存货效应的方法在于，即使风险头寸通过整个经济体扩散，指令流对价格的影响也不会完全消失，换句话说，推动投资组合平衡效应的风险数额是有限的（这与推动存货效应的风险不同）。当然，为了与第一种信息类型相区别，必须确定指令流没有包含与 $E(V)$ 有关的信息。

接下来介绍与 $E(V)$ 无关的两类外汇市场指令流，但是它们或许有持久的投资组合平衡效应。信息流——或者信息流的集合——来自流动性或套期保值的需求。思考一个具体的例子，假设 IBM 公司在英国出售价值 30 亿美元的设备，以英镑进行销售，然后在即期外汇市场上把英镑兑换为美元（假设交易与将来的货币基本面 V 无关），有的人一定情愿在无限期的将来持有英镑（这里的无限时非常重要，为了简化例子，这里假设 IBM 不会在将来的某个时间改变出售英镑的决定）——这是个永久的投资组合变化，此外，假设设备购买者不调整其投资组合外的英镑付款，如果市场需求弹性小于无限——客观上成为不完全替代——此时英镑兑美元的价格必然下降，以诱使其他市场参与者购买英镑。用数学公式来表示就是，为了达到市场出清，必须满足：

$$\bar{S} = D_1(E[V] - P) + D_2(IBM) \tag{2.2}$$

假设英镑的总供给 $\bar{S}$ 是固定的，由英国银行决定。而英镑的总需求由两部分组成：投机需求 D_1，非投机需求 D_2（由 IBM 对英镑的流动性需求所决定）。投机需求与即期利率 P 负相关（弹性小于无穷），非投机需求取决于对英镑的流动性需求。尽管相当简单，但是这个例子的实质与中央银行对冲干预所造成的投资组合平衡效应是相同的——国际经济学家用的就是这个例子。唯一的不同之处在于本书的例子中，一部分公众迫使其他的公众持有一个与收益无关的头寸，而不是中央银行迫使公众持有这样一个头寸（第 8 章将会详细介绍中央银行的干预措施）。

现在我们可以把上面的讨论和前一节对私有信息的介绍联系起来了，实际上，上面的讨论把一类早期私有信息划分为两个部分。上一节介绍了与收益 V 无关但与临时价格 P_0，P_1 有关的这类私有信息——称为无收益信息，也就是现在称为与贴现率有关的私有信息，并将它分为了与存货效应和投资组合平衡效应相关的两个类别。这种划分，使早期的描述与微观结构理论更加密切。它们不同的特征使得研究者容易从理论上区分它们，也正因为这一点有利于帮助研究人员分辨两种子类：存货效应是暂时的，而投资组合效应会长期存在的。

对这些信息类型一个形象的描述

为了使这三种类型的指令流信息更加清晰易懂，就需要采用一种更加形象的解释。例如，第二种类型的信息概括了上面关于贴现率暂时性存货效应的信息，假设由于交易商不会长期持有头寸，存货效应很快会消失，风险头寸将会迅速传递给非交易商的参与者（这在外汇市场上只需要一天）。图 2.1 是一个定性的图，短期市场供给曲线为 S^{SR}，向右上方倾斜（把这条供给曲线看做是与收入指令流相对应的交易商出售的意愿，而不是外汇实际供给的变化）。如果指令流没有包含影响长期价格（不再是短期）的两种信息类型的任意一种，那么长期供给曲线 S^{LR} 比较平坦。[15]

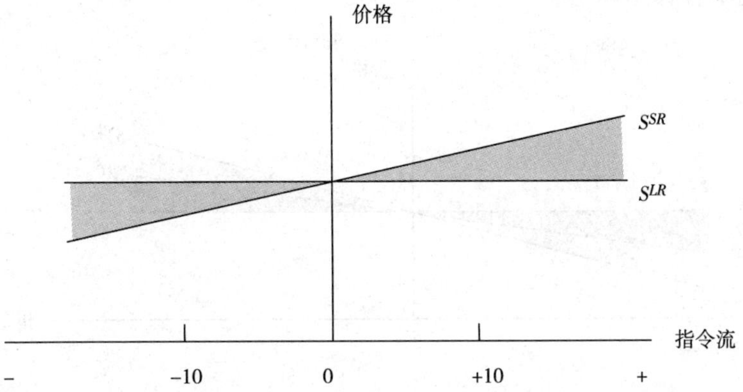

图 2.1

图 2.1 代表着仅有短期库存效应的供给曲线。两条线交叉之间的区域代表着短期库存效应。客户面临 10 个单位的有效价差在图中用短期净供给曲线 S^{SR} 在 –10 和 +10 之间的差异表示。如果客户需要从交易商买入 10 英镑——图中用 +10 的指令表示，那他就必须支付更多的美元。如果客户要卖出 10 英镑——图中用 –10 的指令来表示，那他就会以更低的价格收到美元。但是，从长期看，交易商对市场卖出剩余的外汇头寸时的价格，并不包括短期库存效应的影响。根据假设，市场的净供给是完全弹性的，对应的长期供给曲线 S^{LR} 的斜率为零。这里为了简化起见，将 S^{SR} 所代表的情况特殊化为线性关系。

现在可以在之前的基础上加上持久的资产组合平衡效应[16]，这样做能够表明市场作为一个风险厌恶整体，需要为持有某头寸而获得补偿，否则它不愿意持有，因此需要持续的风险溢价（以价格调整的方式）。因为风险溢价必然是持续的，所以价格调整也是持久的，图 2. 2 正好说明了这一点。图 2. 2 中短期供给曲线仍旧向右上方倾斜，但这里同时也反映了交易商的短期效应与不完全替代的长期效应，结果它比图 2. 1 中的 S^{SR} 更加倾斜。为了理解短期效应与长期效应是同一个方向，需要考虑潜在的交易商行为。从长期来看，单个交易商只愿意在一个相对优惠的美元价格上购买英镑，而市场这个整体在一个稍微优惠的价格上就会从交易商手中购入英镑，这个价格比交易商与客户的交易价格要高。交易商知道转移这部分存货的成本已经增加，因此在最初报价的时候就会把这个成本转移给顾客。

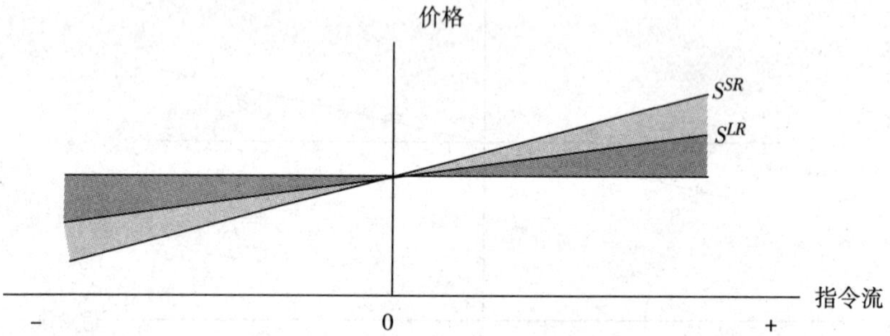

图 2. 2

图 2. 2 是具有库存和组合平衡效应的供给曲线。浅灰色区域代表着库存效应。深灰色区域代表着持续的组合平衡效应。由于库存效应，一个即将成交的指令的短期影响是要大于长期效应的。但是由于不完全替代性，长期效应也不为零；也就是说，长期净供给曲线 S^{LR} 会向上倾斜。这里为了简化起见，采用了线性关系来说明这种特殊情况。

指令流包含了有关将来期望收益的信息，就像投资组合平衡效应，在这种渠道下，指令流对价格的影响是持久的（French & Roll，1986；Hasbrouck，1991a，1991b）。在勾画供给曲线时，在图 2. 2 中所示的长期曲线的基础上斜率更大，图 2. 3 正好解释了这种长期供给曲线，注意到短期供给曲线比另外两条长期供给曲线更加陡峭。

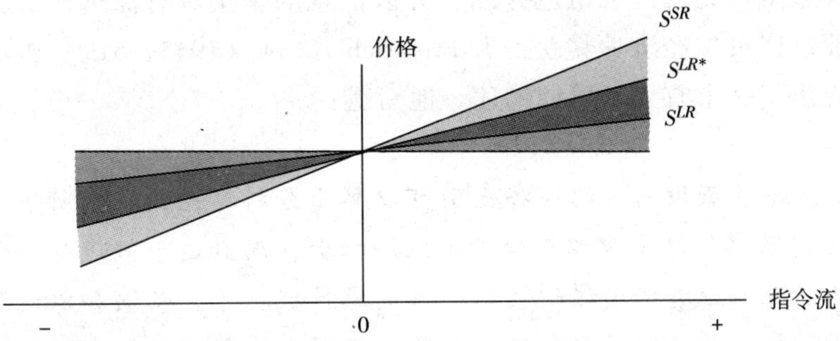

图 2. 3

图 2. 3 为指令流传递支付和贴现率信息的供给曲线。浅灰色区域代表短期库存效应。深灰色区域代表持续支付信息效应。中等灰色区域代表持续组合平衡效应。所以本图反映了微观市场结构理论中产生的三种信息类型。长期供给曲线 S^{LR*} 反映了组合平衡长期的效应（S^{LR}），加上通过指令流传递的支付信息带来的一个长期额外效应。这里为了简化起见，采用了线性关系来说明这种特殊情况。

图 2. 3 中，有一条新的长期供给曲线 S^{LR*}，这条曲线不仅反映了图 2. 2 中长期投资组合平衡效应 S^{LR}，还反映了指令流所包含收益信息的长期效应。

本书的下一章将从实证方面介绍这些供给曲线的斜率。在这部分需要值得注意的是，外汇市场的指令流与其他资本市场有极大的相关性。在这些图形中，这一特点相当于远离指令流为 0 这一点的左侧或者右侧横轴上的点。因此，即使这些供给曲线的斜率接近于 0，大量的指令流仍然能够产生持续的价格影响。

总结性的观点

为了对本章进行一个概括，就需要再次认真思考一个非常重要的知识点。这一章中的微观结构应用有助于提出一个相当深奥的问题，即市场所产生信息的本质是什么？

通过对信息流的研究，这些工具将有助于分辨出哪种类型的信息是相关的，以及信息是如何聚集的。

汇率决定理论的微观结构方法

在金融市场的经济角色方面，分散信息的聚集具有深远的意义，非常重要。诺贝尔经济学奖获得者 Friedrich Hayek（1945，519）曾经对这一点提出了一个有力的早期描述。他写道：

> 尽管假设简单的经济模型可以算出分析结论，模型所依赖的“数据”从未可以解释整个经济社会，而且这个假设站不住脚。理性经济秩序这一问题的特别属性就在于，必须加以运用的知识不是集中或整合的，而是由不同个体所分散持有不完整的、常常相互矛盾的知识。因此，社会的经济问题实际上就是如何运用人们各自不完整知识的问题。

相对于传统汇率决定方法，这里的信息理论给出的观点有着本质的不同。在第6章（本书给出了汇率的宏观决定理论的综述）将看到，汇率经济学可能会有一个更为广阔的信息理论前景。

第3章　制度设计

第1章概述了微观结构分析方法，指出这种方法放宽了资产定价法最不符合现实的三个假设。这三个假设分别是：（1）所有与外汇有关的信息都可以公开获得；（2）所有市场参与者都是同质的；（3）交易机制不影响价格的形成。（公平地说，宏观经济学家也并不认为这些假设是合理的，他们只是为了更好地阐述理论。）第2章为相关的且分散在经济中的信息提供了思考的框架，从而阐述了第一个假设。本章将要阐述后面两个假设：市场参与者的异质性和交易机制的作用。

本书的3.1节介绍市场参与者及其异质性，描述了几个主要外汇市场的交易机制，并将其和其他金融市场的交易机制进行比较（参见Luca，2000中大量的机构信息，这其中包括外汇市场发展的历史资料）。3.2节介绍市场机构信息的重要来源——国际清算银行每隔三年出版一次的中央银行调查报告（BIS，1999a，2002）。这些调查数据是机构信息的唯一来源。3.3节介绍外汇市场的透明性，这对于理解指令流信息如何传递非常重要。在高度透明的市场，指令流能被所有参与者观察到，因此它能快速而准确地影响到公众的预期。在不透明的市场（外汇市场相对来说不透明），指令流不能被大多数参与者所见，因此，指令流传递的信息反映到价格中的速度就要慢得多。最后一节，即3.4节提出制度和微观结构之间存在着普遍而紧密的联系。

说到外汇市场，人们应该更加谨慎。许多人把外汇市场理解为几个主要浮动汇率的即期外汇市场，比如美元兑欧元，美元兑日元这两大即期外汇市场。然而，从更广泛的意义上来说，外汇市场还包括除即期和几个主要的浮动汇率以外的市场。除了即期市场，外汇市场还包括一系列衍生工具（远期、期货、期权和掉期）。汇率除了几个主要的浮动汇率，还包括如新兴市场这样的较小市场的汇率，以及像欧元出现之前西欧地区这样的采用固定汇率制国家的外汇市场。当人们提到外汇市场日成交量是1.5万亿美元的时候，这个数据通常是指广义上的外汇市场。[1]

然而，外汇市场的本质是即期市场。1998年，即期外汇市场的成交量占了整个外汇市场的40%（1.5万亿美元中的6 000亿美元）。虽然这一份额有下降的趋势（1989年的BIS调查报告显示为59%），但是这并不是由于绝对额的下降，而是因为衍生工具市场的大力发展。

然而，鉴于本书的写作目的，关于上文的市场份额，有非常重要的一点必须明确。非即期市场交易的9 000亿美元中，7 340亿美元来自掉期交易。[2]掉期外汇交易最终不会产生指令流。为了明白其中的原因，我们应当了解掉期是什么。掉期外汇交易涉及两笔方向相反的外汇交易。例如，今天我买进1亿欧元，卖出美元（即期）的同时，同意一个月后进行平仓，卖出1亿欧元，买进美元。这个例子就称为即期—远期掉期交易（人们也可以做远期—远期掉期，在这种交易中，其中一笔交易的到期日比另一笔早）。注意，这两笔交易的指令流数值相等，符号相反，因此指令流的净影响为零。熟悉利率平价的读者会发现这种合同是锁定利差的一种方法，这也是市场参与者利用掉期的目的（保值或者投机）。[3]因此，净需求的冲击主要针对较短期的利率，而不是在外汇市场。这一点在银行的行为中有所体现：银行家们告诉我，当他们利用指令流来构建模型预测汇率时，会先排除掉期交易的指令流。这样做的主要原因是即期交易占7 660亿美元外汇市场日成交量中的6 000亿美元，即占本书指令流模型对应的交易活动的78%。

然而，78%并不是100%。因此，这些数据要求本书严格界定这个范围。一方面，广义的外汇市场包括衍生工具交易，这跟官方（BIS）的定义一致。此外，套利的存在将次要市场紧密联系在一起，暗示人们这不是多个市场，而是一个市场。另一方面，这些次要市场并不具有相同的市场结构，尤其是在期货市场上。期货交易是在固定的交易场所面对面公开叫价进行的。

为避免这些困难，后面将主要讨论即期市场，特别是几个主要的浮动汇率的即期市场（固定汇率即期市场的成交量远小于浮动汇率即期市场）。除非特别说明，本书提到的外汇市场是指像美元/欧元和美元/日元这样的即期市场。到目前为止，有关外汇市场微观结构的研究主要集中在即期市场。若将外汇市场的范围拓展到衍生工具，将进入一个未知的领域。但是，本书并不是完全排除衍生工具市场的研究，所涉及到的地方将会有注释和说明。[4]

3.1 即期外汇交易的特征

在进一步研究市场结构之前，必须先对市场结构的基本形式进行分析。现实中的市场结构不是单纯的某一种，而是以下三种形式的结合，了解这三种基本形式有助于理解现实中的市场。市场结构的基本形式大致可以分为三种：

1. 竞价市场；
2. 单个交易商市场；
3. 多个交易商市场。

虽然每种形式本身都会有更深入详细的内容，因为本书不是针对这方面的深入调查研究，所以这里主要对这些市场形式做个简单介绍。

在竞价市场上（尤其是双边的竞价市场），每一个市场参与者都会提交一份购买指令，出售指令或购买出售指令。这些命令可能是市价指令（如：在当前最优的价格上购买 X 单位）或限价指令（如：当市场达到价格 Y 时，购买 X 单位）。在一个纯粹的竞价市场上，没有明确的交易商，因此最具有竞争力的限价指令产生最优的可行买卖价格。巴黎交易所和香港证券交易所就是典型的例子，这两者都是电子化运行的。[5]

在单一交易商市场上，每个独立的交易商随时都准备按自己的报价进行买卖，从而定义了最优的可行价格。[6]在这种市场制度下，从客户处引入的命令必须是市价指令，客户要么以交易商的报价买入，要么以交易商的报价卖出，要么选择不交易。虽然有些人认为纽约证券交易所的“专家系统”是单一交易商市场，但并不完全正确。事实上，纽约证券交易所是一个混合系统，既有竞价市场的特点又有单一交易商的特点。每个专家（交易商）都收集了一本客户限价指令——限价指令册。如果某个交易商接到一个市价指令，那么他可以将其与最优的（即最低价）的卖出限价指令匹配，或者，他选择自己报一个更低的价格，这样他就成为交易的对手方（换一种说法，他就可以超越自己的限价手册）。因此，当交易商在他自己的账户上交易时，就必须在最优限价买卖指令的限制下进行。在这个意义上说，交易商不得不与限价指令册展开竞价。这限制了交易商进行垄断操作的能力。现实中，纯粹的单一交易商市场非常难找，仅在一些发展中国家的外汇市场中，所有指令都必须经过“单一交易商”，即中央银行（这种类型的发展中国家市场一般采用固定汇率制度）。

谈到多交易商市场，有两个关键词我们必须加以区别，那就是集中和分散。在这两种情况下，竞争存在于多个互相竞争的交易商之间，而不是通过竞价市场或者混合交易商系统的限价指令进行。在一个集中型的市场上，很多交易商的报价都通过统一格式提供，比如一个单独的屏幕（如美国纳斯达克 NASDAQ），或者一个固定的场所（如一个期货交易所）。而一个分散型市场上则存在一定程度的市场分割，因为并不是所有的交易商报价都是可以看到的。这种市场分割的后果就是同时发生的交易会产生不同的价格。

即期外汇市场应该被称做一个分散型的多交易商市场（世界上主要货币的远期、期权和掉期市场也是这个情况）。这些市场没有类似交易所的固定场所（交易商可以在这里与客户会面），也没有可以显示所有可执行的交易商报价的大屏幕。[7]在这种市场机制下，即期外汇市场也许和美国国债市场非常相似（最近在微观结构文献中，债券市场得到关注）。[8]

外汇市场不同于其他金融市场的三个主要特征：

1. 成交量巨大；
2. 交易商之间的交易占了整个成交量的绝大部分；
3. 交易透明度低。

单是美元兑欧元即期市场的日成交量就有约1 500亿美元，远远超过了其他任何一个金融工具。引人注目的是，交易商之间的交易大约占总交易量的2/3（剩下的1/3是交易商与客户之间的交易），这个份额远远高于其他多交易商市场。[9]最后，外汇市场有着不同寻常的信息结构。特别地，外汇市场的指令流并不像其他多交易商市场那样透明。在大多数市场，无论是股票市场还是债券市场，按法律要求交易都必须在几分钟之内公布，而外汇市场没有披露的要求，通常交易是不公开的。从理论上来讲，这个特征非常重要，因为指令流能传递基本面信息。如果指令流通常不能被观察到，那么交易过程不是透明化的，信息并不能完全反映到价格中。

现在我们对外汇即期市场的交易主体进行分类。除了作为背景知识外，这也有助于我们依据对手方将交易划分成不同的类型（交易类型的划分与下一章的交易主体有关）。三种主要的类型是：

1. 交易商；
2. 客户；
3. 经纪人（严格来说是交易商间经纪人）。

交易商向客户和其他的交易商提供双向报价。在主要的即期市场上（比如美元兑欧元和美元兑日元），大部分交易商只交易单个货币对。虽然在每一个主要的即期市场上有很多银行只存在一个交易员（全球范围内超过100家），但仍然是市场中排名前十位的银行掌握了指令流的最大份额，而且集中度也不断上升。过去十年，前十家交易商的总市场份差不多已经达到40%到50%（BIS，1999a，15；参见Financial Times，Survey：Foreign Exchange，5 June 1998）。

客户类别中有不少机构类型，比如非金融公司，金融公司和中央银行。第9章将对个人客户类型的交易做更加详细的介绍。第8章也会对中央银行以及它的干预角色做一个较详细的介绍。（因为人们往往想当然地认为中央银行拥有的信息比其他的市场参与者要多，在宏观文献中，这一客户类型引起了人们额外的重视。）

对于经纪人一词，人们更熟悉它在证券市场上的使用，在外汇市场上则相对陌生。在证券市场上，经纪人既为他们的客户交易也为他们自己交易。而外汇市场上的经纪人不为他们自己交易，他们仅仅是为交易商之间的交易提供便利。这种提供便利的作用在即期市场上非常重要。为了更好地理解经纪人的角色，我们应该注意到交易商之间的交易可以通过两个途径：一是交易商可以打电话给其他的交易商询问报价，从而按其他交易商的卖价买入，或按其他交易商的买价卖出，这种方式是交易商之间的直接交易；二是通过经纪人进行非直接的交易。1998 年，在几个最大的即期市场上，差不多有一半的银行间交易是直接进行的。这意味着在即期外汇市场上，客户与交易商之间的交易大概占了 1/3，交易商之间的直接交易占了 1/3，而通过经纪人的非直接交易也占了 1/3。2000 年底，差不多只有 10% 的交易商之间的交易是直接进行的（BIS，2001）。

经纪人可以被看成一块“公告板”。经纪人自己不进行报价，他们从交易商处收集报价并将这些价格反馈给交易商。交易商之所以选择通过经纪人进行报价是因为他们不愿意在交易之前暴露自己的身份（如果是直接进行交易，交易商就必须表明自己的身份）。比如，一个交易商向经纪人提供了在 10 的价位上购买 500 万的限价命令；另一个交易商可能提供了在 12 的价位上出售 300 万的限价命令。如果这是该经纪人在买卖双边所接到的最优的报价，那么他会进行双向报价 10 ~ 12，并且不会披露提供该报价的交易商身份。第三个交易商就可能按这一报价通过经纪人进行交易（在交易发生之后，经纪人会公开双方的身份，然后交易双方直接进行结算。当然交易双方都要付给经纪人一小笔佣金）。因此，经纪人是纯粹的“媒人”——他们并不为自己交易，而只为还未找到交易对象的交易商双方“牵线”。在前文所提到的三个基本市场结构的应用中，经纪人存在于和多交易商市场并存的交易商间的竞价市场上。通过这种方式，经纪人在分散的外汇市场上提供一定程度的集中化。[10]

三类市场参与者引出三种基本的交易类型。我们用三个同心圆来描述三种交易类型（见图 3. 1）。

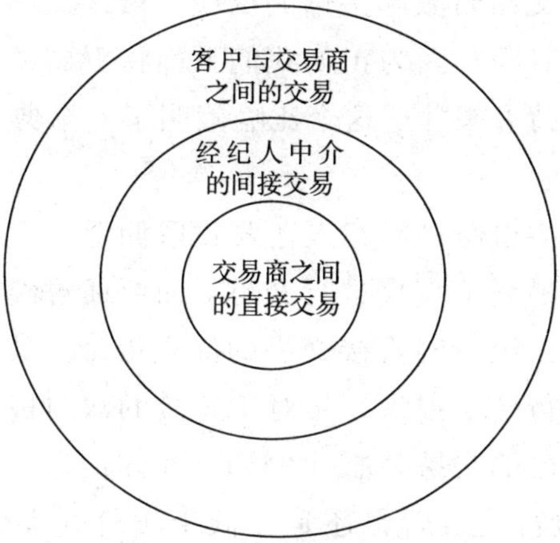

图3.1　三种交易类型

最里面的环代表了交易商之间的直接交易，是市场中最活跃的部分。在美元兑欧元市场交易活跃的时间段（伦敦全天交易加上美国的上午）上，大银行间的1 000万美元（标准数量）直接交易的价差是1～2个基点（1个基点等于万分之一）。过去，对于大宗的交易商之间交易（1 000万美元以上），交易商都是选择交易商直接交易。第二个环代表通过经纪人的交易商之间的间接交易。在活跃的交易时段，这个环内，1 000万美元交易的有效价差大概是2～3个基点。这个价差随着经纪人侵占直接交易的市场份额而下降。笔者在这里加了一个词“有效”，是因为内部价差也就是经纪人中介的间接交易的最低价差会低于2～3个基点，但这个内部价差适合于规模小于1 000万美元的部分，而超出部分不得不以不太理想的价格成交。结果，1 000万美元的交易产生的价格冲击将会超过最初的内部价差。第三个环代表客户和交易商之间的直接交易。交易商告诉我，对于“好”的客户，1 000万美元交易的价差在3～7个基点（“好”对于大多数交易商来说就是大额交易量）。

图3.1直观地反映了用于外汇的一个常用比喻，即市场就好比一池水，一颗石子扔进了水中央，中心的反应是最强烈的。石子就是客户指令，交易商之间的直接交易就处在中心。扔进水中的石子通过经纪人中

介的交易商之间的交易而激起多倍的反应，最终又回到了客户本身。为什么会回到客户本身呢？因为正如我们下面将看到的那样，这个市场的交易商不愿长久地持有头寸。这个比喻阐明了一个典型订单的“生命周期”。[11]

可能有人会觉得奇怪，经纪人还要收取佣金，直接交易的报价应该更优惠，为什么交易商不直接进行交易，而要通过经纪人呢？首先，比较小的银行拿不到大银行间直接交易的优惠报价。其次，对于大银行来说，通过经纪人进行指令报价，相对于直接的双向报价来说，可以在更广的范围内表达自己的交易意愿（例如，要知道，一个向经纪人提供限价买入指令的大银行，最后也还是在低于卖价的买价上买入）。最后，如果小银行获得了这个买价，那么它就是第二个以更低价格卖出的银行。还有一个理由是：不管是大银行还是小银行，通过经纪人进行的交易在交易前可以不用公开自己的身份；而在直接交易中，给出报价的交易商知道交易对手的身份了。关于使用特殊外汇交易系统的动机的详细情况见 Luca（2000）。

模型的特征

在对外汇市场的机制有了较为完整的了解之后，现在让我们来考虑一下影响模型策略的外汇市场微观结构的其他特征。在文中提到的特征中有三个值得再说一下：

1. 交易商从客户的指令流中获得信息

正如花旗银行欧洲区总裁所说：“如果你没有机会接触到最终用户，那么你对市场的看法就是片面的。”① 同样地，Goodhart（1988，456）写道：“交易商信息优势的来源在于他们可以很专业地解读指令流中包含的信息。”每个银行也知道他们客户的一天当中的询价和指令，从而推测出市场中其他人的头寸，以及市场未来的走向。注意银行并没有其他银行客户的指令信息。因此，当用指令流信息来预测价格走势的时候，

① 《金融时报》(*Financial Times*)，1991-04-29。

这些信息就是私有信息（见第2章的定义）。

2. 交易商更多的是从经纪人中介的交易商之间的交易中获得市场范围的指令流

因为交易商们都看不到彼此客户的指令，他们需要从交易商间的交易汇集指令流信息。然而，正如前文所说，在直接交易中，指令流只有交易双方知道，并不为其他人所知。另一方面，在经纪人中介的交易商之间的交易中，交易双方以外的人也能知道指令流信息。这个很重要：在三种交易类型中（客户与交易商之间的交易，交易商之间的直接交易，经纪人中介的交易商之间的间接交易），只有在经纪人中介的交易商之间的交易中，指令流信息才能在所有交易商之间交换。电子化的经纪人交易系统，主要是通过以下方法来交换信息：（1）指出接收到的市价指令是按买价还是按卖价成交（用“given”表示按买价成交的交易，用“paid”表示按卖价成交的交易）。（2）提供有关接收到的市价指令如何影响买方或卖方可交易数量方面的信息（有关指令流规模的信息）。尽管这种指令流测量中存在噪音，但是基于庞大的市场，这是交易商可获得的最好的测量方法。[12]

3. 大交易商的头寸变动频繁且至关重要

这是报价区间较小（美元兑欧元市场中交易商之间的价差不足2个基点）的快节奏的报价市场中做市的自然产物。[13]外汇交易商集中管理这些大的头寸。通过跟踪研究1992年美元兑德国马克市场上的大银行交易商发现，尽管每天的成交量超过10亿美元，但在5个交易日结束的时候都没有净头寸（Lyons，1995）。在一个交易日当中，从各个时点的头寸回到0平均只需要10分钟（Lyons，1998）。在图3.2中，交易商净头寸的散点图，显示出强烈的回归零的趋势。[14]

从模型策略的角度看，前面提到的三个模型特征最重要，本书还将提供一些有关主要外汇市场中交易商的生命周期的观点。[15]交易商生命周期的两个方面尤其值得一提：头寸表和盈利能力。表3.1和表3.2提供了这两个方面的信息。头寸表的数据来源于图3.2所示的交易商的头寸。

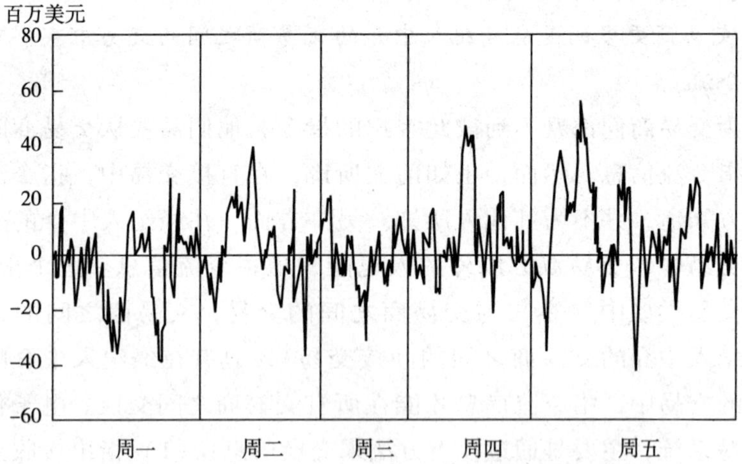

图 3.2

交易商一周（5 个交易日）的净头寸（百万美元计）。在图 3.2 中，竖线代表夜里，在那段时间，交易商不交易。竖线的水平距离衡量了这个交易商每个交易日的交易数量。

表 3.1 提供了 1992 年 8 月研究所跟踪的美元市场交易商为期一周的头寸表（Lyons，1998）。头寸表为交易商提供了净头寸和头寸成本的实时记录。交易商在交易的时候就随手填这个表（尽管目前主要是电子化和自动化交易）。每个表涵盖了 50 笔交易。“头寸”一栏是“交易”这一栏单笔交易的累加，数量以百万美元为单位，“交易”一栏中的正数表示购买美元，“头寸”栏中的正数反映美元计价的净的多头头寸，“交易汇率”栏记录交易的汇率即一美元兑多少德国马克（这是这个市场中交易商的报价方式）。“头寸汇率”栏记录的是交易商估计获得头寸时的平均汇率。由于时间限制，头寸和头寸汇率并不是在每笔交易后都计算。（在这个交易周，交易商之间的交易时间平均为 1.8 分钟，在特别活跃的时间段，时间更短。）“来源”一栏反映交易是通过路透 2000 - 1 交易系统的直接交易还是经纪人中介的间接交易。[16]头寸表的一部分即交易对手的名字并没有在表中反映。大多数银行不愿意提供这些名字，因为这被认为是机密。

有几点需要说明一下。第一，交易商的交易日开始于纽约时间8:30（为了维持外汇市场交易的流动性，纽约市场7:30就开市了）。第二，直接交易和经纪人中介的间接交易的区别显而易见。交易商在构建头寸表的时候，用“r”表示直接交易，用“b”表示经纪人中介的间接交易，因为这些交易涉及佣金支付。第三，交易繁忙以至于交易商根本没有时间在每笔交易后立即更新所有信息（由表3.2可见，他的日平均成交量超过10亿美元）。第四，每一笔记录通常不包括时间（尽管交易商在每一张头寸表开头都记录时间，偶尔也在头寸表内记录时间，就像这里的例子一样）。

表3.1　　头寸表结构表

交易日：8月3日

清算日：8月5日

头寸	头寸汇率	交易	交易汇率	来源	时间
		1		r	8:30
		2		r	
3	1.4796				
		28	1.4795	r	
		−10	1.4797	r	
		−10	1.4797	b	
		−10	1.4797	r	
		−3	1.4797	b	
−2	1.4797				
		0.5	1.4794	r	
		0.75	1.479	r	
		3	1.4791	r	
2	1.4791				
		−10	1.4797	r	
−8	1.4797				
		2	1.4799	b	

续表

头寸	头寸汇率	交易	交易汇率	来源	时间
-6	1.4797				8:38
		5	1.4805	b	
		-7	1.481	r	
-8	1.4808				

“头寸”一栏是“交易”这一栏单笔交易的累加，数量以百万美元为单位，“交易”一栏中的正数表示购买美元，“头寸”栏中的正数反映美元计价的净的美元多头头寸，“交易汇率”栏记录交易的汇率即一美元兑多少德国马克。“头寸汇率”栏记录的是交易商估计获得头寸时的平均汇率。由于时间限制，头寸和头寸汇率并不是在每笔交易后都计算。“来源”一栏反映交易是通过路透 2000 - 1 交易系统（r = Reuters）的直接交易还是经纪人中介的间接交易（b = Broker）。这个头寸表上的所有交易均是 1992 年 8 月 3 日周一的前 14 笔交易商之间的交易。

也许最为重要的是，你需要记住这只是一个交易商。在许多方面，他看起来具有代表性，但在其他方面，显然并非如此。他不具有代表性的一个重要方面是，他交易中的大约 95% 是交易商之间的交易（将他所有的头寸表放在一起），而那时整个市场只有 80% 的成交量来自交易商之间的交易（从 1992 年开始，交易商之间的交易所占的份额下降到大约 2/3）。因此，头寸表上的交易类型要么是交易商之间的直接交易（r），要么是经纪人中介的交易商间的间接交易（b），而没有和客户的交易（见第 5 章关于这些数据如何跟其他交易商数据相比较的详细讨论）。更好地理解交易商的非同质性，是这一领域重要的研究前沿（Bjonners & Rime，2000；Vitale，1998）。

值得一提的交易商谋生手段的第二个方面是盈利能力。思考交易商的利润来源及规模是有启发性的（尤其是基于普遍接受的观点，即外汇交易是一个零和博弈）。表 3.2 对表 3.1 的交易商的利润提供了一些看法。从“利润：实际”这一栏，我们能看到这个交易商每天的盈利平均为 10 万美元（每天大约 10 亿美元的成交量）。相比之下，股权交易商平均每天盈利为 1 万美元（日成交量约 1 000 万美元）。[17]因此，尽管外汇市场交易商的利润率只有股权市场的 1/10，但因为外汇市场交易商的成交量是股权市场交易商的100倍，结果，外汇交易商每天的利润是股权交易商的10倍。

为了确定利润从哪里来，首先得承认有两个可能的来源：投机和中间交易。一般来说，投机利润来源于当德国马克美元汇率上升时，持有美元多头；反之则相反。中间利润来源于买卖价差：低价买入（bid），高价卖出（offer）。“利润：价差”一栏是指交易商每天仅仅从中间交易所得的利润。这是在假设交易商每一笔交易获得的利润为价差的1/3所计算得到的。具体地讲，就是用它美元计价的日成交量乘以中间价差（0.0003DM/$）的1/3，再除以DM/$的平均汇率（此处是1.475 DM/$）。[18]

接下来讨论交易商每笔交易获得价差1/3的利润这一假设的合理性。假定交易商没有净头寸，分别报1.4750德国马克/美元的买入价和1.4753德国马克/美元的卖出价（报价适用于市场的标准数量交易，那时候是1 000万美元）。如果交易对手选择以1.4750的汇率卖出1 000万美元，那么这个交易商在交易发生后将持有多头1 000万美元。如果市场还没有发生变动，而另一个潜在的交易对手需要一个报价，那么这个交易商通常不披露这个价格从而促使交易对手购买——释放交易商的多头头寸。例如，交易商很可能对下一潜在交易对手报买入价、卖出价分别为1.4749德国马克/美元和1.4752德国马克/美元（对比最初报价1.4750和1.4753）。跟第一对报价相比，新报的卖出价1.4752更具有吸引力，但买入价吸引力降低。如果需求者趋向具有吸引力的卖出价而购买，那么交易商就会以1.4752的价格卖出1 000万美元头寸。两笔交易的结果净值为交易商从两笔交易中拿走了价差的2/3，也就是说每笔交易拿走1/3。

从表3.2最后一行可以看出，在这个假定下，交易商利润的大部分来源于价差。在他一周赚的507 929美元中，估计来源于中间交易的有472 496美元（要是假定交易商从中间交易中获得一半的价差，那么从中间交易获得的利润就会比他的总利润还要高，但事实并非如此，这表明他遭受了投机损失）。从投机利润的角度讲，这与市场是零和博弈的思想大体一致。然而，从中间交易的利润来讲，市场不必是零和博弈。在上面那个例子中，客户通常因为交易商提供的流动性而向他们付费。[19]

补偿是无节制的吗？表3.2中的数据并未给出这个问题的答案，因为这些交易大多是交易商之间的交易，每天10万美元并不是低迷时期的日利润，至少不是这个样本中最低迷的一天。[20]

表3.2　　DM/$交易商交易和利润的摘要

	交易	成交量（百万）	利润：实际	利润：价差
周一	333	$ 1 403	$ 124 253	$ 95 101
周二	301	$ 1 105	$ 39 273	$ 74 933
周三	300	$ 1 157	$ 78 575	$ 78 447
周四	328	$ 1 338	$ 67 316	$ 90 717
周五	458	$ 1 966	$ 198 512	$ 133 298
合计	1 720	$ 6 969	$ 507 929	$ 472 496

"利润：价差"一栏是指在交易商每笔交易获得价差1/3这一假定下，他会实现的利润。它是用以美元计价的日成交量乘以中间价差（中间价差＝0.0003DM/$）的1/3，再除以1992年8月3日（周一）至8月7日（周五）DM/$的平均汇率（此处是1.475 DM/$）计算得到的。

3.2　描述统计：国际清算银行调查报告

跟股权市场不同，外汇市场在大多数国家是不披露的，所以其成交量通常是不可获得的。然而，每隔三年，各家央行都要调查涉及外汇交易活动的金融机构（只有1个月，通常是4月），然后编写报告。但是，最新的调查报告也只是2001年4月的，这些结果仍不可用于本书（BIS，2002）。不过，这对于回顾和理解1998年调查报告的关键内容仍然有用，一定程度上为读者阅读将来的报告提供指导作用（见BIS 1999a的摘要——〈www.bis.org〉——各家银行的调查结果，例如1998年英格兰银行和1998年美国联邦储备银行）。[21] 1998年报告是第五次三年一度的调查，有43个国家的央行参与。这些数据提供了从其他任何来源也无法获得的机构视角，因此，这些报告很有参考价值。

下面我们先看BIS报告（1999a）的第一张表格，如表3.3所示。这张表显示1998年4月1.5万亿美元的日成交量是由6 000亿美元的即期交易与9 000亿美元的直接远期和外汇掉期构成。然而，正如我们前面所说，外汇掉期抵消的结果是并没有指令流。外汇掉期的净需求是在较短期的利率市场上，而非外汇市场上。与本书指令流模型对应的交易活动中，即期市场成交量是6 000亿美元，整个外汇市场的总成交量是7 660亿美元，也就是说即期占了78%的份额。这是很容易被BIS报告的读者所忽略的且非常重要的一点。

表3.3　　外汇市场成交量

类型	1989年4月	1992年4月	1995年4月	1998年4月
即期交易[1]	350	400	520	600
远期和外汇掉期[2]	240	420	670	900
传统成交量合计	590	820	1 190	1 500
备忘录：				
以1998年4月的计价汇率的成交量	600	800	1 030	1 500

1，2　包括报告中的价差估计。

资料来源：BIS 1999a，Table A－1，国内和国际双重计算调整得到。日平均数以10亿美元为单位。

在比较这些报告的数据时，记住非常重要的一点，那就是，自1986年第一次调查以来，调查报告的范围发生了一些变化。在第一次调查中，只有4个国家参与其中。1989年，增加到了21个国家（但有些国家并没有提供所有类型的信息）。1992年，有26个国家参与，包括所有拥有大规模外汇市场的国家。1995年，参与国家的数量没有增加，但金融活动涵盖的范围明显延伸到了外汇金融衍生工具。1998年报告国家增加到了43个，衍生工具活动的范围又得到了进一步延伸。[22]

由于前文的说明，BIS报告（1999a）表A－1（这里不再重复列出）显示，从1989年到1992年，即期市场成交量上升了14%，1992年到1995年上升了30%，1995年到1998年上升了15%。但是，请注意若用1998年4月的不变汇率计算总成交量数据的变化情况。1995年总成交量发生了较大变化，用1998年4月的汇率计算，下降了很多（从11 900亿美元到10 300亿美元）。这是因为1995年4月美元走势疲软，尤其是相对于日元。的确，1995年底，日元兑美元汇率达到了前所未有的最低点，为80日元兑1美元。若用1998年4月的汇率来折算意味着把1995

年以美元计价的成交量按比例降低后，反映出 1995 年 4 月的美元不如 1998 年 4 月的美元值钱（用其他货币来计量则相反）。如果一个人用同样的不变汇率来矫正即期市场的增长数据，那么他会发现前面所说的三个增长率 -14%、30% 和 15% 分别变为 10%、15% 和 33%，[23]缓慢增长的图形将变为加速增长。观察 2001 年 4 月调查报告中即期市场成交量是否还能加速增长会是一件很有意思的事。目前，许多市场参与者预测即期市场的增长会放缓，基于如下两个因素：（1）许多欧洲混合市场瓦解而成为欧元市场。（2）电子化的经纪人交易系统占主导地位后带来存货管理效率的提高（抑制第 1 章描述的"烫手山芋"过程）。

表 3.4　　用货币对表示的外汇市场成交量

1995 年 4 月					1998 年 4 月				
		份额					份额		
货币对	总成交量	即期	远期	外汇掉期	货币对	总成交量	即期	远期	外汇掉期
USD/DEM	253.9	56	7	37	USD/DEM	290.5	49	8	43
USD/JPY	242.0	36	9	55	USD/JPY	266.6	45	10	44
USD/othEMS	104.3	19	8	73	USD/othEMS	175.8	14	7	79
USD/GBP	77.6	33	7	60	USD/GBP	117.7	33	9	59
USD/CHF	60.5	37	9	55	USD/CHF	78.6	30	7	62
USD/FRF	60.0	17	9	74	USD/FRF	57.9	16	8	76
DEM/othEMS	38.2	74	9	17	USD/CAD	50.0	25	6	68
USD/CAD	38.2	32	11	57	USD/AUD	42.2	33	8	59
DEM/FRF	34.4	86	4	9	DEM/othEMS	35.1	75	12	13
USD/AUD	28.7	31	7	63	DEM/GBP	30.7	79	10	11
DEM/JPY	24.0	79	12	9	DEM/JPY	24.2	77	14	9
DEM/GBP	21.3	84	6	10	DEM/CHF	18.4	85	7	8
DEM/CHF	18.4	86	6	7	USD/XEU	16.6	7	4	89
USD/XEU	17.9	11	7	82	USD/SGD	17.2	71	2	27
货币对合计	1 136.9	43	9	48	货币对合计	1 141.5	40	9	51

USD = 美元，DEM = 德国马克，JPY = 日元，othEMS = 其他欧洲（欧洲货币系统）货币，GBP = 英镑，CHF = 瑞士法郎，FRF = 法郎，CAD = 加拿大元，AUD = 澳大利亚元，XEU = 欧元单位（包括所有欧盟成员的一篮子货币），SGD = 新加坡元。

资料来源：BIS 1999a，表 B-4，10 亿美元为单位的日平均数和百分比份额。

BIS报告中的另一重要表格是B－4，它讨论了不同货币对的成交量数据。正如前文所说，美元兑德国马克，美元兑日元是即期成交量最大的市场。虽然美元兑所有其他欧洲货币的交易市场排名第三位，但其大部分交易是外汇掉期，而不是即期（事实上，这些外汇掉期是赚利率差的交易，1998年4月交易量出奇得高，很可能是因为1999年1月欧元发行导致利率收敛，进而产生大量投机交易）。注意那些市场的货币兑美元的交易量是最大的。[24]这些主要的美元汇率是浮动的（也就是说由市场决定的，央行几乎不干预）。看到DEM/othEMS这一行，人们才发现汇率是官方固定的（尽管并非严格地固定，这些汇率允许在先前设定的区间浮动）。[25]既然已经介绍过欧元交易，就没有必要再将德国马克兑其他欧洲货币的汇率列在2001年调查报告的表格中（最大的市场，美元兑德国马克被美元兑欧元取代了）。

BIS（1999a）数据合并的表格E－1，此处不再列出。这个表提供了即期交易的数据，表格显示交易商之间的交易占了60%的份额（347 689/577 737）。回顾3.1节中提到交易商之间的交易份额大约占了2/3。BIS制定的央行调查报告倾向于低估交易商之间的交易在整个外汇市场中所占的份额，因为其他金融机构这一类别包括一些无须上报的投资银行，而其中一些在交易中还很重要。央行的监管作用主要是对商业银行。因此，在报告中，商业银行比投资银行更具有代表性。由于其他金融机构这个类别包括了大量的经纪人中介的交易，交易商被包括在该类别中。外汇经纪人严格来讲是交易间经纪人。因此，这些交易商属于交易商间交易类型。很难弄清楚调查统计的交易商间交易所占份额被低估了多少，60%到2/3的范围是有根据的猜测。

BIS报告（1999a）的第7部分提供了两方面的信息，即经纪人中介的交易商之间交易的份额和这种交易在多大程度上是通过电子化而非传统的声讯经纪人完成的。[26]因为这部分无法联系到具体的表格，所以人们在理解这些数据时要特别小心。例如，人们要仔细区分有些数据是指整个外汇市场还是指即期市场的成交量（在整个BIS报告中这一点很重要）。那部分中有一个很有用的句子是这样写的："电子报价的经纪人目前要处理英国即期市场大约 1/4 的交易。"[27]那代表了大约一半的交易商之间的即期交易（因为报告中发现整个市场的 60% 是交易商之间的交易）。为了对经纪人中介的交易所占的份额以及类型（电子报价或者声讯）有一个更加完整地了解，人们需要将各个央行的报告汇总起来。

3.3 指令流的透明性

任何将指令流作为价格的重要决定因素的模型都必须指明指令是由谁观察到的。在微观结构研究中，这被称为透明性。但透明性这个术语不仅是指指令流的可观察性，它被定义为包含交易过程中传送的所有信息类型，主要分为三种：

1. 交易前和交易后的信息；
2. 价格和指令流（数量）信息；
3. 公开和交易商信息。

将这三种分类法运用到第 2 章指令流信息的讨论中，我们会看到那一章的内容与以下三个点存在最直接的联系：交易前、指令流信息、交易商可获得的。在股票市场中，交易后能观察到什么样的指令流信息，以及由谁观察到是当今政策讨论的热点。[28]理论上，交易后的指令流信息最具有价值，因为它是资产需求转换的主要信息传递者，然而，当人们将这些信息理解为资产需求转换时，需要准确到位，而不能仅从比如发生了 10 单位的交易这样的信息就推测出这是需求转换的信号。你必须知道交易代表了买方压力还是卖方压力。交易需要标明，即需要将成交量转换成指令流信息。

在指令流透明性方面，实际的市场是完全不同的。在股票市场中，透明性的制度是必需的（如伦敦股票交易所，纽约证券交易所和纳斯达克都有该制度）。例如，在伦敦股票交易所，小额交易的价格和数量必须在 3 分钟内披露，而大额交易可延迟 5 个营业日披露。相反，外汇市场则没有披露要求。有趣的是，它在没有监管影响的情况下却产生一定程度的透明性。[29]因为没有披露的要求，大多数外汇交易没有公开的指令流信息也不足为奇了。但是，正如前文所说，一些交易的确产生可获得的指令流信息。有趣的是，这些经纪人中介的交易商之间的交易却产生了一定程度的透明性。它是伴随交易商选择性使用交易模型而出现的副产品。因此，外汇市场并非有意设计披露机制，而大多数股票市场则是故意这样。

就低透明度而言，唯一一个与外汇市场相似的金融市场是其他非股权柜台市场（OTC，也就是柜台，简单地说，就是不在交易所集中交易）。这包括美国债券市场和许多衍生工具交易。随着电子化集中交易的出现，这些市场也逐渐变得比外汇市场更加透明。[30]

本书在3.1节已经介绍了外汇市场透明度是如何产生的，下面将研究透明度对价格决定的影响。在高度透明的市场中，所有参与者都能观察到指令流，进而影响预期和价格——迅速而准确。在不透明的市场，指令流并不能被大多数人观察到。因此，它传递的信息反映到价格中的速度较慢。[31]外汇市场中客户—交易商间的指令流是不透明的。然而，正如上文所说，外汇市场交易商之间的交易并非完全不透明。第4章将提出一个模型，根据指令流类型捕捉指令流信息传播的不同方式。

对于市场设计而言，决定哪些参与者在什么时候观察到什么很重要。从广泛的意义上讲，政策制定者最关心的关键权衡如下：尽管透明度提高能加快价格反映信息的速度，但它也阻碍了交易商管理风险的能力。完全透明并不是最理想的，这一点是在设计透明制度时必须考虑的。Board 和 Sutcliffe（1995，2）指出："设计透明制度的目的是在整个市场意识到大额交易之前，让交易商通过交易抵消头寸风险。"然而，从社会的角度来看，很难说，目前外汇市场的低透明度是好还是不好。因为低透明度在没有制度影响下自动产生了，其合理的前提是低透明度服从于交易商的利益（Lyons 1996 年用一个模型证明了这一点，交易商更喜欢低透明度，因为它降低了价格反映信息的速度，使得交易商能更好地管理风险，这跟前面 Board 和 Sutcliffe 的逻辑一致）。

但是，如果低透明度是外汇市场均衡后的结果，那这种均衡是如何维持的呢？这不太可能是相互串通的结果，因为这在竞争、分散的市场都是很难维持的。更为可能的是，均衡的低透明度是一种外生结果——伴随交易商利用经纪人进行交易而产生的副产品（即用透明的方式交易）。有一个事实大体符合这个观点，即透明度伴随经纪人中介的交易而产生，这在全球各个交易中心都极为相似：在所有主要的交易中心，经纪人中介的交易所占的份额都维持在20%～40%（BIS，1996）。虽然交易商利用经纪人还可能有其他的原因，比如匿名，但是经纪人中介的交易决定了透明性，因此事实上交易商是在选择透明性。从社会福利的角度看，这在制度设计中是一个重要的问题。

3.4 制度的延伸

许多人认为微观结构领域与机制研究存在密切联系。这种联系是自然的，但也有一点欺骗性。制度设计是微观结构理论中的一个“标杆”。这一章的内容使人联想到这个标杆。但是还有另一个标杆——金融市场信息的经济效益。第二个标杆更符合这本书的内容。为了强调这一点，在第2章，也就是关于制度设计这一章之前，给出了信息框架。后面的章节也主要介绍第二个标杆：提出了一些模型，刻画了现实中外汇市场如何将分散的信息集中。就第二个标杆提出的问题不只是出于制度设计的目的。

接下来再举一些具体的例子来说明微观结构信息标杆是如何超越它的制度标杆的。第一个例子是关于指令流及指令流在何种程度上与制度无关。在微观结构中，指令流是指信息传递机制，更为重要的是，不论在什么类型的市场结构中，它都能运转。考虑到指令流更为一般的属性，将信息作用归功于某一特定的制度结构是错误的，更进一步，除了制度本身这一原因外，指令流的信息作用有可能改变模型策略——至少在汇率经济学内如此。为了理解其中的原因，我们回顾一下第1章传统汇率经济学并没有考虑指令流在传递信息方面的作用。这个遗漏从宏观的实证调查中能明显看出来。例如，考虑 Meese（1990，30）的报告，他写道：“遗漏的变量是资产市场模型缺乏解释力的另一个可能的原因。然而，实证研究者们在他们声明的研究中表现出丰富的想象力。因此，要想找出汇率等式中遗漏的变量并不容易。”

从宏观的角度，很难辩驳 Meese 的观点。但宏观方法只考虑了传统宏观经济领域的变量。从微观结构的角度看，的确有一个变量是宏观所没有考虑到的——指令流。微观结构打开了宏观经济学家的视野，使他们认识到指令流能对分散的有关基本面变化的信息进行实时测量。

下面进一步阐述为什么指令流与制度本身并无关系。考虑下面这个假想实验：假定即期外汇市场开始在完全集中的自动化市场中交易（比如前文所说的巴黎证券交易所或者香港股票交易所）[32]，微观结构仍然有用吗？是的，因为指令流仍然是价格的一个决定性因素。每笔交易的被动方（不是发起方）是一个限价指令而非交易商的报价（见第1章）。但是，随着指令流测量方法的改变，人们同样会提出有关指令流如何决定汇率的分析，这一点后面的章节将讲到。这不太可能改变主要的定性结果：市场潜在的信息结构与交易资产的属性关系密切——比如汇率——而不是与市场结构本身，尤其是在低透明度的市场。

第二个用来说明微观结构和制度设计本质上无关的例子是金融危机。1987 年全球股市崩溃成为研究热点，其中很多是在微观结构的范围内研究的（Gennotte & Leland，1990；Jacklin，Kleiden & Pfleiderer，1992）。注意，大量不同结构类型的股市都崩溃了（比如专门交易商系统市场纽约证券交易所、交易商系统市场纳斯达克和全球几个自动交易的股票市场）。因为崩溃在不同结构的市场中普遍存在，有人可能会说微观结构并不能帮助我们理解这次崩盘，但这种想法太极端了：通过为复杂的信息问题提出严密的解决方案，微观结构模型为理解崩盘提供了有用的方法。这种分析跳出了比如自动交易和交易商主导的市场有何不同这样的制度焦点的局限。

微观结构效应和微观结构理论

微观结构效应这一术语被人们普遍使用，尤其是不从事微观结构研究的人。这一概念在本章中值得关注，因为它与制度联系紧密。人们用这个术语往往是指某一制度特征对价格的短暂影响。这个术语跟微观结构制度标杆的联系比跟信息标杆更紧密。这里要强调“暂时”这个词，是因为微观结构效应常用来描述低透明度市场中资产价格的不显著的短暂效应。

图3.3给出的一个图，描述了微观结构效应，以及它是产生于价格决定过程的哪一个环节。左边这一列是驱动均衡价格的基本变量，然而这些变量并不直接影响价格，它们被放到交易过程中，图中用黑箱子表示。微观结构效应的问题是交易过程是否改变从基本变量到价格的映射，如果真的会改变，那么改变多久。假定它果真是这样的，这些效应也很短暂。

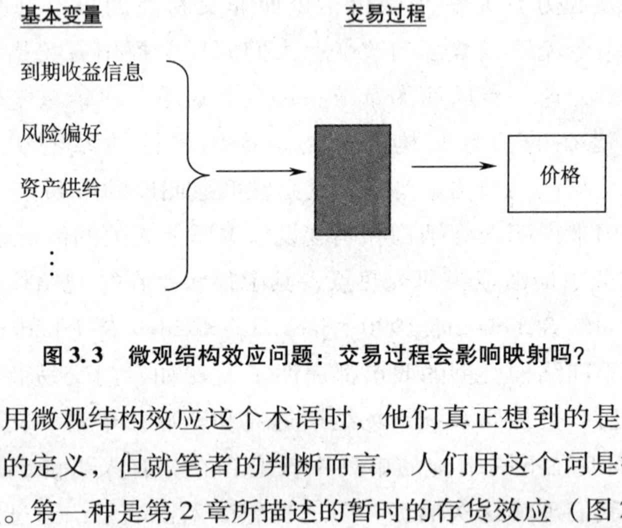

图3.3　微观结构效应问题：交易过程会影响映射吗?

当人们用微观结构效应这个术语时，他们真正想到的是什么呢？尽管没有明确的定义，但就笔者的判断而言，人们用这个词是指两种特殊类型的效应。第一种是第2章所描述的暂时的存货效应（图2.1）。作为一个实证问题，存货效应的确很可能是短暂的：3.1节曾提到过，交易商存货的半生命周期很短（图3.2显示交易商存货生命周期只有10分钟）。

人们通常认为的第二种类型是当它加速收集到期收益信息时，指令流产生的价格效应。“加速”这个词对于理解为什么效应只能是短暂的很重要。考虑一个例子，一个公司公布盈利前，内部交易可能体现盈利的规模。

图 3.4 说明了这种情况。实线是假定市场只对（正的）公开收益信息作出反应的价格路径。虚线表示在公开公告之前，市场对指令流作出反应的情况下的价格路径。两个路径差异只是暂时的，因为公告会披露先前含在指令流中的所有信息（而且还不止如此）。

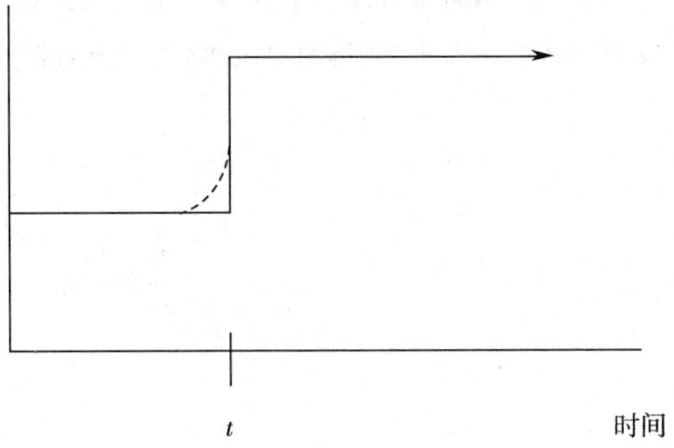

图 3.4

指令流信息加速图。实线是在 t 时刻公布的收益率高于公众预期的收益率的假定下，股票的价格路径。虚线是指在消息公布之前事先进行的内部交易（买）推动价格上涨的这一假定下，股票的价格路径。

作为实证问题，如果指令流只传递公开的公告信息，那么人们不会再将效应视为暂时性的，如图 3.4 所示。然而，外汇市场显然不是这样。指令流在决定汇率方面的重要作用在后面的章节将会作出说明——它与后面出现的宏观经济信息无关。因此，指令流与汇率之间的紧密联系并非只是公开信息流短暂加速作用的结果。从长期来看，指令流是否传递更深层次的宏观经济政策信息还不清楚。这是研究中的一个热门话题，第 7 章将会谈到。

本书提出微观效应这一概念，是因为用这种局限的方法描绘微观结构会影响研究方法。以上文讨论的崩溃为例。讨论指出尽管崩溃发生在不同结构的市场中，微观结构分析仍卓有成效。因为它指明了导致崩溃的信息问题。更为一般地，对微观结构不太熟悉的人可能会说，微观结构并不能解决以下任何一个难题：（1）崩溃在不同结构的市场中普遍存在；（2）崩溃在有着相同结构的市场中并非普遍存在。正如前面的例子提到的，纽约证券交易所和外汇市场具有不同的市场结构，但都有着共同的特征即过度波动。微观结构对解决这种过度波动并无帮助。但这个推理太以微观结构的制度标杆为导向了。即使同样的难题发生在其他结构不同的市场中，在微观结构范围内有效使用信息模型也很可能有助于解决外汇市场的这些难题，第 7 章到第 9 章将会有阐述。

第 4 章　理论框架

本章将简单介绍微观结构理论。此处只是对理论的简单介绍，因为以一章的篇幅无法详细讲述主要模型。因此，笔者的目的是画出一张“路线图”，为那些不熟悉微观结构的人指引方向。为使这张路线图简单明了，笔者以每个模型最有用的结论开头。此外，笔者以简单但绝非笼统的方式讲述每个模型，尽量有效地展示其内在的经济含义。对模型内在经济意义的阐述有助于我们理解后面章节对模型的应用。[1]

本章有四个不同模型：

1. 理性预期模型；
2. Kyle 拍卖模型；
3. 序贯交易模型；
4. 同时交易模型。

这四个模型拓展了第 3 章介绍的市场三大交易形式：竞价、单一交易商和多交易商结构。前两个模型用的是竞价结构，第三个和第四个模型用的是交易商结构（在交易商市场中，最优价格是由交易商报价决定的。与此相对应的是，在竞价市场中，最优价格是由交易者提交的指令决定的。根据这些最优价格的不同来源，交易商市场往往又称为报价驱动市场，而竞价市场被称为指令驱动市场）。[2]第三个模型（序贯交易模型）是单一交易商市场模型，由单一交易商制定价格。而第四个模型（同时交易模型）是建立在多交易商参与制定价格的市场基础上的。我们将上述四个模型归纳在图 4. 1 中。

证券交易的理性预期模型自然是本章的第一个模型，尽管它没有被归类为一个典型的微观结构模型。但以该模型开头说明了正是其不足之处促进了其后模型的发展。理性预期模型没有涉及价格的制定过程，也

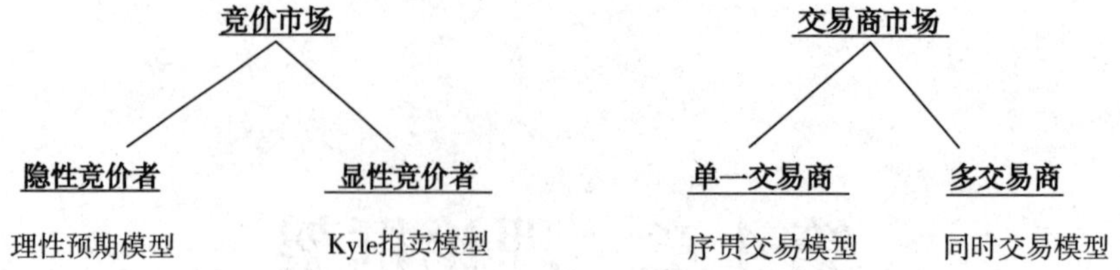

图 4.1　微观结构模型分类图

没有明确价格的制定者。说到价格的制定，研究者们一般会提及瓦尔拉斯拍卖人——一个模型外的假想经纪人，它负责收集所有的指令并在此基础上制定价格，然后在它制定的市场出清价格上执行指令。[3]与此相比，本章的其他三个模型都明确指出了价格制定者及其所能知道的信息（这些模型明确了价格制定过程）。笔者将此理性预期模型纳入本章理论介绍的另一个原因在于，要将理性预期模型与其他微观结构模型区分开来正变得越来越困难。例如，Wolinsky（1990，3）在介绍他的关于双向交易的论文时，提及最近的著作都“着眼于微观结构的理性预期均衡”。这句话表明这些著作间的联系越来越紧密了。最近关于中央银行介入外汇市场的论文更加说明了这种联系，论文中对理性预期模型的运用很好地契合了微观结构理论（见第 8 章）。

Kyle（1985）的批量交易模型是理性预期模型的进一步发展。如前所述，二者都是竞价结构模型，主要区别在于 Kyle 模型通过引入一个真实的拍卖人代替理性预期模型中的假想拍卖人明确了价格制定的过程。在该模型中，拍卖人拥有信息特权，他了解指令流并以此制定市场出清价格。此外，他还可能进行投机交易。与理性预期模型不同，Kyle 模型详细介绍了交易规则，因而拍卖人价格制定过程及投机决策的形成也非常详尽。这就使交易规则和价格制定过程紧密联系，这也是微观结构模型的一个标志。

Kyle 模型没有被归为交易商市场模型，因为交易商的报价没有定义最优的价格。因此 Kyle 的拍卖人不具有真正的交易商所具有的特征：交易商向其他客户报价，然后在该报价的基础上接受指令。而 Kyle 模型中先提交指令到拍卖人，拍卖人再在此基础上决定市场出清价格。

本章第三个模型（序贯交易模型）是两个交易商市场模型之一。在此模型中只有一个交易商在指令被提交之前确定最优价格，因此该模型比拍卖人市场模型更接近交易商模型。同时，由于指令是按照顺序一个一个被执行的，这就为我们提供了一个分析个人指令的理论框架。相比之下，批量交易模型中指令都是一批批同时以市场出清价格执行的。

第四个模型——同时交易模型认识到前述三个模型所假设的市场环境与真实外汇市场存在着差别。上述模型采用的都是集中化的市场结构，而真实外汇市场是分散化的市场，它同时拥有多个交易商。为此，同时交易模型就设计成了一个符合外汇市场结构的模型，它的很多特征也符合外汇市场的实证结果，如交易商对风险的厌恶（序贯交易模型和 Kyle 模型都假设交易商是风险中性的）。实证研究表明，外汇市场的交易商是风险厌恶者，这在第 5 章可以看到。这一特征及交易商对风险的管理都将会显著地影响交易量和价格。

笔者在开头明确指出了这四个模型都是信息模型。信息模型是微观结构理论中两大模型之一，另一个是存货模型。信息模型的目的是解释预期未来收益变动时的永久价格调整过程（收益信息的定义见第 2 章）。指令流是导致价格调整的原因，它包含了未来收益的信息。另一方面，存货模型则着眼于固定预期未来收益下的瞬时价格变化（见第 2 章存货效应）。指令流仍然是存货模型的中心，尽管在此模型中它是通过影响交易商的存货来影响价格的。[4]保有头寸是有成本的，因为它使交易商面临一定的风险敞口。交易商对存货成本的补偿导致价格的调整。

虽然上述四个模型都是信息模型，但只有两个是纯信息模型，其他两个同时具有信息模型和存货模型的特征。在笔者看来，信息是将微观结构与汇率经济联系起来的重要组成部分。信息模型和存货模型相互联系，如果微观结构理论中只有存货模型——即价格变动完全是由交易商的存货变动引起的，那么解决汇率难题的希望就很渺茫。[5]例如，考虑一下在低频市场汇率是由什么决定的。自然，低频市场的汇率是持续变量而不是短暂变量的函数，因此只有存货效应不足以解决汇率难题。

4.1 隐性拍卖人：理性预期模型

在介绍理性预期模型之前，理解和区别两种均衡类型是十分必要的。这两类均衡是：（1）完全披露均衡；（2）部分披露均衡。

在完全披露均衡下，所有信息包括私有信息都反映在价格中（即强有效形式）。确切地说，在完全披露均衡下，价格在信息意义上是所有基本面、私有信息的充分统计量。[6]而在部分披露均衡下，价格反映的是私有信息和额外噪音的混合。早期的理性预期模型主要强调完全披露均衡，后来的相关论文开始更加关注部分披露均衡。部分披露均衡更符合现实，其产生方法是在交易过程中加入噪音，使价格变动原因的解决变得更加困难。例如在私有信息模型中，给资产供给增加噪音，当价格上涨时，人们无法判断是因为市场上存在利好的私有信息还是资产供给变小，因为两者都有可能推动价格上涨。总之，部分披露均衡有着重要的理论意义。

模型结论

在介绍了两种均衡类型后，笔者对理性预期模型作出了以下几个重要结论：

（1）价格既扮演市场出清的角色又扮演传递信息的角色；

（2）在完全披露均衡下，个人资产需求仅依赖于价格，而不受其收到的私有信息的影响；

（3）在完全披露均衡下，人们没有动力去投资需要成本的信息，而在部分披露均衡下这种动力是存在的。

在此先简单解释一下这三个结论。结论（1）是三者中最基础的。在传统模型中价格在决定均衡时的作用只是使市场出清，即通过价格调整来消除超额需求或供给。要解释这个传统作用，考虑一个完全建立在此作用上的金融市场均衡，在此均衡中个人忽略价格的信息传导作用。[7]由于个人忽略了价格的信息传导作用，价格对期望没有作用，每一个交易商的资产需求仅是其个人所拥有的信息的函数，而产生的市场出清价格是所有个人独立的小块信息的函数。这与现实不符：均衡价格应该反映每个人的信息，但个人是在价格不反映所有信息的基础上交易的。忽略价格中包含的信息显然是不合理的。通过引入价格的信息传导作用，理性预期模型为分析反映信息集合的价格提供了一个有价值的理论框架。

结论（2）和结论（3）是相关的。它们常被称为理性预期模型中的悖论。结论（2）是说在完全披露均衡下每个交易者的私有信息是多余的。因此在完全披露均衡下人们认为均衡价格完全反映了所有信息，每个人的需求仅仅依赖于均衡价格而忽略其私有信息。但是这样私有信息就无法传入到价格当中，这就产生了矛盾。在部分披露均衡下，这种矛盾就不存在，因为个人是在价格和各自的私有信息的基础上决定其需求的。第二个悖论是关于结论（3）的。在完全披露均衡下，人们没有动力去获得私有信息，因为在市场上出现获利机会之前，私有信息已被反映在价格中。如果私有信息的获得是有成本的（通过研究找到更好的投资机会），那么就没有人愿意去获得，价格也就无法反映私有信息。同样，这种矛盾在部分披露均衡下就不存在了。因为当交易者去获得私有信息时，由于价格还没有完全反映这些信息，市场上就存在一个获利空间，人们就有动力去获得这些私有信息。

模型

理性预期模型中的格罗斯曼—斯蒂格利茨模型一直得到广泛应用，因为它在考虑资产供给时不仅考虑私有信息还加入了噪音，其均衡是部分披露均衡。模型中有两个交易者，他们都是风险厌恶者和非策略交易者（即完全竞争者，接受给定的市场价格）。模型中只有单一风险资产，只考虑一个交易周期。[8]在这个交易周期内，有三件事会发生（见图4.2）。

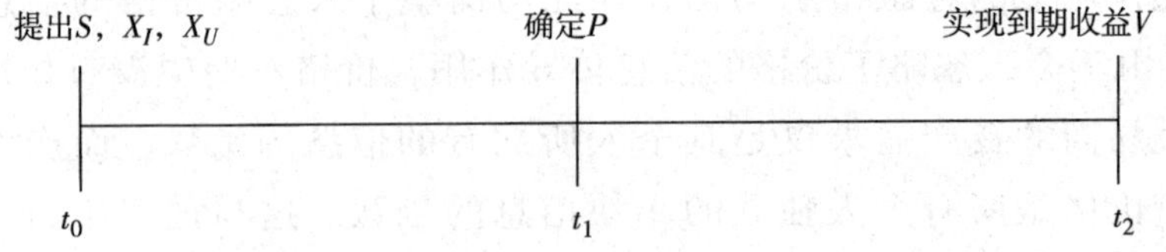

图 4.2　理性预期模型的时间跨度

此处用 V 表示风险资产的到期收益。它服从均值为零，方差为 σ_V^2 的正态分布。[9]到期前风险资产的交易价格为 P。最初，外汇市场上有两个交易者，一个是知情交易者，他拥有关于 V 的私人信息 S。尽管只有知情交易者知道私有信息 S，但所有交易者都知道 S 服从均值为 V、方差为 σ_S^2 的正态分布。我们将信息 S 写成以下形式：

$$S = V + \varepsilon$$

其中，ε 为私人信息中的噪音，服从均值为 0、方差为 σ_S^2 的正态分布。另一个是非知情交易者，他不知道私有信息 S，因此他没有信息交易的动机。

但是非知情交易者有保值的动机。事实上，所有交易者都有保值的动机。每位交易者都有随机的风险资产量（如股票或欧元），分别记为 X_I 和 X_U（I 和 U 分别表示知情交易者和非知情交易者）。X_I 和 X_U 都服从均值为 0、方差为 σ_x^2 的正态分布。[10]我们用 X 表示风险资产的总供给，则 $X = X_I + X_U$。（若 $X_I > X_U$，则保值动机占主导，可以预期知情交易者会卖出，其他情况与此类似。）X_I 和 X_U 相互独立，且与 S、V 相互独立。

模型使用微观结构理论中的指数效用函数。该函数非常重要，本章的附录中花了很大的篇幅来解释其特征和要求。其定义如下：[11]

$$U(W) = -exp(-W) \tag{4.1}$$

其中，W 表示以美元计价的期末财富量。该效用函数有两个主要特征：一是据此导出的风险资产需求不依赖于财富，所以在交易过程中财富再分配不影响均衡，这样就不用给出个人的交易收益或损失；二是当资产收益服从正态分布时，由指数效用函数导出的风险资产需求函数是简单的线性形式。

理性预期模型的关键问题是定价策略的制定，它说明了模型中的随机变量是如何决定均衡价格的。模型假设所有交易者都知道这个定价策略，这就暗示了非知情交易者可以利用该策略及市场价格来推测知情交易者所知道的信息。在理性预期均衡中，定价策略必须满足两个条件：一是“理性预期”部分，二是“均衡”部分。

理性预期均衡条件

（1）资产到期收益 V 的期望符合均衡定价策略；

（2）市场一直是出清的，即在所有的随机变量实现值下，超额需求都能保持为零。

从下面的模型推导中可以看出均衡定价策略满足上述理性预期条件（见图 4.3 理性预期模型的特征归纳）。

参与者：	1个知情交易者（风险厌恶，完全竞争者） 1个非知情交易者（风险厌恶，完全竞争者）
信息：	风险资产的最终收益服从$N(0,\ \sigma_V^2)$ 知情者拥有关于V的私人信息 非知情者只能观察到市场出清价格P
背景：	单一交易时期 所有交易都在同一价格上出清 符合实际定价策略

图 4.3 理性预期模型特征归纳

均衡推导

我们通过构造法来解决这类模型的均衡问题。即先提出定价策略，然后再验证他们满足上述条件。在效用和正态分布假定的基础上，我们给出一个线性的定价策略。如往常一样，我们事先并不知道这个定价策略是什么（或者均衡策略是否要求更加线性）。最初我们是通过经验和判断来推测。下面提出的策略最终符合了两个均衡条件，虽然这一步不是很明显：

$$P = \alpha S - \beta X \tag{4.2}$$

关键部分是已知的信息 S 和已知的风险资产供给 X。这是定价策略的自然选择，因为资产需求就是建立在这两个随机变量基础上的。定价策略没有涉及到变量 V，因为 V 在交易过程中是不可预见的。常数 α 和 β 在最后给出并应符合交易者的最优化行为。

求均衡解还有另外三个步骤。首先，我们需要每个交易者的期望收益 V 的表达式，且须与均衡定价策略相符。其次，在步骤一的基础上我们还要写出每个交易者的风险资产表达式。最后，我们利用这些需求表达式求出与式（4.2）的定价策略相一致的市场出清价格。这样我们就得到了理性预期均衡价格，因为它满足均衡条件（2）。在此均衡中，期望是用正确的定价策略得到的，符合条件（1）。

期望

交易者期望的表达式不难得到。对知情交易者来说尤其如此，因为他只需在其所掌握的信息基础上进行交易——他知道其他人是非知情交易者。在本章的附录中，笔者指出了为什么我们可以写出知情交易者的到期收益 V 关于信息 S 的后验期望，这些期望服从正态分布且

$$\mathrm{E}[V|S] = \left(\frac{\sigma_S^{-2}}{\sigma_S^{-2} + \sigma_V^{-2}}\right)S, \qquad \mathrm{Var}[V|S] = \left(\frac{1}{\sigma_S^{-2} + \sigma_V^{-2}}\right)$$

从上述结果可以看出：当方差 σ_S^2 趋于无穷大时（即私有信息不准确时），$\mathrm{E}[V|S]$ 趋于 V 的无条件期望值 0，$\mathrm{Var}[V|S]$ 趋于 V 的无条件方差值 σ_V^2。它们分别是 V 的无条件均值和方差。当 σ_S^2 趋于 0 时（即私有信息非常准确时），$\mathrm{E}[V|S]$ 趋于 S，$\mathrm{Var}[V|S]$ 趋于 0。

非知情交易者的期望与任何私有信息无关。但他可以从均衡价格中获得所有信息，因为该价格蕴涵了知情交易者的交易信息。[12] 均衡价格因此成为非知情交易者的一种信息。非知情交易者想知道的是知情交易者

拥有的私人信息 S。要用价格来推测 S，非知情交易者可以使用定价策略（尤其是其参数 α 和 β）将价格转变为与 S 有关的二手信号。具体可以从定价策略开始：

$$P = \alpha S - \beta X$$

用 P 除以 α 得[13]： $P/\alpha = S - (\beta/\alpha)X$

变量 P/α 分布在 S 的均值附近，S 即非知情交易者想知道的信息。知情交易者和非知情交易者都不知道 X 的值，这一点笔者将在后文说明。为方便标记，此处用 Z 表示，即

$$Z = P/\alpha = S - (\beta/\alpha)X$$

由于 $S \sim \mathrm{N}(V, \sigma_S^2)$，$X \sim \mathrm{N}(0, 2\sigma_X^2)$，且 S 与 X 相互独立，因此 Z 是关于 V 的正态分布且方差 $\sigma_Z^2 = \sigma_S^2 + 2(\beta/\alpha)^2\sigma_X^2$。（符号"~"表示"服从……分布"。）有了 σ_Z^2 的值可知非知情交易者的后验分布是关于 V 的正态分布且有：

$$\mathrm{E}[V \mid P, \alpha, \beta] = \left(\frac{\sigma_Z^{-2}}{\sigma_Z^{-2} + \sigma_V^{-2}}\right) Z$$

$$\mathrm{Var}[V \mid P, \alpha, \beta] = \left(\frac{1}{\sigma_Z^{-2} + \sigma_V^{-2}}\right)$$

定价策略中的系数 α 和 β 对非知情交易者来说非常重要。笔者将其确定为条件信息以突出其重要性。另外，无论是知情交易者还是非知情交易者都不会以其自身的风险资产量（分别为 X_I 和 X_U）为交易条件，因为模型假定他们是非策略交易者（即价格接受者）。笔者将在后文详细叙述非策略交易行为这一假设。[14]

需求

只要在可得信息条件下的期望收益仍服从正态分布，交易者的资产需求表达式就不难得到。从上面的分析中我们可以看到，所有交易者的后验期望都服从正态分布。有了正态分布和指数效用函数的条件，知情交易者 D^I 和非知情交易者 D^U 的单位风险资产（如股票或欧元）需求函数表现为如下形式（更多细节见附录）。

$$D^{I} = \frac{E[V|S] - P}{Var[V|S]}$$
$$D^{U} = \frac{E[V|P,\alpha,\beta] - P}{Var[V|P,\alpha,\beta]} \quad (4.3)$$

式（4.3）显示了价格在决定非知情交易者需求中的信息传导作用（表现为条件期望和条件方差）。

将 $E[V|S]$ 和 $Var[V|S]$ 代入上述表达式求得 D^{I} 和 D^{U} 为

$$D^{I} = (\sigma_S^{-2})S - (\sigma_S^{-2} + \sigma_V^{-2})P$$
$$D^{U} = (\sigma_Z^{-2})Z - (\sigma_Z^{-2} + \sigma_V^{-2})P \quad (4.4)$$

市场出清价格

由需求等于供给（超额需求为0），市场出清价格得以决定：

$$D^{I} + D^{U} = X$$

将式（4.4）代入上式，结合市场出清价格

$$P = \alpha S - \beta X \quad (4.5)$$

我们可以得到

$$\alpha = \left(\frac{\sigma_Z^{-2} + \sigma_S^{-2}}{\sigma_Z^{-2} + \sigma_S^{-2} + 2\sigma_V^{-2}}\right)$$

$$\beta = \left[\frac{1}{\sigma_Z^{-2}(1 - \alpha^{-1}) + \sigma_S^{-2} + 2\sigma_V^{-2}}\right]$$

其中，$\sigma_Z^2 = \sigma_S^2 + 2(\beta/\alpha)^2\sigma_X^2$。$\alpha$ 和 β 的确定确保了在任何随机变量实现值下，超额需求为0，这就满足了前面提到的均衡条件（2）。进一步，我们用这些系数及定价策略形成条件期望来决定价格，这就满足了均衡条件（1）。从而我们证明了式（4.2）的定价策略达到了理性预期均衡。

由非知情交易者的期望可知，该均衡为部分披露均衡。具体来说，从后验期望分布可以看出，非知情交易者从均衡价格中得到的信息不如知情交易者多。知情交易者的后验期望的方差为

$$Var[V|S] = \left(\frac{1}{\sigma_S^{-2} + \sigma_V^{-2}}\right)$$

非知情交易者的后验期望的方差为

$$\mathrm{Var}[V \mid P, \alpha, \beta] = \left(\frac{1}{\sigma_Z^{-2} + \sigma_V^{-2}}\right)$$

二者唯一的区别在于用 σ_Z^2 代替了 σ_S^2，其中 $\sigma_Z^2 = \sigma_S^2 + 2(\beta/\alpha)^2\sigma_X^2$。由于 $2(\beta/\alpha)^2\sigma_X^2$ 大于0，σ_Z^2 大于 σ_S^2，因此非知情交易者的后验期望的方差大于知情交易者后验期望的方差。

隐性拍卖人

本章一开始，笔者就指出理性预期模型和Kyle模型存在着不同之处。前者有一个隐性拍卖人，而后者有一个显性拍卖人，然而在上述模型中我们并没有提到隐性拍卖人。严格来说，理性预期模型不需要拍卖人，这也是模型介绍中没有具体提到拍卖人的原因。尽管如此，理性预期模型确实通过隐性拍卖人（即瓦尔拉斯拍卖人）来实现价格的制定。隐性拍卖人收集“最初的指令”（详见第1章），并利用这些指令去发现模型中的市场出清价格。无此知识为背景，就无法理解真实的价格制定过程，即：实现模型中要求的价格，从而使市场出清并符合理性预期。而Kyle模型通过引入显性拍卖人使价格制定过程从“后台”走向“前台”。

模型评价

最后，我们以标准理性预期模型中四种缺陷来结束本节。[15]

1. 通用性

一个普遍的观点是理性预期模型的许多结果不适用于很多更复杂的市场环境。问题就在于给定一个市场环境，理性预期均衡可能不存在，即不能同时满足理性预期均衡的两个条件。这很重要，因为模型没有均衡点就没有多大用处。是否存在均衡点以及如果均衡点存在，它又有何特征，取决于这个模型叙述中信息的数量相对于资产的种类数。在简单情况下，如本节介绍的理性预期模型，信息的数量等于资产的种类数（都为1）。当两者不相等时，均衡点的存在性就变得相当脆弱。因此，有必要考虑模型的通用性问题。

2. 非策略交易行为

式（4.3）的需求函数假定知情交易者只是接受现有的给定价格，

而没有考虑其自身交易对价格有着直接影响的事实（尽管均衡中给出了其期望的定义）。这就是模型中有名的"Schizophrenia（精神分裂症）"问题：尽管不能忽略单个交易者对价格的影响，但仍然认为他们是完全竞争者（纯粹的价格接受者）。

3. 掌握定价策略

在前述模型中，非知情交易者以定价策略（包括系数 α，β）为条件来确定需求，但事实上，他很难掌握这些信息，模型对此也没有详细阐述。如果单个交易者能通过大量时间的积累掌握这些信息，那么理性预期均衡将会是一种长期稳定状态。然而对定价策略的研究显示并非如此。

4. 指令流

作为理性预期模型的核心，定价策略对称性地处理了需求（指令）。由于交易不能区分为主动性（或激进型）的和被动性的（指令流的定义见第 1.2 节），因此模型不能对指令流、信息和价格三者之间关系的实证研究提供任何指导。就是这一特征使该模型比本章其他模型更不像微观结构模型。

如今这四个缺陷至少一部分已经被后来的模型所克服。第一个缺陷因为各种模型都有其自身的通用性问题，在此就不赘述了。但第二个、第三个缺陷很大部分已经被其后的模型所解决，如考虑策略交易行为、不依赖于定价策略等。具体解决方法是引入一个显性价格制定者，明确它的最优目标和约束条件。第四个缺陷通过引入明确的指令符号（根据交易由哪方首先发起）而完全被克服了。

4.2 显性拍卖人：Kyle 拍卖模型

Kyle（1985）模型和理性预期模型一样都是竞价市场结构，其核心都是建立在期望基础上的定价策略。二者的主要区别在于 Kyle 模型有一个显性拍卖人，而理性预期模型有一个隐性拍卖人。显性拍卖人的引入改变了定价策略，因为价格制定过程被包含在模型中了。显性拍卖人的引入还确定了理性预期模型中忽略的信息范围。具体来说，拍卖人只能利用可用信息来决定价格，而可用信息又是由交易规则决定的。这就将交易规则和价格直接联系起来。

在具体讲述模型之前，笔者先解释一下拍卖人的作用。Kyle 模型中的拍卖人与理性预期模型中的隐性拍卖人（瓦尔拉斯拍卖人）相联系，它表明这些模型都是拍卖模型。但是 Kyle 模型的拍卖人不仅制定价格，其自身也参与交易，拥有了解指令流信息的特权。在许多方面，拍卖人与交易商有着相同的特征（尽管这不是一个交易商市场交易结构）。具有多种功能的拍卖人常用做市商来表示，因此笔者也称 Kyle 模型中的拍卖人为做市商。

模型结论

Kyle 模型可以产生许多结论，相对于理性预期模型，Kyle 模型有着以下三个最重要的结论：

（1）做市商只对指令流进行统计分析，而不对基本面进行分析；

（2）做市商不能区分指令流来自知情交易者还是非知情交易者，并且非知情交易者可以利用这点去获得更大的收益；

（3）流动性与市场有效性密切相关，在有效市场，流动性被迫趋于一个恒量水平。

尽管模型会自我丰富，笔者仍想在此提出一些自己的观点。结论（1）是微观结构模型中信息处理分两步这一普遍特征的自然推导。第一步是除做市商以外的市场参与者（如基金经理、财产交易商、分析家等）分析观察基本面的过程。第二步是做市商即价格制定者解释第一步的分析观察结果。这种解释主要来源于指令流的分析，如图 4.4 所示。

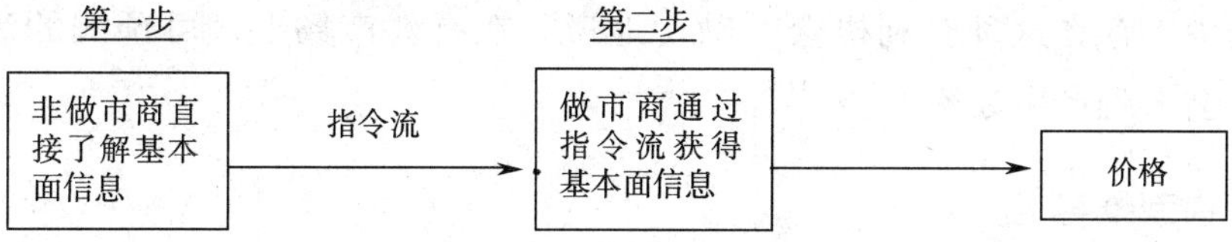

图 4.4　信息处理的两步骤

指令流能传递基本面信息是因为它包含了那些分析基本面的交易者的交易愿望。但现实中，这些隐含信息的交易混合着许多无信息的交易，使得指令流的分析不如想象得那么简单。在 Kyle 模型中，做市商只能通过指令流来了解基本面信息，这个假设显然比较严格。完全依赖于指令流的分析是因为这些分析所得的信息是非公众信息（公众信息指所有人都知道的信息，且其隐含的汇率被所有人认可）。[16]对于公众信息，做市商显然不需要从指令流中了解。尽管外汇市场上有些信息是公开的，但并不多，因此分析指令流就变得相当重要。

结论（2）引入了理性预期模型所没有的策略交易行为。知情交易者可以利用做市商无法区分指令流的来源而进行策略交易。知情交易者的策略行为就是利用非知情交易者的指令伪装自己，向做市商隐瞒自身获取的信息，这就导致了价格反映信息的速度变慢（比如他们的买入行为使价格上涨更少）。

结论（3）认为流动性与市场有效性密切相关，这是非常有见地的。它的基本思想是，在有效市场中流动性不能保持其可预测性。和以前的定义不同，这里的流动性是指指令对价格的影响，即 Kyle 和实证研究者所称的“深度”。为了理解恒定流动性，先假设流动性是不恒定的，人们能预测其变化。举个简单的例子可以说明这种可测的流动性变化必然导致市场无效，即存在套利机会。假设上午美元/日元外汇市场流动性特别差，而下午流动性又将变得特别强。如果上午我们买入 10 亿美元，这会推动以日元标价的美元上涨。（如果我们的交易可以传递基本面信息，如 Kyle 模型中那样，那价格会随着买入指令的优势持续增长。）在极端情况下，假设下午的流动性非常强，卖出 10 亿美元的平仓交易将不会对价格产生影响，如此我们就可以获利，因为卖价比平均买价高。在有效市场中不存在这种获利机会，确切地说，在有效市场上，可预测的流动性不会大到产生超额收益。[17]

模型推导

单期 Kyle（1985）拍卖模型是微观结构理论的重要组成部分。模型中有三种类型的交易者：一个风险中性的知情交易者，一个风险中性的做市商，以及多个非知情交易者。非知情交易者是非策略交易者，其交易动机（如对冲）与知情交易者不同。模型包括单一风险资产，只考虑一个交易周期。在这个交易周期内有四件事会发生，详见图4.5。

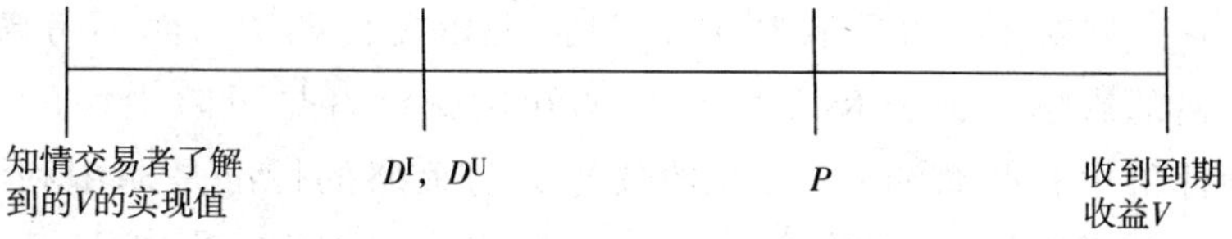

图4.5 Kyle模型的时间跨度

假设风险资产的到期收益为随机变量 V，服从均值为0、方差为 σ_V^2 的正态分布。[18]知情交易者能在交易之前就确切地获悉到期收益 V 的现值，但做市商不行。[19]知情交易者在获得 V 的信息后，和其他交易者一起提交指令给做市商以单一的市场出清价 P 成交。被提交的指令分为两类：一类是来自知情交易者的指令，记为 D^{I}；另一类是来自非知情交易者的指令，其指令总和记为 D^{U}。（如果 $D^{\mathrm{U}}<0$，表示非知情交易者总和是卖出的。）D^{U} 是与 V 相互独立的随机变量，且服从均值为0、方差为 σ_U^2 的正态分布。知情交易者在提交指令 D^{I} 之前不知道 D^{U}。（事实上，这就排除了知情交易者以市场出清价格作为已知的条件信息提交指令，而与此明显不同的是，理性预期模型让所有交易者都能以市场出清价作为条件信息。）对做市商来说，他只能观察到两类指令之和 $D^{\mathrm{I}}+D^{\mathrm{U}}$ 来确定市场出清价格 P。

模型中做市商的定价策略的前提假设是其预期利润为零。这个假设与做市商是完全竞争的这一特点是一致的，在完全竞争市场上，单个做市商没有垄断权。（零利润条件非常重要，在许多微观结构模型中都有这一条件。）期望利润为零表明做市商制定的价格是关于 $D^{\mathrm{I}}+D^{\mathrm{U}}$ 之和的函数：

$$P=\mathrm{E}[V\mid D^{\mathrm{I}}+D^{\mathrm{U}}] \tag{4.6}$$

由于做市商不能单独得到 D^{I} 和 D^{U}，因此价格取决于二者之和。在

Kyle 这个简单模型中，D^U 是外生变量，这使推导简单化了。复杂的是 D^I，它取决于知情交易者的策略。

Kyle 模型的一个重要特征就是知情交易者是有策略的，也就是说他会考虑他的指令对价格的影响。这就涉及非知情交易者（其交易是外生的）和做市商的行为。理性预期模型中，知情交易者是非策略交易者，在式（4.3）的需求 D^I 中，只接受市场价格 P，而不考虑 D^I 对均衡价格的影响。由于 Kyle 模型中的知情交易者是风险中性的（本章的模型评价中有此介绍），因此他选择交易策略的标准是期望利润最大化。也就是说，对 V 的每一个可能的现值，他选择 D^I 以实现下式最大化：

$$E[D^I(V-P) \mid V] \tag{4.7}$$

从以上两个公式，我们可以清楚地看到做市商和知情交易者之间的关系。做市商的策略依赖于 D^I 对总指令流的贡献，而知情交易者的 D^I 又依赖于指令对做市商所制定价格 P 的影响。在均衡时，这种循环问题得以解决（见图 4.6 模型主要特征归纳）。

参与者：　1个做市商（风险中性）

　　　　　1个知情交易者（风险中性，策略交易者）

　　　　　多个非知情交易者（非策略交易者）

信息：　风险资产的最终收益 V 服从 $N(0,\ \sigma_V^2)$

　　　　知情交易者拥有关于 V 的私人信息

　　　　知情交易者不知道非知情交易者的指令（但知道其分布）

　　　　做市商只知道总指令流，不知道知情者和非知情者单独的指令流

背景：　单一交易时期

　　　　所有交易都在同一价格上出清

　　　　做市商的定价使期望利润为零

图 4.6　Kyle 模型特征归纳

制定定价和交易策略以实现均衡是模型中的重要问题。Kyle 的均衡是唯一的、线性的均衡，满足下列做市商定价策略：

$$P = \lambda(D^{I} + D^{U}) \tag{4.8}$$

以及下列知情交易者的交易策略：[20]

$$D^{I} = \beta V \tag{4.9}$$

参数 λ 和 β 一定为正，可直接写出（此处不推导）：

$$\begin{aligned} \lambda &= \frac{1}{2}(\sigma_V^2/\sigma_U^2)^{1/2} \\ \beta &= (\sigma_U^2/\sigma_V^2)^{1/2} \end{aligned} \tag{4.10}$$

注意到定价策略和交易策略取决于两个相同的参数——非知情交易者指令的方差 σ_U^2 和到期收益 V 的方差 σ_V^2。这是很自然的结果，且与理性预期模型中定价策略的一贯准则相类似。我们还发现在两大策略中这两个参数的比例互为倒数。这也是很自然的结果：当 λ 变大时，意味着指令流对价格有较大的影响，导致 β 变小，知情交易者的交易会更谨慎（以避免他们自身的交易对价格产生影响）。参数的变化也很好解释。当 σ_V^2 较大，其他不变时，知情交易者的信息更具价值，做市商也将更大程度地调整价格；当 σ_U^2 较大时，知情交易者的指令更易隐藏，导致其交易更加激进。

均衡的直观表示

要提供一些均衡的直观表述，一种方法是证明当知情交易者采用式（4.9）的交易策略时，做市商确实会根据式（4.8）的定价策略来制定价格。为证明这一点，我们需要考察做市商面临的问题。做市商对 V 会有一个先验的认识，即 V 的非条件分布为 N［$(0，\sigma_V^2)$］，然后他要根据指令流 $D^{I}+D^{U}$ 来制定价格，使其等于他对 V 的最佳估计。同时做市商知道，作为指令流一部分的 D^{U} 是外生变量，服从 N（$0，\sigma_U^2$）。含有信息的那部分指令流 D^{I} 取决于知情交易者的交易策略。假设做市商了解知情交易者的交易策略是式（4.9）的线性公式：$D^{I}=\beta V$，我们想要证明的是做市商确实会根据式（4.8）的定价策略来制定最优价格。

如果知情交易者根据 $D^{I} = \beta V$ 进行交易，我们就可以将总指令流写成

$$D^{I} + D^{U} = \beta V + D^{U}$$

我们可以引用前面一节提到的技术方法：将做市商的信息变成新信息，该新信息是关于 V 的分布。用 $D^{I} + D^{U}$ 除以 β 得

$$(D^{I} + D^{U})/\beta = V + D^{U}/\beta \tag{4.11}$$

与上一节一样，我们称这一新信息为 Z，则

$$Z = V + D^{U}/\beta$$

注意到 Z 服从均值为 V、方差为 $\sigma_V^2 + \sigma_U^2/\beta^2$ 的正态分布。运用本章附录中的新工具不难得出，有了 Z 以后，做市商对 V 的最优估计与 Z 成比例：

$$\mathrm{E}[V|Z] = \left(\frac{\beta^2\sigma_U^{-2}}{\beta^2\sigma_U^{-2} + \sigma_V^{-2}}\right)Z$$

将式（4.10）中的 β 值代入得：

$$\mathrm{E}[V|Z] = Z/2$$

风险中性的做市商再据此制定价格并使之等于他对 V 的最优估计：

$$P = \mathrm{E}[V|Z] = Z/2 = (V + D^{U}/\beta)/2 = [1/(2\beta)](D^{I} + D^{U})$$

最后一步变换用的是式（4.11）。上式与（4.8）的定价策略相一致，因为

$$1/(2\beta) = \frac{1}{2}(\sigma_V^2/\sigma_U^2)^{1/2} = \lambda$$

这样就证实了我们想证明的：当知情交易者采用式（4.9）的交易策略时，做市商确实会根据式（4.8）的定价策略来制定价格。尽管这并不是均衡的证明，因为我们无法证明代入的 β 符合知情交易者的最优决策，但做市商所面临的这个问题为我们了解他如何获得信息提供了一个很好的切入点。从指令流获得信息也是本章后面两个模型的重要特征。

另一个有趣的结果是均衡价格在多大程度上反映了知情交易者的信息。普遍做法是用到期收益 V 的期望来衡量。具体来说，在获得价格后，市场的期望又精确了多少？（在模型中，“市场”指非知情交易者，因为他们只能从价格中获得信息。）市场和做市商认为到期收益 V 的初始方

差为σ_0^2，在得到$D^I + D^U$后，V的方差变为σ_1^2且$\sigma_1^2 = \frac{1}{2}\sigma_0^2$。利用附录中得到条件方差的方法很容易得到这一结果。这是一个令人振奋的结果：无论V和D^U的实现值如何，方差仅为原来的一半。这就说明一次交易结束后知情交易者的信息有一半将反映到市场价格中。直观的解释是知道指令流后的方差σ_1^2既不能为0也不能保持σ_0^2不变。若方差变为0，知情交易者也不能获利，因为所有交易都在充分反映价格的V值上执行。若方差保持不变，做市商无法了解到任何信息，知情交易者的获利无穷大。然而$\sigma_1^2 = \frac{1}{2}\sigma_0^2$这个结论就没有那么直观，但我们可以确定$\sigma_1^2$一定在某个值附近。

我们还没有说明结论（3）中流动性和市场有效性的关系。我们将流动性定义为价格对指令流的敏感度，模型中用λ表示（λ为做市商定价策略中指令流与价格之间的系数）。另外，结论（3）中的流动性是一个长期内的稳定值，而不是一个时点值。显然单期Kyle模型不能满足对跨期流动性进行解释的要求。Kyle（1985）最早的论文还包括一个跨期模型，其中有一组序贯拍卖人。Kyle还检测了在固定的时间间隔内，当交易次数趋于无穷时流动性的极限是多少。在此模型中，知情交易者必须考虑当期交易对未来交易机会的影响：如果知情交易者在很短的时间内交易量过大，价格会迅速调整，其总利润会减少。因而，知情交易者会选择逐步交易，将交易分期隐藏在非知情交易者的交易中。虽不能一望而知，但结论（3）中的恒定流动性可由此产生。要理解这一点，就要知道知情交易者希望其交易对价格的影响越小越好。然而，如果价格影响是变化的，当这种影响低时知情交易者通过交易获得的利润就更多，反之则减少。利润导致的交易重置会随着时间持续下去，直到边际价格影响相等。均衡的结果就是流动性恒定。

模型评价

Kyle（1985）模型随后在许多方面得到了延伸发展（如允许知情交易者是风险厌恶的，允许非知情交易者是策略交易者，允许多个知情交易者的存在）。[21] Kyle 模型很好地抓住了交易者是如何利用信息优势进行策略交易的，但它当然也存在许多不足之处。主要有以下三点限制了它在外汇市场（以及其他大部分资产市场）的应用：

1. *没有考虑做市商是风险厌恶者*

Kyle 模型是纯信息模型，它没有考虑到做市商存货的价格效应及不完全替代性（见第2章）。[22] 由于做市商是风险中性的，他总是根据 V（此处仅指期望到期收益）的条件期望制定价格，这不仅排除了存货或资产组合对价格的效应，还排除了信息效应和其他这些效应的相互影响性。实证研究显示，外汇市场上的做市商对存货管理是积极的，这将改变指令流的成分。如果由于积极的存货管理使指令流中与 V 的期望无关的部分增大，那么指令流的信息传递作用将进一步下降。

2. *没有考虑价差*

因为所有的指令都被假设在单一竞价市场出清价格上执行，Kyle 模型没有产生价差。而主要的外汇市场都是交易商制度，都存在价差，因此 Kyle 模型不能直接用来分析这些价差。用该模型分析价差的一种方式是计算“隐性”价差（Madhavan，1996）。隐性价差由每个交易的边际价格影响计算得到，模型中用 λ（式 4.8）表示。若单向价格影响为 λ，则双向价格影响（即隐性价差）为 2λ。但这个估计本身也有缺陷，因为 λ 的均衡值并不是由附加交易执行的可能性得到的。

3. *没有关注单个交易*

集合竞价模式的另一个结果是无法分析单个交易的影响。不幸的是，从大多数外汇市场得到的交易数据都包括单个交易。一种可能的方式是设定一段时间汇总单个交易来模拟批量交易。但是汇总单个交易与时点上的批量交易还是有本质差别的。

4.3 单个交易商：序贯交易模型

Kyle 模型与序贯交易模型有很多相同的特征，主要是对交易商的说明。首先，两个模型都有一个最优做市商，通过其特有的信息来设定价格。[23]其次，两个模型的交易商都是风险中性的。最后，两个模型中的交易商都只从指令流中获取信息，而没有其他的基本面信息来源。

Kyle模型与序贯交易模型也有很多重要的不同之处，主要是交易规则的不同。Kyle模型是拍卖人市场，而序贯交易模型是交易商市场。纯交易商市场中的交易者在每边交易中都有一个交易商。序贯交易模型则是从交易者群中序贯选择单个交易者，该交易者可以在交易商提出的买卖价格上进行交易。该规则与Kyle模型有三个重要的不同之处。首先，序贯交易模型中有一个明确的买卖价差，而Kyle模型中只有一个市场出清价格。在实证研究中这一点尤其引人注目，因为在大多数市场中价差都可以度量。其次，序贯交易模型中分析单个指令集所包含的信息的方法在Kyle模型中不可能实现，因为Kyle模型中所有指令同时以单一价格成交。第三点不那么重要，即在序贯交易模型中，从交易者群中选择交易者是随机的，这意味着知情交易者不能像Kyle模型中那样调整其交易强度。策略交易的引入确实是Kyle模型的一大优势。

模型结论

序贯交易模型有许多结论，与上述单个拍卖人模式的Kyle模型相比，以下三个结论最为重要：[24]

（1）即使是完全竞争、风险中性的交易商，其报价也存在价差；

（2）价格发现是通过不断调整价格，吸收私有信息的渐进过程（即变得强势有效）实现的；

（3）交易商通过一系列不同的指令流来了解私有信息。

结论（1）是基础。在序贯交易模型中，均衡价差的制定是为了防止与知情交易者的交易造成交易商总亏损（在Kyle模型中，知情交易者知道到期收益V的精确值）。为防止总亏损，交易商必须用与非知情交易者的交易利润来弥补与知情交易者交易所产生的亏损。均衡价差使利润和亏损刚好抵消，期望利润为零。仅仅信息不对称就可以产生价差，不必要求交易商是风险厌恶的，或有其他交易成本、垄断权等。

结论（2）中的“价格发现”一词在非微观结构模型外并不常见，

本模型很好地说明了这一过程（Kyle 模型的多拍卖人模型也说明了这一过程）。在宏观汇率模型中，传统上都使用“价格决定”一词。在这些模型中所有信息都是公开的，所以价格就不是一种发现过程，而是由一系列基本面的线性组合所决定的。相应地，当交易商与知情交易者交易时，其任务确实是一个发现过程，即发现私有信息。这类模型抓住的是私有信息反映在价格中的过程。（强势有效意味着所有信息包括私有信息都反映在价格中。）

结论（3）交易商从众多单个交易指令中获取私有信息是本模型的核心。尽管 Kyle 拍卖模型也强调从指令流中获取信息，但他并没有解释如何从单个指令集中获取信息。在大多数金融市场，这种单个指令过程比 Kyle 模型的集合竞价更贴近实际。如果一个交易者想卖出，原因可能是他知道了交易商不知道的负面信息。当然卖出的原因也可能与基本面信息无关（例如该交易者是养老基金，为实现其义务而卖出资产）。交易商无法区分单个交易到底是出于哪种情形，但是如果卖出指令占优势，交易商就会调整其期望，价格也随之下调，因为不太可能有如此多的卖出指令是出于非基本面原因。这样，交易商的报价就逐渐包含了指令流中的私有信息。

模型

和 Kyle 模型一样，Glosten—Milgrom（1985）的简单序贯交易模型是微观结构理论的又一大支柱。模型中有三类我们所熟悉的交易者：多个风险中性的知情交易者，一个风险中性的交易商和多个非知情交易者。模型中只有一种风险资产，它的到期收益要么高达 V^H，要么低至 V^L。所有知情交易者最初就知道到期收益是高还是低。最初，交易商只知道 V^H 和 V^L 发生的无条件概率，我们分别记作 p 和 $(1-p)$。

Glosten—Milgrom 的序贯交易模型认为交易是对称的序贯交易，每一个交易都是从固定的潜在交易者群中随机抽取一位交易者。交易商知道被抽取的交易者是知情交易者的概率为 q，是非知情交易者的概率为 $1-q$。然后交易商向该交易者报出买卖价格，每次只能交易一个单位。交易者可以选择以交易商的卖价买入，或以买价卖出，或不做交易（见图4.7 模型的时间线）。为简化起见，模型假定如果被抽取的交易者是非知情交易者，那他买和卖的概率等于0.5（如为了特定的避险需求）。

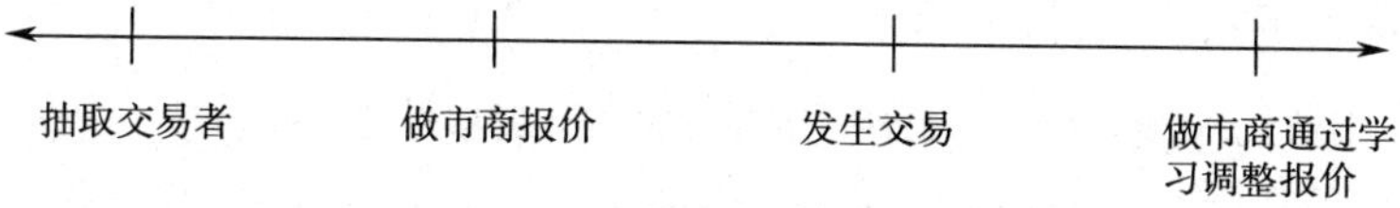

图4.7　序贯交易模型单个交易时间

这个交易制度比前两个模型更精细。序贯交易模型有更明确的交易商交易制度，要求有更强的结构体系（这与Kyle模型的显性拍卖人比理性预期模型的隐性拍卖人要求更强的结构体系一致）。序贯交易制度使我们更容易分析单个交易。这样，当价格还没有反映所有信息时，知情交易者也不会非常激进地交易。

交易商的定价策略是本模型的核心。两个关键特征确定了其地位——风险中性和期望利润为零。（与Kyle模型一样，完全竞争交易商在交易初期就进入市场表明期望利润为零。）这两个特征就要求交易商对下次交易所报的买价和卖价必须符合以下两个公式：

$$买价 = E[V \mid 下个交易者是卖出资产]$$

$$卖价 = E[V \mid 下个交易者是买入资产] \tag{4.12}$$

这些期望隐含了买卖一个单位的交易对交易商的期望到期收益 V 产生的效应。因此交易商不会因为交易有没有做成而后悔。图4.8 归纳了模型的主要特征。

图4.9 的概率树阐述了这些期望是如何决定的。交易规则提供了足够的结构体系使这一过程简单明了。

图4.9 中有八种可能的交易类型，这是由两个不同的到期收益、两种不同的交易者类型、两种不同的交易方向产生的（$2\times2\times2$）。最右边一栏是每种交易类型发生的概率，由于这八种类型涵盖了所有的可能性，因此它们的和为1。每个概率有三个组成部分：第一，到期收益走高至 V^H 还是走低至 V^L，概率分别为 p 和（$1-p$）。第二，交易商从交易者群中选择一个知情交易者或非知情交易者，概率分别为 q 和（$1-q$）。知情

参与者：	1个交易商（风险中性）
	多个知情交易者（风险中性且非策略）
	多个非知情交易者（非策略交易者）
信息：	风险资产的最终收益V要么高达V^H，要么低至V^L
	所有知情交易者都知道到期收益是高还是低
	交易商知道实现V^H的非条件概率p
	交易商知道下个交易者是知情交易者的概率为q
	交易商收到的是序列指令
背景：	序贯交易期，每期最多允许1个交易
	交易商参与所有交易
	单个交易数量被限制在1个单位
	每期都从潜在交易者中随机抽取交易者
	交易商对潜在交易者报出买卖价格
	交易商的定价使期望利润为零

图4.8　序贯交易模型特征归纳

交易者知道到期收益的实现值是 V^H 还是 V^L。第三，被选择的交易者是买入还是卖出。如果被选择的是非知情交易者，他买入和卖出的概率都是 $\frac{1}{2}$（假定在此模型中非知情交易者有特定的避险目的）。如果被选择的是知情交易者，当到期收益的实现值为 V^H 时他买入的概率为1，卖出的概率为0；当到期收益的实现值为 V^L 时他卖出的概率为1，买入的概率为0。

设定买卖价格

让我们沿着式（4.12）所示交易商制定卖价的例子往下，可以将式（4.12）扩展为：

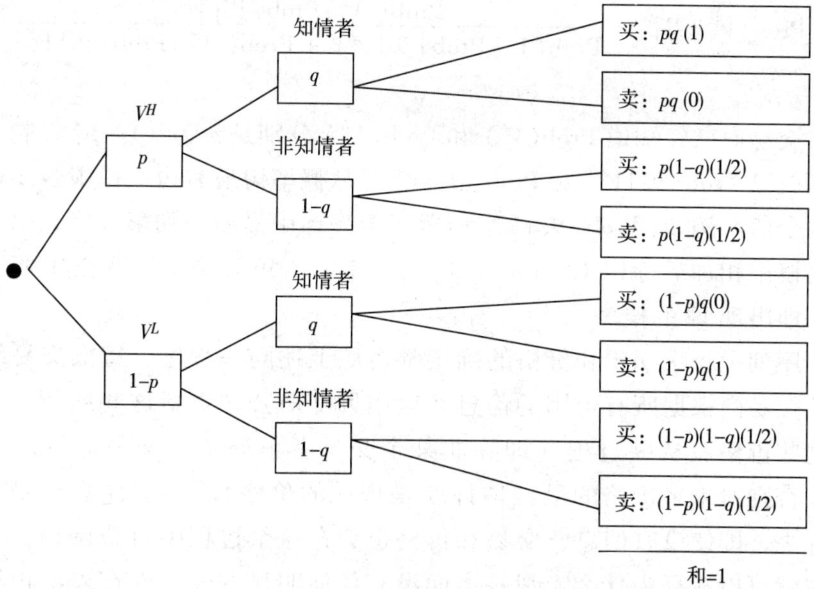

图4.9 序贯交易模型的交易概率：序贯交易模型

这里有八种可能的交易模式。出现每种情况的概率标注在最右侧一栏中（八种可能性的和为1）。这里每个概率都有三个组成部分：第一，初始状态要么产生一个高的支付价值 V^H，要么产生一个低的支付价值 V^L，对应的概率分别为 p 和（$1-p$）。在交易群中的交易者要么是知情的，要么是不知情的，概率分别为 q 和（$1-q$）。知情交易者知道到期收益的实现值是 V^H 还是 V^L。第三，被选择的交易者选择买入还是卖出。如果被选择的是非知情交易者，他买入和卖出的概率都是1/2。如果被选择的是知情交易者，当到期收益的实现值为 V^H 时他买入的概率为1，卖出的概率为0；当到期收益的实现值为 V^L 时他卖出的概率为1，买入的概率为0。

$$\text{卖价} = E[V \mid \text{买}] = V^L \text{Prob}\{V^L \mid \text{买}\} + V^H \text{Prob}\{V^H \mid \text{买}\} \quad (4.13)$$

其中，$\text{Prob}\{V^L \mid \text{买}\}$ 表示在下一个交易者选择买入的条件下 $V = V^L$ 的概率。交易商知道 V^L 和 V^H 的值，但他不知道最终实现值是 V^L 还是 V^H。我们需要计算出 $\text{Prob}\{V^L \mid \text{买}\}$ 和 $\text{Prob}\{V^H \mid \text{买}\}$。这两个概率计算方法相同。只要知道 $\text{Prob}\{V^L \mid \text{买}\}$ 就能求出整个解。

利用贝叶斯法则可以方便地求出 $\text{Prob}\{V^L \mid \text{买}\}$。本章附录介绍了贝叶斯法则及其内涵。笔者在此只是简单地给出根据贝叶斯法则得到的公式：

$$\text{Prob}\{V^L|\text{买}\}=\frac{\text{Prob}(V^L)\text{Prob}\{\text{买}|V^L\}}{\text{Prob}(V^L)\text{Prob}\{\text{买}|V^L\}+\text{Prob}(V^H)\text{Prob}\{\text{买}|V^H\}} \tag{4.14}$$

交易商已经知道 Prob(V^L) 和 Prob(V^H) 分别是 p 和 $(1-p)$。剩下的问题就是 Prob{买|V^L} 和 Prob{买|V^H}。从概率树最右边一栏很容易得到这两个值。例如，Prob{买|V^L} 就等于概率树中最后一列第五格、第七格中的概率相加后除以 $(1-p)$。$(1-p)$ 来源于第五格至第八格中概率之和，即出现 V^L 的概率。

序列中每次期望和价格的确定都遵照上述同一程序。每次交易结束后，交易商根据所有可用的信息，运用贝叶斯公式更新这些期望。这就使这些价格服从鞅过程（即除非某个交易者掌握了比交易商更多的信息，否则对未来价格的最佳估计就是现在的价格）。[25]需要注意的是，久而久之，即使没有信息，交易和价格也会在这个过程中自我调整。指出这点就可以解释为什么宏观基本面没有任何明显的变化而在外汇市场会有剧烈波动的现象（Romer，1993）。

模型评价

像 Kyle 模型一样，序贯交易模型在市场微观结构领域得到了广泛的应用，并在许多方面得到了改进（如允许不同的交易数量，允许没有新信息存在的概率，允许知情交易者可根据获知信息量的多少改变交易强度等）。[26]该模型的关键是抓住了价格如何在交易商交易制度下随着序列指令的到来而进行相应改变。能够刻画价差也是该模型的一大优点，它为实证工作提供了一种指导。尽管如此，与任何其他模型一样，序贯交易模型也有其自身的缺陷，主要表现在以下三个方面：

1. 指令流到达过程

序贯交易模型中的交易者是从潜在交易群中随机抽取出来的。这是一个很强的简化假设。对此的代价当然就是该模型无法解释指令流的到达过程，而交易时间和顺序在现实市场中是相当重要的选择变量。

2. 没有考虑策略交易行为

这个缺陷直接与第一个相关。知情交易者在基本序贯交易模型中没有能力去改变他们的交易频率，对比之下，Kyle 的批量交易模型非常强调策略交易行为，即策略性地改变交易强度。这个缺点同样在非知情交易者身上出现，尽管非知情交易者没有信息优势，但在现实市场他们可以通过在特定时间交易来降低他们的交易成本。[如由 Admati 和 Pfleiderer（1988）提出的 Kyle 样式模型。]

3. 没有考虑交易商是风险厌恶者

像 Kyle 模型一样，序贯交易模型是纯信息模型。因为交易商是风险中性的（但没有垄断权），他通常以 V 的条件期望来确定价格。所以，该模型关注的仅是未来的到期收益，没有考虑存货效应或不完全替代性对价格的影响。尽管如此，对于外汇市场，仍没有足够的实证证据证明交易商会根据自身的存货积极调整价格。此外，在多交易商市场中，如果交易商在不同时间存货控制交易的强度不同，这会影响潜在交易者群的变化。

4.4 同时交易模型

本节的同时交易模型比起前三种微观结构模型在许多方面更有意义。首先，同时交易模型假设的是多交易商结构，这就更能代表外汇市场多家交易机构的现实环境。因此，它提供了外汇市场更多的视角。其次，许多论文都已经对前述三种简单模型进行了不同程度的扩展和改进，有大量的这方面的资料可以参考；而同时交易模型是在近期发展起来的，所以参考文献也较少。事实上，总的来说，同时交易模型还在完善中。[27] 最后，将在接下来的章节中引用很多同时交易模型中的变量来更好地指导实证分析。作为实证模型的背景知识，理解同时交易模型如何是必需的。

在第 3 章介绍过的外汇市场特征中，有三点在前述模型中都没有很好地解释，但同时交易模型正是抓住了这三点。第一，交易商之间的交易。大多数的外汇市场交易都是交易商之间的交易，这些交易约占$\frac{2}{3}$。单一交易商（和无交易商）模型不可能解释这些交易的动力及后果。第二，私有信息的产生方式。在外汇市场，聚集到交易商手上的顾客指令流是非常重要的一个信息优势来源。也就是说，所有关于到期收益的信息并不都透露给享有这种优势的交易商。所以在先前的单一交易商理论框架中，交易商拥有的信息比知情交易者少。第三，交易商的风险厌恶性。使存货不平衡的交易，交易商会不愿意接受。外汇市场中的交易商积极管理存货。但在 Kyle 的批量交易模型和序贯交易模型中，交易商都是风险中性的。风险中性在分析信息透露过程中是一个很强的简化假设，它排除了信息透露和交易商风险管理之间的相互作用。在同时交易模型中，这种相互作用将被分析到。

模型化多交易商之间的相互作用必然涉及博弈论。同时交易模型源于同时行动博弈（相对于序贯行动博弈），同时交易的特征有两个主要作用：一是限制了交易商交易时的条件信息。交易商不能以其他交易商的交易作为自身的已知条件信息，因为他们是同时交易的。二是它引入了存货波动。由于交易商不能以即将交易的信息作为条件信息，当交易商同时提交自己的指令，那么这些即将发生的交易就可以使交易商的存货往不可预测的方向变动。存货的这些波动就造成了第 1 章所描述的“烫手山芋”现象。而其他三种微观结构模型不能抓住这个现象，因为非预期的存货变动问题在这些模型中没有被提及。（另外，在两个单一交易商模型中，交易商是风险中性的；在理性预期模型中，所有的交易都以市场出清价格为条件。）实证证据说明非预期的存货变动对揭示外汇市场中存在的巨大交易量是非常关键的。Flood（1947）认为：“银行间的大量交易的主要目的不在于投机，而是在于做市商想把不希望持有的仓位变成它们可接受的资产分散化的存货分布情况。”

模型结论

多交易商交易模型受到了很多挑战，但仍提出了许多单一交易商交易结构模型无法提及的观点。相对于前两个单一交易商交易模型，同时交易模型有着以下三个最主要的观点：

（1）交易商的存货和顾客指令流是驱动他们投机交易的信息来源；

（2）私有信息和交易商的策略行为相互影响，减少了反映在价格中的信息；

（3）私有信息和交易商的风险厌恶相互影响，减少了反映在价格中的信息。

模型深入地解释了这三个观点。现在给大家介绍一下直观的想法。为了充分认识到观点（1）的重要性，回忆一下在传统汇率经济学中，汇率普遍被认为完全是由宏观公众信息所决定的，它的推论就是私有信息与汇率是无关的。从表面上看，这种观点在各种模型中似乎是合理的。但同时交易模型提供了一种反例。它说明了一类非公众信息是如何帮助人们预测价格的（如在第2章提到的关于经常账户余额的分散化信息）。这类信息不同于前三种模型所涉及的信息，尤其不同的是前三种模型中没有拥有内部信息的交易者。在外汇市场，集中关于某个变量的信息，如远期利率，是几乎不可能的。取而代之的是：同时交易模型中的信息优势是指在交易商层面由每个交易商所观察到的指令流归纳集中后所获得的信息。所以在模型中交易商具有信息优势，他们据此进行投机交易。由于交易商的数量并不巨大，策略性行为自然产生。尽管如此，模型并未像Kyle模型那样考虑交易商与知情交易者之间的策略交易。

观点（2）中的私有信息和交易商策略行为相互影响是多交易商市场结构引人注目的一方面。事实上，交易商在市场中扮演两个相互冲突的角色。一方面，他们是信息中介，位于顾客指令流和序列市场价格所包含的信息之间；另一方面，他们也是理性的投机者，他们的投机行为扰乱了信息中介职能，降低了价格反映信息的效率。

观点（3）直接与“烫手山芋”问题有关。它是由交易商的风险厌恶性所致的。当处理私有信息时，“烫手山芋”交易并不是无害的，它减少了反映在价格中的信息。这产生的后果主要有两点：一是“烫手山芋”交易减少了交易商之间的信息传递，因为这些交易带有很多的噪音，反映真正信息的效果大打折扣；二是这些交易商之间的交易基本决定了价格。价格不能直接取决于顾客与交易商之间的交易，因为在外汇市场及模型中，交易商无法看到其他交易商与其客户进行的交易（即这类交易的透明度是零，而交易商之间交易的透明度不是零）。

为了清楚地解释上述两点中的第一点，即“烫手山芋”交易增加了交易商之间交易的噪音比例，让我们来看个例子。市场上有两个交易商A和B。交易商A收到两个关于资产价值V的消息。一个源于顾客的交易，记为C；另一个不直接与指令流有关（但可以是间接相关，例如该消息可以帮助交易商A更加清楚明确C中的信息），记为S。为简化起见，假设V在以上信息基础上的最佳条件估计是$C+S$。现在A与B交易，A的资产需求公式是$D^A = (1+\beta)C+S$，其中β被B所知。设想β是为了减少存货风险而考虑在与顾客交易C中所增加的一个权重。这个权重反映了交易商利用信息优势进行投机交易的需求。因为B知道权重β并观察到了A的需求D^A。如果$\beta=0$，那么D^A精确等于$C+S$，即V的最佳条件估计。对比之下，如果$\beta\neq0$，那么B就不能精确地获悉V的最佳条件估计。需求D^A现在就是$C+S$的带有噪音的信息。在同时交易模型中，像前述模型一样，所有交易商都知道最优交易原则中的权重。“烫手山芋”问题导致的这些权重随着存货的变化有别于仅根据基本面信息所确定的权重。这使得提取信息变得困难，同时也就减少了价格中所反映的信息。

模型

同时交易模型涉及两个时段，N个交易商。和别的模型一样，它也仅包括一种风险资产。假设每一个交易商都有着等量，且人数众多的客户群（如基金经理、投机者、公司财务人员、流动性交易者、中央银行等）。所有交易商和客户有一样的负的指数财富效用函数。该函数以第二期末的名义财富作为自变量。图4.10提供了该模型的时间跨度及一些变量符号的解释。

让我们把注意力集中到交易商可获知的信息上来。在时段1报价之前，每个交易商（用i表示）都收到私有信息S_i和公共信息S。[28]两个信息都是关于风险资产到期收益V的分布。时段1报价之后，每个交易商收到的指令总和计为C_i。这些顾客指令C_i服从正态分布N（0，σ_C^2）。遵

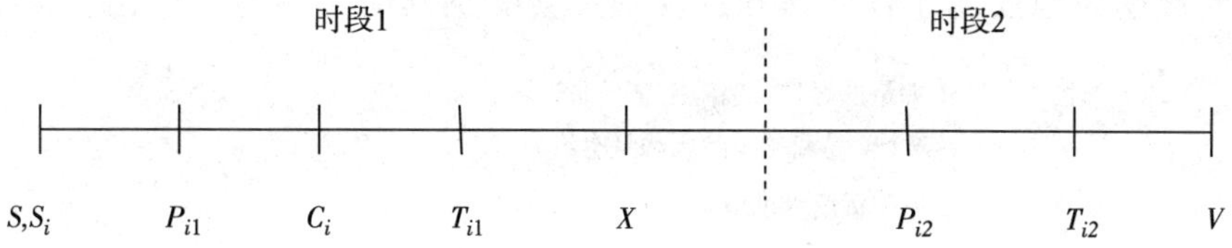

S为所有交易商都知道的公共信息；

S_i为交易商i获悉的私有信息；

P_{i1}为交易商i在时段1所报出的价格；

C_i为交易商i收到的净顾客指令；

T_{i1}为交易商i在时段1向其他做市商报出的净指令；

X为在时段1交易商之间的净指令流；

P_{i2}为交易商i在时段2所报出的价格；

T_{i2}为交易商i在时段2向其他交易商报出的净指令；

V为风险资产的到期收益。

图 4.10 同时交易模型时间跨度图

照惯例，当 C_i 是正数时，表示顾客净买入；当 C_i 是负数时，表示顾客净卖出。重要的是，每个交易商的 C_i 不被其他交易商知道。这就成为交易商 i 的一个信息优势来源。变量 S，S_i，C_i 相互独立。

在图 4.11 模型特征概要中列举出了报价 P_{it} 的有关规则。最值得注意的是模型中没有价差——报价是单一价格。[29]此外，同时行动符合交易商之间外汇交易通过电子系统而不是口头喊价的情况。电子交易系统具有让交易商同时报价、同时交易的能力。报价都是可观察的，这一假设等于报价的寻找成本是零的假设。最后一条有关报价的规则（在单一报价上，交易商必须作为交易的另一方，无论是买方还是卖方，都要接受交易）防止了交易商在信息劣势时退出交易。对照该原则，现实外汇市场中交易商选择交易时间内不报价（如拒绝报价或报价含有巨大价差）

就会被视为隐性地违背交易互惠规则并会受到其他交易商的惩罚。

市场参与者：大量的客户（风险厌恶且非策略）
N个交易商（风险厌恶且有策略）
信息：风险资产到期收益服从$N(0, \sigma_V^2)$
每个交易商都拥有各自的私有信息S_i：$N(V, \sigma_{S_i}^2)$
所有交易商都享有信息S：$N(V, \sigma_S^2)$
每个交易商都收到总计为C_i的客户指令，C_i：$N(0, \sigma_C^2)$
交易之后，交易商都能观察到在交易商之间交易的指令流X
机制：1. 报价
交易商必须同时独立地都给出报价
所有交易商都可以获得这些报价
报价是一个单一价格，表示该交易商愿意以这个价格买入卖出
任何数量的风险资产
2. 交易
交易是同时独立进行的
允许多方交易

图 4.11　同时交易模型特征归纳

图4.11 模型特征概要还列举了交易商之间交易的有关规则。记T_{it}为交易商i在时段t发出的交易商之间的交易指令，记T'_{it}为交易商i在时段t收到的来自其他交易商之间的交易指令。同时和独立的交易使得T'_{it}扮演相当重要的“角色”。它不可避免地干扰了交易商i在时段t的存货控制情况，使得交易商须在下一时段调整交易量来实现对存货的控制。

为了和我们先前对C_i的定义（客户净买入为正）一致，指令都会根据交易的主动方来赋予符号。因此，当T_{it}是正数时，表示交易商净买入；当T'_{it}是正数时，表示其他交易商i从交易商净买入。这样，正的C_i或T'_{it}对应交易商i的卖出。记D_{it}为交易商i对风险资产的期望存货量（除去收到的顾客和交易商的指令流），则每一时段交易商之间的交易有如下公式：

$$T_{i1} = D_{i1} + C_i + \mathrm{E}[T'_{i1} \mid \Omega_{T_{i1}}] \tag{4.15}$$

$$T_{i2} = D_{i2} + \mathrm{E}[T'_{i2} \mid \Omega_{T_{i2}}] - D_{i1} + T'_{i1} - \mathrm{E}[T'_{i1} \mid \Omega_{T_{i1}}] \tag{4.16}$$

其中，Ω_{Ti1}，Ω_{Ti2} 分别记作交易商 i 在时段 1 和时段 2 的信息集。从公式（4.15），很容易发现顾客的买入（卖出）必然在交易商之间交易市场中再买入（卖出）来实现期望存货量 D_{i1}（假设最初仓位为零）。此外，为了 D_{it} 建立，交易商必须在每期交易中考虑收到的交易商之间交易指令 T'_{it} 的期望值。转到公式（4.16），在时段 2，时段 1 最终实现的仓位必须得到调整。这里有三种因素：D_{i1}、T'_{i1} 和 $E[T'_{i1} | \Omega_{T_{i1}}]$（$T'_{i1} > 0$ 表示交易商 i 在时段 1 卖出）。$T'_{i1} - E[T'_{i1} | \Omega_{T_{i1}}]$ 项指没有预计到的由其他交易商提交的指令，也是存货波动的原因所在。

当时段 1 结束时，交易商可以观察到交易商之间交易的指令流为

$$X \equiv \sum_{i=1}^{N} T_{i1} \qquad (4.17)$$

作为带有符号的 T_{i1} 的总和，X 衡量的是买和卖指令差，即净买入，因为交易商卖出时 T_{i1} 为负。实证上交易商之间的经纪人所传递的指令流信息就对应于模型中的变量 X。它是所有交易商都了解的公共统计量信息。模型中确切地知道 X 这个指令流统计量（即没有噪音）扩大了交易商之间交易与交易商和客户之间交易的透明度差异。因为模型中交易商与客户之间的交易是不公开的。正如第 3 章所讨论的，交易商与客户之间的交易确实透明度为零。但是，交易商之间的交易其实也并不完全透明。Lyons（1996）在一篇关于检验交易中真实透明度的论文中认为，公式（4.17）中存在干扰项，即噪音。

接下来，让我们先看一下该模型的目标之一——反映市场中不同交易类型的不同透明度所带来的效用。由于交易商与客户的交易一般是观察不到的，在价格机制中，这些交易不被加总，而是通过交易商之间交易间接地被反映出来。这个结果就是形成两步骤信息汇总处理过程，其中第二步交易商之间交易是关键的一步（Gersbach 和 Vogler，1998）。

交易商目标和信息设定

每位交易商都要决定自己的报价和风险资产需求量，以使得在第二时段结束时以名义财富为自变量的负的指数效用函数最大化。记 W_{it} 为 t 时段末交易商 i 的财富，我们有：

$$\max_{\{P_{i1},P_{i2},D_{i1},D_{i2}\}} : \mathrm{E}[-\exp(-\theta W_{i2} \mid \Omega_i)]$$
$$\text{s. t.}$$
$$\begin{aligned} W_{i2} = W_{i0} &+ C_i(P_{i1} - P'_{i1}) + (D_{i1} + \mathrm{E}[T'_{i1} \mid \Omega_{Ti1}])(P'_{i2} - P'_{i1}) \\ &+ (D_{i2} + \mathrm{E}[T'_{i2} \mid \Omega_{Ti2}])(V - P'_{i2}) - T'_{i1}(P'_{i2} - P_{i1}) \\ &- T'_{i2}(V - P_{i2}) \end{aligned} \tag{4.18}$$

其中，P_{i1} 是交易商 i 在时段 1 的报价；符号"′"表示收到其他交易商报给交易商 i 的价格；V 是风险资产在时段 2 末的到期收益。最终财富 W_{i2} 等式中的第二项表示交易商 i 与其客户交易所获利润，若 C_i 为正，则交易商 i 以价格 P_{i1} 卖出，再从其他交易商处以 P'_{i1} 等量购回。第三项是交易商在时段1投机和套保的资本利得（$\mathrm{E}[T'_{i1} \mid \Omega_{T_{i1}}]$ 是对其他交易商提交给交易商的指令的对冲）。第四项与第三项相同，但是在时段 2。最后两项源于由同时交易产生的存货控制干扰所带来的存货波动。交易商 i 在决策需求量 T_{it} 时，不知道 T'_{it} 的确切值（时期 2 与此相同）。交易商 i 在四次决策（两次报价、两次交易）时的条件信息集 Ω_i 如下：

报价 P_{i1} 时：$\{C_i, S_i, S\}$；

交易 P_{i1} 时：$\{C_i, S_i, S, P_{11}, \cdots, P_{N1}\}$；

报价 P_{i2} 时：$\{C_i, S_i, S, P_{11}, \cdots, P_{N1}, T_{i1}, T'_{i1}, X\}$；

交易 P_{i2} 时：$\{C_i, S_i, S, P_{11}, \cdots, P_{N1}, T_{i1}, T'_{i1}, X, P_{12}, \cdots, P_{N2}\}$。

均衡报价策略

在这个模型中，各个时期的理性报价在各个交易商之间必然都是相等的。如果交易商之间报价不一样，套利机会就会产生（报价是单一价格，所有交易商都可得到，并且适用于所有交易量）。进一步，如果报价一样，那么他们必然都以公共的信息作出报价决策。因为公共信息只有一个，即信息 S，那么线性报价策略就是：

$$P_1 = \Lambda_S S \tag{4.19}$$

其中，Λ_S 是信息抽取系数，即使 P_1 成为 V 在 S 上的无偏估计。

在交易商报价一致的条件下，我们需要引入如何安排交易商之间交易的规则。最简单的就是设想每个交易商都被安排在一个圆上并且假设每个交易商都只与他左边的交易商进行交易。这种假设是不现实的。放宽该假设，例如，把交易商分成 $m(m < n)$ 个相等的部分，每个部分仍按照上述假设进行交易。[30]这样，每个交易商在时段 1 仍然只收到来自其右边交易商发给的指令。该指令流相当于式（4. 18）中产生存货干扰问题的变量 T'_{i1}。

同样地，在时段 2，交易商报价也都一样。在这种情况下，他们的报价取决于两则公共信息且有：

$$P_2 = \Lambda_S S + \Lambda_X X \tag{4.20}$$

无套利理论可以解释为什么和时段 1 一样，时段 2 的各个交易商报价都必须相同。P_1，P_2 必须盯在公共信息上，因为不能在非公众信息的基础上报价。在第 2 时段，公共信息除了 S 以外还包括交易商之间的指令流 X。X 对 P_2 的影响是相当重要的，因为它是交易商之间指令之和，包含了一些不曾公开的信息（即 X 是与单个客户指令 C_i 和私有信息 S_i 相关的）。指令流 X 并不完全反映 C_i 和 S_i 的所有信息，所以 P_2 也就没有包含所有信息。任何没有完全反映到 P_2 的私有信息都将成为交易商在时段 2 进行投机的基础。

均衡交易策略

在给定上述报价策略后，对所有交易商而言，在时段 1 和时段 2 的最优交易策略如下：

$$\begin{aligned} T_{i1} &= \beta_{11} C_i + \beta_{21} S_i + \beta_{31} S - \beta_{41} P_1 \\ T_{i2} &= \beta_{12} C_i + \beta_{22} S_i + \beta_{32} S + \beta_{42} T'_{i1} + \beta_{52} X - \beta_{62} P_2 \end{aligned} \tag{4.21}$$

虽然由指数函数及收益的正态分布推导交易策略的过程很复杂，但这两个交易策略还是如我们早期模型中所熟悉的线性结构。如果读者有兴趣了解整个推导过程，可参考 Lyons 1997 年的论文。

“烫手山芋”交易

由于同时交易的特征，模型实现了第 1 章中所介绍的“烫手山芋”交易。存货不均衡在交易商之间传递着，并与他们是否努力抵消收到指令对存货控制的影响无关。“烫手山芋”现象的产生是由于交易商事前不了解哪个交易商多头，哪个交易商空头，他们不能以其他交易商已实现的交易作为条件信息。因此，在交易商之间实现完美有效的风险分担是不可能的。这种特征与理性预期模型形成鲜明对比（理性预期模型是前述三个模型中唯一与此相关的模型，因为该模型中的交易商也是风险厌恶者）。在理性预期模型中，交易结束后存货必然达到均衡，因为交易都是在市场出清价上进行的。

笔者认为这些不均衡是解释外汇市场交易模型的一个重要基础。通过在均衡时进行的“烫手山芋”交易，同时交易模型为怀疑论者（即询问“为什么价格不简单地进行调整?”）提供了理论依据。在均衡时，价格的调整仅反映了存货的整体不均衡。这种特有的不均衡将维持着，因为套利限制了价格的多样化。在高频数据中交易商又不能以其他交易商的交易作为条件信息。尽管人们为不断地转移存货不均衡，在外汇市场投入了大量交易，这个过程在此之前从未在理论著作中被模型化过。

价格中的信息

转移存货不均衡的“烫手山芋”交易并不是无害的，确切地说，它阻碍了信息汇总，因为这些交易稀释了指令流中的信息含量，减少了时段 2 的价格所反映的信息［见模型结论（3）］。即使交易商是完全竞争者也是如此。原因是信息是在从交易商之间的交易指令流“X”中抽取出来的信息的基础上汇总得到的，噪音相对比重越大，这种信息抽取就越无效，而传递“烫手山芋”所产生的流动性交易增加了交易商之间指令流中的噪音。

在“烫手山芋”的作用下，策略性的交易商行为导致时段 2 的价格中的信息含量进一步减少（观点 2）。这个结果源于交易商认为他们的指令会对后面的价格产生影响。这导致每个交易商通过调整投机需求来获取由此导致价格变化而产生的利润。这些投机增长的需求加剧了由“烫手山芋”交易导致的信息抽取的低效性。

现在让我们回到解释结论（2）和结论（3）时所举的例子，并用模型进行具体解释。假设交易商 i 得到综合的市场消息和客户指令流 $\{S, S_i, C_i\} = \{0,0,1\}$，其中 S 是公共信息，S_i 是私有信息，C_i 是交易商 i 的客户指令流（与资产的到期收益无关）。因为公共信息 S 的值将时段 1 的价格定在 $\Lambda_S S$，所以当 $S=0$ 时 $P_1=0$。进一步，因为信息 S 和 S_i 都为零，那么到期收益的期望 $E[V|S, S_i, C_i]=0$，交易商 i 接到交易商之间的指令 T'_{i1} 的期望 $E[T'_{i1}|S, S_i, C_i]=0$（由于每个交易商收到的客户指令流 C_i 不一样，因此用公式（4.21）中 $\{S, S_i, C_i\}$ 的实现值，交易商无法得到任何有用信息以对收到的交易商之间的指令进行预测）。尽管如此，虽然实现了 $\{S, S_i, C_i\} = \{0,0,1\}$，交易商 i 的投机需求并不等于零。为了明白这一点，注意到出于存货控制的考虑，交易商 i 的 T_{i1} 会逐一包括其客户指令 C_i，以抵消 C_i 的影响。也注意到定价公式（4.20）中，P_2 与统计量 X 保持同方向变动。而 X 的组成元素中就有 T_{i1}。因此交易商 i 就可以预测到客户指令 C_i 会对价格 P_2 产生影响，这就诱使他持有多头仓位以从这种预测市场变化中获利。交易商 i 能够预测的部分源自市场对交易商 i 的交易 T_{i1} 的错误理解：市场仅认为正的 T_{i1} 能部分地反映正的 S_i。而在这个例子中并非如此。注意到交易商 i 决定其投机需求时，对其客户指令 C_i 增加的比重并不是由 $\{S, S_i, C_i\}$ 的实现值 $\{0,0,1\}$ 导致的，即在交易策略中，各信息的比重并不依赖于 $\{S, S_i, C_i\}$ 的实现值。总之，交易商会根据预测的价格偏差来改变投机需求。这种行为使得市场指令流抽取信息更加困难。

模型评价

同时交易模型抓住了其他三种交易模型没有关注的一些外汇市场的重要特征。[31] 与此同时，引入的多交易商制度使分析更加复杂。为便于模型分析，必然要舍弃一些重要特征。以下三点尤其值得一提：

1. *没有考虑价差*

像 Kyle 模型和理性预期模型一样，模型没有刻画价差的特征。直接做法是给最初的客户交易增加价差或手续费（它提供了一种内生地决定做市商数量的方式）。然而，给交易商之间交易添加价差意味着无套利理论不再能排除价格的多样性。这将大大增加模型的技术难度。

2. 没有考虑通过报价传递信息

在模型中，交易商唯一能了解到其他人私有信息的方法是观察交易商之间的指令流，所以私有信息要反映到价格中，只有首先反映到交易商之间的指令流中。在理论上，交易商也可以通过报价传递信息。通过报价传递信息在模型中没有被考虑，因为没有价差的价格多样性会创造套利机会。而实证研究表明，处在多交易商市场中的个人显然可以从指令流和多样的价格中获取私有信息（Chakrabarti，2000）。

3. 经纪人交易没被模型化

交易商之间的经纪人交易是外汇市场上的一类重要交易，但在模型中却没有提及。当然一个模型不可能抓住所有事物，尽管如此，把经纪人交易遗漏是个极大的缺陷。因为交易商之间交易的指令流大都是由经纪人交易所提供的。单个交易者如何选择某种交易机制也是一个比较新的领域［如 Bjonnes 和 Rime（2000）对外汇市场的实证，Werner（1997）对经纪人模型化的理论工作］。研究发现，外汇市场中交易商之间直接的或通过经纪人的交易与不同交易机制下透明度的差异性有着密切的联系。

4.5 附录

有很多准则有助于研究微观结构理论。笔者在此给出了三个最有用的准则。但是在深入细节之前，笔者先大致介绍了所谓的 CARA—正态框架（微观结构的基准）。在这个框架中，效用函数拥有常绝对风险厌恶系数，且随机变量服从正态分布。接着笔者转而给出了该类效用函数特有的三个结论：一是在标准 CARA—正态框架中，偏好可以简化为由均值、方差表示，使模型的操作更加简便；二是建立 CARA—正态模型时，风险资产的需求函数形式比较简单；三是模型中的条件期望也采用最简单的形式。每个模型都有推导过程，以使读者认识到，运用推导过程中的技术工具就可以有效地解决更复杂的模型。更多微观结构分析中的有用工具可以参考 O'Hara 在 1995 年的论文，尤其是在第 3 章的附录中，她用离散分布随机变量阐述了贝叶斯公式。

CARA—正态模型的建立：指数效用和正态收益

笔者在本章的式（4.1）中介绍的负指数效用函数是交易模型的一个标准特征。它推导出了收益服从有条件的正态分布时风险资产需求的简单表达式。“有条件的”这个词很重要，因为即使模型中所有的随机变量都服从正态分布也是不够的。经常会有随机变量服从正态分布但不能产生条件正态收益的情况。例如离散正态随机变量之积和混合正态随机变量就会产生非正态受益。（例如随机变量 X_1 和 X_2 的混合正态变量为 $pX_1 + (1-p) X_2$，其中 p 为 0 到 1 之间的概率。具体的混合正态变量要求更直观，但技术上更复杂。）交易模型要求两个正态分布变量的和也服从正态分布。

让我们回顾一下绝对风险厌恶系数的定义，有

$$\theta(W) = -\frac{U''(W)}{U'(W)}$$

其中，$U'(W)$ 是关于财富的效用函数，“′”表示导数。对绝对风险厌恶者来说 $U''(W) < 0$，这表明 $\theta(W) > 0$［因为 $U'(W) > 0$］。若绝对风险系数不变，即 θ 与 W 相互独立，则可得 CARA。

满足 CARA 的效用函数可以用负指数函数表示为

$$U(W) = -\exp(-\theta W)$$

其中，θ 为大于 0 的常数，而不是关于 W 的函数（式 4.1 中假定 θ 为 1）。

要用图形来具体说明效用函数，就要知道函数 $U(W) = -\exp(-W)$ 是由 $U(W) = \exp(W)$ 的图像旋转两次得到的：一次是绕着 x 轴旋转使指数函数为负，一次是绕着 y 轴旋转使 W 为负（见图 4.12）。图形的曲率可以用来衡量风险厌恶程度，且该曲率随着系数 θ 的增加而增加。[32]

在继续该模型之前，需要指出对 CARA—正态模型的普遍诟病：风险资产的到期收益服从正态分布的假设表明价格是无界的，即趋于无穷，这不利于分析某些问题。同时，该假设也表明价格可以为负。但是，通过增加到期收益分布的均值，价格为负的概率可以降到非常小。

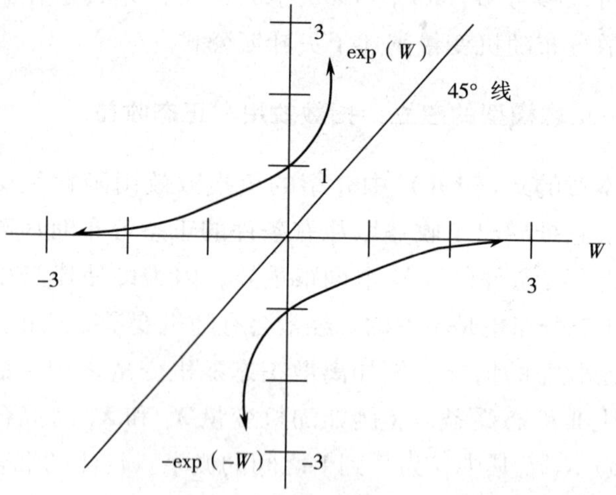

图 4.12　负指数效用函数

现在让我们回到前面所述的三个具体结论。笔者先给出了这三个准则，再给出它们的推导过程。

准则 1：均值方差偏好

在 CARA—正态模型设定中，$U(W)$ 是关于财富 W 的函数，且 $W \sim N(\mu,\sigma^2)$，代理人的偏好可以表示成关于财富均值和方差的函数：

$$g(\mu,\sigma^2) = \mu - \frac{1}{2}\theta\sigma^2$$

其中，θ 是绝对风险厌恶系数（是常数）。

准则 2：风险资产需求

在单期 CARA—正态模型中，有一个风险资产，其到期收益 $V \sim N(\mu,\sigma^2)$，代理人的风险资产需求为

$$D(P) = \frac{\mu - PR}{\theta\sigma^2}$$

其中，P 为风险资产价格，$D(P)$ 为需求量，R 为无风险资产总收益（即 1 加净收益，在大多数研究中令净收益为 0）。该需求函数不是关于财富水平的函数，说明财富重新分配不影响风险资产总需求。这很有用，因为在建立模型时可以因此不考虑个人的财富影响。[33]

准则3：条件期望

由于随机变量服从正态分布，因此条件期望也服从正态分布，并且具有较为简单的形式，给出如下定义：

$$y = \bar{y} + \varepsilon_0$$

$$x_i = y + \varepsilon_i, i = 1, \cdots, n$$

其中，变量 y 为我们感兴趣的变量，变量 x_i 为包含 y 的信号。若 $\varepsilon_i(i = 0, \cdots, n)$ 相互独立且 $\varepsilon_i \sim N(0, \sigma_i^2)$，则

$$\mathrm{E}[y \mid x_1, \cdots, x_n] = \frac{\bar{y}\sigma_0^{-2} + x_1\sigma_1^{-2} + \cdots + x_n\sigma_n^{-2}}{\sigma_0^{-2} + \sigma_1^{-2} + \cdots + \sigma_n^{-2}}$$

$$\mathrm{V}[y \mid x_1, \cdots, x_n] = \frac{1}{\sigma_0^{-2} + \sigma_1^{-2} + \cdots + \sigma_n^{-2}}$$

因为条件分布服从正态分布，所以上述两阶矩阵包含条件期望的所有特征。简而言之，后验分布的均值为各以其精度（各自方差的倒数）为权的先验期望和信息之和除以总精度。条件方差即1除以总精度。

准则1的推导：均值方差偏好

要证明均值方差偏好准则，则从下式入手：

$$\mathrm{E}[U(W)] = \int_{-\infty}^{\infty} -\exp(-\theta W)\phi(W)\mathrm{d}W$$

其中，$\phi(W)$ 是正态密度函数：

$$\phi(W) = \frac{1}{\sqrt{2\pi\sigma^2}}\exp\left(-\frac{(W-\mu)^2}{2\sigma^2}\right)$$

求解上述问题的技巧是将上述积分分成两部分，一部分取决于随机变量 W，另一部分则与 W 无关。分组以后我们发现最大化 $\mathrm{E}[U(W)]$ 可以简化为求解与 W 无关部分的最大值问题。

现在，将正态密度函数 $\phi(W)$ 代入上式并整理得

$$\mathrm{E}[U(W)] = -\int_{-\infty}^{\infty} \frac{1}{\sqrt{2\pi\sigma^2}}\exp\left(-\frac{z}{2\sigma^2}\right)\mathrm{d}W$$

其中，$z = (W-\mu)^2 + 2\theta W\sigma^2$，也可写成 $z = (W - \mu + \theta\sigma^2)^2 - \theta(\theta\sigma^4 - 2\mu\sigma^2)$。

这是将积分分成两部分的关键，因为 z 的第二部分与随机分配的财富 W 无关。这样我们就可以将 $\mathrm{E}[U(W)]$ 写成

$$\mathrm{E}[U(W)] = -\exp\left[-\theta\left(\mu - \frac{\theta\sigma^2}{2}\right)\right]$$

$$\times\left\{\int_{-\infty}^{\infty}\frac{1}{\sqrt{2\pi\sigma^2}}\exp\left(-\frac{[W-(\mu-\theta\sigma^2)]^2}{2\sigma^2}\right)\mathrm{d}W\right\}$$

其中，用 $-\theta(\theta\sigma^4 - 2\mu\sigma^2)$ 除以 $2\sigma^2$ 再乘以 -1，就可以将此项放到积分外面。注意到右边的积分是一个关于正态密度函数（均值为 $\mu-\theta\sigma^2$，方差为 σ^2）的积分，且值为 1。这样，问题就简化为求积分左边的指数函数的最大值。结合图 4.12 的负指数函数运动，可知当 $\mu - \frac{1}{2}\theta\sigma^2$ 最大时 $\mathrm{E}[U(W)]$ 也最大。

准则 2 的推导：风险资产需求

还是从 $\mathrm{E}[U(W)] = \int_{-\infty}^{\infty} -\exp(-\theta W)\phi(W)\mathrm{d}W$ 开始。我们发现求解方法与准则 1 的推导在本质上是一样的。为方便标记，定义 V 为风险资产的到期收益且 $V \sim N(\mu,\sigma^2)$，P 表示风险资产的价格，$D(P)$ 为单位需求函数，R 为无风险资产的总收益。进一步，用 W_0 和 W_1 分别表示初始和最终财富。有了这些定义，我们就可以将预算约束写成

$$W_1 = R(W_0 - DP) + DV = RW_0 - DRP + DV$$

V 服从正态分布，则

$$\mathrm{E}[U(W_1)] = \int_{-\infty}^{\infty}(-\exp(-\theta(RW_0 - DRP + DV)))$$

$$\frac{1}{\sqrt{2\pi\sigma^2}}\exp\left(-\frac{(V-\mu)^2}{2\sigma^2}\right)\mathrm{d}V$$

和准则 1 的推导过程一样，现在我们将上述积分分成两部分，一部分取决于随机变量（此处为 V），另一部分与 V 无关。这样最大化 $\mathrm{E}[U(W)]$ 就等价于求解与 V 无关部分最大值的问题。

上式整理后可得

$$E[U(W_1)] = (-\exp(-\theta(RW_0 - DRP)))\left(\int_{-\infty}^{\infty} \frac{1}{\sqrt{2\pi\sigma^2}}\exp\left(-\frac{(V-\mu)^2}{2\sigma^2} - \theta DV\right)\mathrm{d}V\right)$$

要将积分分成两部分，就要将 $-\frac{(V-\mu)^2}{2\sigma^2} - \theta DV$ 分成与 V 有关和无关的两部分。通过简单的代数变换可得

$$-\frac{(V-\mu)^2}{2\sigma^2} - \theta DV = -\left(\frac{1}{2}\right)\left(\frac{(V-(\mu-\theta D\sigma^2))^2}{\sigma^2}\right) - \left(\frac{1}{2}\right)(2\mu\theta D - \theta^2 D^2\sigma^2)$$

等式右边的第二项与随机到期收益 V 无关。因此，我们可以写成

$$E[U(W_1)] = (-\exp(-\theta(RW_0 - DRP) - (1/2)(2\mu\theta D - \theta^2 D^2\sigma^2))) \times \left(\int_{-\infty}^{\infty} \frac{1}{\sqrt{2\pi\sigma^2}}\exp\left(-\frac{(V-(\mu-\theta D\sigma^2))^2}{2\sigma^2}\right)\mathrm{d}V\right)$$

和准则 1 一样，右边的积分是关于正态密度函数（均值为 $\mu - \theta D\sigma^2$，方差为 σ^2）的积分，同样值为 1。问题简化为求下式的最大值：

$$\theta(RW_0 - DRP) + (1/2)(2\mu\theta D - \theta^2 D^2\sigma^2)$$

一阶条件为 $-\theta RP + \mu\theta - D\theta^2\sigma^2 = 0$

或 $D(P) = \frac{\mu - PR}{\theta\sigma^2}$

这就是我们想证明的结果。

在叙述准则 3 的推导过程之前，我们先回到预算约束，因为它阐述了本章所有模型中无风险资产所起的作用。由于风险资产需求与财富相互独立，为了使每个个人的需求函数都可行，这就要求每个人都可以以无风险资产利率无限借贷。如果借入限制、交易限制等约束了风险资产需求，那么实际需求就会偏离意愿需求，进而从整体上影响价格。

准则 3 的推导：条件期望

准则 3 是直接由贝叶斯理论得来的，用满足连续分布的随机变量修正期望。此处以一个先验期望和一个信息为例，可直接扩展到多信息模型。假设用以描述代理人关于 V 的先验期望的概率密度函数服从正态分布，且其均值为 μ、方差为 σ_V^2，则密度函数为

$$f(V)=\frac{1}{\sqrt{2\pi\sigma_V^2}}\exp\left(-\frac{(V-\mu)^2}{2\sigma_V^2}\right)$$

假定观察到的随机变量 X（如指令流）与 V 服从联合正态分布，我们感兴趣的是密度函数 $f(V|X)$。

由于 X 和 V 服从联合正态分布，因此 X 关于 V 的条件密度函数也服从正态分布（此处不做证明）。X 关于 V 的条件密度函数记为 $g(X|V)$，且

$$g(X|V)=\frac{1}{\sqrt{2\pi\sigma_x^2}}\exp\left(-\frac{(X-V)^2}{2\sigma_x^2}\right)$$

现在只需要运用贝叶斯定理。该定理已在大多数统计书上被证明过，因此此处直接加以运用，可得：

$$f(V|X)=\frac{f(V)g(X|V)}{\int_{-\infty}^{\infty}g(X|V)f(V)\mathrm{d}V}$$

将 $f(V)$ 和 $g(X|V)$ 代入得

$$f(V|X)=\left(\frac{1}{\sqrt{2\pi(\sigma_V^{-2}+\sigma_x^{-2})^{-1}}}\right)$$

$$\exp\left(-\left(\frac{1}{2\pi(\sigma_V^{-2}+\sigma_x^{-2})^{-1}}\right)\left(V-\frac{\mu\sigma_V^{-2}+X\sigma_x^{-2}}{\sigma_V^{-2}+\sigma_x^{-2}}\right)\right)$$

这是一个简单的正态分布且有

$$均值=\frac{\mu\sigma_V^{-2}+X\sigma_x^{-2}}{\sigma_V^{-2}+\sigma_x^{-2}}$$

$$方差=(\sigma_V^{-2}+\sigma_x^{-2})^{-1}$$

这就是我们想要证明的：后验分布的均值等于各以其精度（各自方差的倒数）为权的先验期望和信息之和除以精度和，条件方差即精度和的倒数。

第5章　微观结构理论的实证研究

本章涉及外汇市场微观结构实证研究的主要内容。正如在后面偏向宏观的章节中一样，“指令流”在这一章里也扮演了重要的角色。这是因为，就像我们了解的那样，指令流在微观结构的模型中起到了至关重要的作用。本章从对数据集的研究开始。外汇市场可用数据集的新近发展为实证主义者的研究敞开了新的大门，这主要是由于电子交易的出现。然后，本章将介绍微观结构领域主要的实证研究方法，以及这些方法如何在外汇市场应用。最后一部分将对重要的实证研究结论加以评论。特别讨论与前面章节的核心问题有关的结论，例如“外汇市场的指令流传递个人信息吗?”这里将有确凿的经验主义证据来支持信息模型在本书中的应用。另外一个关键问题是“不完全的风险分担会影响汇率吗?”这里也将有确凿的证据支持存货模型的应用。

那么，在过去的20年里，应用于外汇市场微观结构研究的可用数据是如何发展的呢？最早的研究工作用的是期货数据，因为它有高频数据（Grammatikos & Saunders，1986；Jorion，1996）然而，在外汇市场上，期货市场的规模比即期市场的规模要小得多；它不太可能是价格决定的重要组成部分（Dumas，1996）。而且，早期的期货数据集因为没有充分的间隔而无法描述出微观结构理论中一个很重要的特点——机构的异质性。值得庆幸的是，在20世纪90年代初期，即期市场方面的工作也得到一些发展，因为日内的报价数据已经可用（尤其是从路透公司的FXFX系统来的可视报价）。[1]这些报价为价格的动态变化过程提供了一个相当精确的形象图。更重要的是，它也体现了异质性，因为报价银行的名称和位置也是已知的。因此，早期数据集无法解决的很多问题都得到解决了。然而，FXFX数据并不适合于对理论的直接检验，因为它们没能提供指令流（即带符号的交易数量）的变量。我们在前几章中已经了解到，对于微观结构理论来说，指令流在价格决定上起到了核心作用。随着指令流数据的可得，更多直接的检验也变得可行。[2]

最近，外汇市场结构中的实证工作进入了一个新的阶段。在过去的几年中，在全市场范围内交易数据的可得性为实证工作打开了重要的新领域。20 世纪 90 年代，在股票市场的微观结构中，一个类似的实证研究领域出现了。正是那时美国纽约证券交易所的交易量、指令、报价（TORQ）以及交易量数据库与报价数据库（TAQ）变得可用（更多关于这些股票数据库的信息参看 Hasbrouck，1992）。这些新的外汇市场数据，使我们能够检验理论以及衡量价格决定方法，这些方法在 5 年之前还是不可能的。

然而，仍然要面对的事实是，汇率的微观结构研究方法缺少公开的可用数据。对于宏观研究者来说，大量的宏观数据已经可以从像 Datastream 或者国际货币基金组织的国际金融统计资料中获得。但是微观研究的数据却不能得到。笔者非常希望这本书能引起政府和私人部门对这些数据的重视，从而能提供更多更深入的数据。笔者搜集了一些公开的可用的数据，这些数据可以从笔者的网站上下载并且将在下一部分出现，网址是：www. haas. berkeley. edu/lyons。这个网站也可以提供一些关于如何获得其他收费数据集的信息。

5.1　外汇市场数据集

在详细地考察外汇市场数据集之前，先了解整体情况是很有用的。根据第 3 章中交易的三种类型，外汇市场的数据集可以分成三种基本类型：

1. 客户与交易商的交易（在 20 世纪 90 年代末，大约占美元/日元、美元/欧元市场总交易量的 1/3）；
2. 直接的交易商间交易（大概 1/3）；
3. 通过经纪人的交易商间交易（大概 1/3）。

我们来分别考虑一下以上三种分类。直到最近，客户和交易商间的交易数据才变得可用。数据难以获取是因为银行认为它们与客户之间的交易是非常机密的（回想一下第3章中提到银行完全没有这方面的义务去公布这些信息）。但Fan和Lyons（2000）在这方面迈了很大一步，他们获取了一个银行七年内的所有带符号的客户与交易商间的交易数据。该银行（花旗银行）在交易量方面是世界上三个最大的银行之一，掌握了世界范围内主要外汇市场上超过10%的客户指令流数据。另外一个和客户与交易商交易相联系的数据集是FXFX。正如上面提到的，FXFX数据是一种提供给非交易商的客户关于当前价格即时信息的指示性报价（不是交易量）。交易商提供这些价格是为了吸引客户业务，因为这些报价是指示性的——意味着它们并不是义务性的——它们实质上是一种广告。这些指示性报价滞后于交易商间市场，并且价差大概是交易商间价差的2倍。因此，从一个交易商的角度，FXFX报价系统传递的价格信息是由交易商间经纪商处可观察到的实价所主导的。

分类中的第二种数据——直接的交易商间交易——直到最近还局限于单个交易商之间的交易（与对全部或者一部分交易商交易的加总不同）。与客户与交易商间的交易不同的是，直接的交易商间的交易数据是可得的，因为交易商之间的直接交易使用一个双向的电子交易系统，叫做Dealing 2000—1（一个路透社的产品）。因为报价和交易都是电子化进行的，所以就会留下电子记录，这些记录可用来做实证研究。这方面的数据，研究者们可以直接从各个银行手中拿到（银行在手头暂存这些电子记录以备处理交易争议）。Evans（1997）介绍了一个从路透公司拿到的数据集，包括1996年Dealing 2000—1系统上4个月的交易商间的交易数据，该数据集所覆盖的范围比以往的数据集都要大。

由于经纪人中介的交易商间的交易由原来的“喊价”系统转变成现在的电子系统，因此这方面的交易数据也变得可获得（详情参见第3章）。经纪人交易在早期还是采取“喊价”系统，数据质量比较低（比如：Lyons，1995）。由于电子经纪人系统的更新使用，数据集也变得容易获得（如：Goodhart、Ito和Payne，1996；Goodhart和Payne，1996；

Killeen、Lyons 和 Moore，2002a）。即期外汇市场上所用的主要电子经纪人系统一般是 EBS 和 D2000—2（D2000—2 是路透公司专门为经纪人中介的交易商间交易开发的一个产品，D2000—1 则主要用于直接的交易商间交易）。这些电子经纪人数据的优势在于它们反映了同时交易的多个交易商的活动。但是，目前实证研究中所用的数据集并没有覆盖所有的经纪人中介的交易商间交易，它们一般都只是反映了在 EBS 系统上或在 D2000—2 系统上的交易，而不是两个系统都有。

根据以上的信息，图 5.1 给出了一个基于可用数据的图表，帮助读者理清思路。

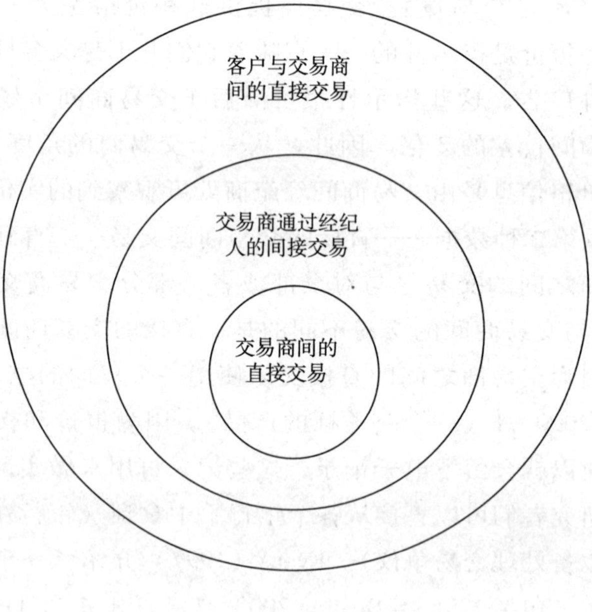

图 5.1 三种数据集的分类

图 5.1 中的最内环表示直接的交易商间交易，是市场上最活跃的部分，这部分数据主要从 D2000—1 系统上获取。中间一环包括经纪人中介的交易商间交易，这部分数据可从 EBS 和 D2000—2 上获取。最外环表示客户与交易商间的交易，这一环的数据直接来源于银行自己的指令流记录。[3]

最内环：直接的交易商间交易和 D2000—1

数据集 1：Lyons 1995

Lyons 数据集和其他市场上属于内环的数据一样，都来自于 D2000—1 上的交易记录。应该说 D2000—1 系统主导了主要货币的直接做市商间交易市场：它占了全球直接的交易商间市场交易量的大约 90%。[4]这个系统的交易采用双边的电子对话形式，一个交易商在该系统上向另一个交易商询价。系统使用者会提出一个只有很小价差的快速报价，这个报价在很短的时间内（几秒内）就会被接受或者被拒绝。如果该报价被接受，就会有交易发生。

Lyons 的数据集是将主要的纽约投资银行中的一个美元/马克的交易商的活动的数据进行编辑而来的。该样本覆盖了 1992 年 8 月 3 日到 7 日这一周五个交易日内的样本（平均从早上 8:30 到中午 1:30，东部标准时间）。这些数据来自 D2000—1 系统银行自身的交易记录，因为交易商超过 99% 的直接交易商间交易使用 D2000—1 系统。

D2000—1 系统的每个记录都包括以下七个变量中的前五个，最后两个变量只有在交易发生时才会包括在内：

1. 时间（具体到分钟）；
2. 两个交易商中是哪一方先发出报价请求的；
3. 报价数量；
4. 买入报价；
5. 卖出报价；
6. 交易数量；
7. 交易价格。

注意：这些记录提供了稳定的双方报价，而不仅仅是交易价格，它们也确定了哪一方是发起者。这样，我们就可以很准确地标出指令流的符号（而不是用不带符号的交易量）。这些记录也包括没有发生交易的双方报价，大约占一周内所有报价的 80%。

除了这些来自 D2000—1 系统的交易商间直接交易的记录外，Lyons

的数据集还包括交易商的头寸清单。这些清单包括他所有的交易（也就是说，除了直接的交易商间交易外，他与他的客户以及经纪人之间所发生的交易）。因为头寸清单包括所有的交易，因此它对各个时点上交易商的头寸就有一个准确的衡量。对于每一笔交易，这些清单提供了以下这些内容：

1. 带符号的交易量；
2. 交易价格；
3. 交易类型——直接，经纪人中介或客户；
4. 交易对手的名字。

但是，交易时的买卖报价并没有包括在这份头寸清单中。这部分的数据包括一周的样本内交易商的所有 1 720 笔交易，金额上大约可达到 70 亿美元，平均每天 14 亿美元。

下面的图可能有助于将这些数据解释得更加清楚一些。图 5.2 对 D2000—1 交易系统提供了一个具体到数字的例子。图 5.3 是一个来自于 D2000—1 的交易流图表（因为在第 3 章表格 3.1 中有头寸表的结构图，所以这里没有包括）。

数据集 2：Yao 1998a

Yao 的数据集与 Lyons 的数据结构很相似，但有两个优势。和 Lyons 的数据集一样，它包括了美元/马克在纽约发生在 D2000—1 系统上的即期交易的记录和头寸表。Yao 的数据集比 Lyons 的数据集的两个优势在于它包括：

1. 25 个交易日（1995 年 11 月 1 日到 12 月 8 日）；
2. 拥有真实的客户指令流的交易商。

因此，Yao 的数据集所覆盖的交易日总数是 Lyons 的 5 倍。关于日平均交易量，Yao 和 Lyons 是差不多的：分别是每天 15 亿美元与 14 亿美元（注意：这些数据相隔三年，以美元计价的美元/马克即期市场在那三年中大约增长了 50%）。

这两个数据集最重要的区别在于这些交易的组成，尤其是二者交易商交易中的非交易商客户交易的比重有很大的不同。Yao 的数据集中的

```
From CODE FULL NAME HERE *1250GMT 030892    */1080
Our Terminal: CODE Our User: DMK
        SP DMK 10
# 8891
        BUY

#10 MIO AGREED
#VAL 6AUG92
#MY DMK TO FULL NAME HERE
#TO CONFIRM AT 1.5891I SELL 10 MIO USD
#
     TO CONFIRM AT 1.5891I SELL 10 MIO USD
     VAL 6AUG92
     MY USD TO FULL NAME HERE AC 0-00-00000
     THKS N BIFN
#
#        #END LOCAL#
#
## WRAP UP BY DMK DAMK 1250 GMT 3AUG92
#END#
```

图 5.2 交易流

注："From" 表示这是一个进来的报价要求（向外发出的报价要求是以 "TO" 开头的）；这个信息对带符号的交易至关重要。接下来是请求报价方（caller）的四位代码和机构名称："GMT" 表示格林威治标准时间；接下来的信息是，先是日期，然后第一行最后四位数字 "1080" 只是一个记录号。"SP DMK 10" 表示请求对大于 1 000 万马克/美元的交易进行报价；"8891" 表示买入价是 88，卖出价是 91。一般只报价格的最后两位数字，因为它的按键很少；交易商对价格的前面几位数字都很熟悉——有时称之为 "handle"。从以下的确认信息，我们可以看出最初的买卖报价：事实上买入价是 1.5888 马克/美元，卖出价是 1.5891 马克/美元。确认函也提供了交易价格并确认了交易数量。"THK N BIFN" 是 "thanks and bye for now" 的缩写。

14% 来自客户交易量，而 Lyons 的数据集中来自客户交易量的份额少于 1%。从这个角度，Yao 的交易商所执行的混合交易在市场平均水平上更具有代表性（在 1995 年，大约总交易中的 25% 是客户与交易商间的交易）。Yao 的客户指令流之所以会比较多是因为他所选的交易商是一家商

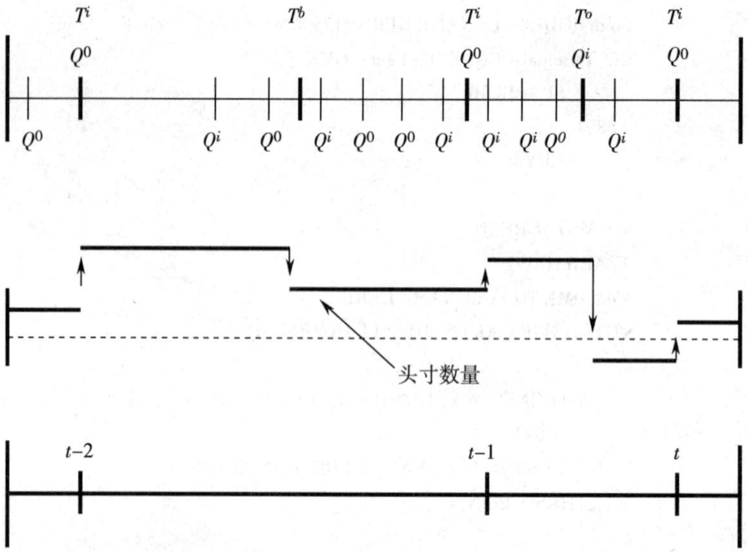

图 5.3　数据结构的表格

定义：Q^0 是一个向外的交易商间报价，如果价格达成的话，T^i 就会成为一个将要进来的直接交易商间交易。Q^i 是一个进来的交易商间报价，如果价格达成的话，T^0 就会成为进来的直接交易。T^b 是指一个通过经纪人的交易商间交易。通过经纪商的交易并没有和报价垂直，因为在 Lyons（1995）数据集中的通过经纪商的交易数据是来自于交易商的头寸表，经纪人报价并没有被记录下来。"▌" 出现在交易发生的时候；"│" 出现在没达成的报价发生的时候。上面时间线未连接的部分表示在同一时间内交易商的假定头寸路径；它只随着交易的变化而变化。在下面的时间线清楚地定义了 Lyons（1995）分析中的 "period"：并不是所有的交易，只有进来的交易才能成为一个事件。

业银行而不是投资银行：在即期外汇市场上，商业银行的客户显然要比投资银行的客户多。

数据集 3：Evans 1997

Evans（1997）的数据集覆盖了长达 4 个月的交易商间的直接交易（1996 年5 月1 日到8 月31 日）。它包括9 个币种相对于美元所有交易的高频数据。这些数据是通过英国银行专用的 D2000—1 系统收集来的。

路透社保存了系统上所有交易信息的暂时档案以便解决纠纷，数据就来源于这些档案。每一笔 D2000—1 的交易都包括以下信息：

1. 时间；

2. 交易价格；

3. 买入或卖出的标示（用来将交易量符号化）。

由于保密的原因，路透公司无法提供交易伙伴的身份。以下为该9种货币以及它们在4个月的时间里的交易量：

德国马克：257 398

日元：152 238

瑞士法郎：67 985

英镑：52 318

法国法郎：20 553

意大利里拉：8 466

比利时法郎：5 256

荷兰盾：3 646

丹麦克朗：1 488

这些数据有几个值得注意的特点。首先，它们提供了交易日内24小时的整个银行间市场的交易信息。相对而言，前面两个只覆盖了单独的交易商和部分交易时间（Lyons，1995；Yao，1998a）。这样一个全面的数据集使得我们首次可以从整个市场的角度来分析指令流在价格决定中的作用。（回想一下大约一半的交易商间的交易是直接的，而且，对于最大的即期市场来说，世界上大概有90%的交易商间的直接交易都通过2000—1 系统。）

其次，某单个外汇交易商在他们交易时看不到这些市场范围的交易数据。虽然交易商们有获取他们自己交易记录的途径，但他们拿不到系统上其他交易商的交易记录。因此，市场参与者只能间接推断这些交易数据代表的市场的历史活动（一种由计量经济学观测到的隐形变量）。这使得我们可以对交易商如何认识价格调整压力进行计量分析。

最后，该数据集覆盖的时间相对较广（4个月）。这非常重要，一是因为有比较长的时间段和多个货币，该数据集可以更多地从一种资产定价的角度解决汇率决定问题；二是较长的时间段利于更准确地估计日内交易模式。利用 FXFX 数据集的现有研究在分析数据集的其他特点时已经注意到了控制这些日内交易模式的重要性（例如 Baillie 和 Bollerslev，1991；Dacorogna 等，1993，Guillaume，1995，以及 Andersen 和 Bollerslev，1998）。

当然 Evans 数据集也存在两个不足的地方：首先，与 Lyons 和 Yao 不同的是，Evans 的数据集没有包括交易商间的双边报价，而只有交易价格，这使得我们难以观察到买卖价差。因此，Evans 的数据集无法帮助我们去理解交易背后的“探索”过程。事实上，未成功交易的双边报价对于分析“价格发现”是很有帮助的（就像前文所说的，在 Lyons 的数据集里，在 D2000—1 系统的所有的双边报价中，大概 80% 没有发生交易）。第二个缺点是 Evans 的数据没有提供交易商的存货头寸。这使得我们难以对交易商行为“结构”模型的类型进行估计（5.2 节中介绍了这些模型）。

中间一环：通过经纪人的交易商间交易和 D2002—2

第二种有数据集的交易是通过经纪人的交易商间交易。和 Evans 数据集一样，这些数据集包含了很多交易商的交易活动。

数据集 4：Goodhart 1996 和 Payne 1999

Goodhart、Ito 和 Payne（1996）首次提供了这类数据集，覆盖了单个交易日内一小部分的交易量。他们的数据来自那个时候相对较新的系统——D2000—2 系统的一个屏幕。Payne（1999）后来用的数据集也是来自 D2000—2 系统，但覆盖了较长时期（一周），代表了更大部分的通过经纪人的交易商间交易。

正如第 3 章介绍的，经纪人系统的报价面向所有的交易商，交易商可以选择接受该报价或者选择其他交易商的报价（外汇市场上的经纪人报价仅仅是交易商之间的，客户不能在这些价格上交易，一般也不能看到这些价格，因为他们使用屏幕的权利被 EBS 和路透社限制了）。[5]

数据集5：Killeen、Lyons和Moore 2000a、2000b

最近，一种新的数据集出现了，它包括两年间来自于EBS的数据（至少它在美元/欧元，美元/日元这两个最大的外汇市场中是较大的一个）。这个数据集包括从1998年1月到1999年12月每天经过EBS系统的所有指令流。这是一个很重要的时期，因为它既包括欧元的发行年，也包括欧元发行后的那一年。样本的第一年包括美元/马克、美元/法国法郎和马克/法国法郎的指令流，第二年包括美元/欧元的指令流。这些指令流序列在解决关于新货币发行的假设时很有用。

第三环：客户与交易商的交易和指示性报价

数据集6：客户指令（Fan和Lyons，2000）

这个数据集包括了花旗银行七年的时间内（1993—1999年）所接到的所有客户与交易商间的交易——根据客户的交易方向标上符号。在交易规模上，花旗银行是世界上三大银行之一（在主要的外汇市场上，该银行掌握了超过10%的世界范围内的客户指令流）。

因为所有权问题，一般银行都不愿意为研究者提供这类数据。花旗银行之所以愿意提供这些数据是因为这些数据都是日内的加总量（即没有个别业务的数据）。这些时间上加总的指令流在分析指令流与较低频价格动态之间的关系时非常有用。

因为这些指令流来自于潜在客户，而客户的需求恰好反映了经济中的潜在需求。数据集包括美元/日元的市场和美元/欧元的市场（在欧元发行之前它的指令流是组成它的货币的综合）。这些数据是第9章中材料的基础。[6]

数据集7：FXFX报价（Goodhart和Figliuoli，1991）

正如前文所提到的，FXFX是和客户与交易商间交易相关的第二类数据。这些数据是指示性报价——它向客户（即非交易商）提供关于当前价格的实时信息。这类数据有很多优势：第一，数据在很长时期内都可得——从20世纪80年代后期到现在；第二，很多货币对都有这类数据；第三，存在高频数据（尤其是主要货币在一天内会有成千上万个高频数据）；第四，每个报价都有精确到秒的时间；第五，报出该价格的银行身份可知。

这类数据也有缺点：第一，最重要的是这些数据不包括指令流——它们只是报价而已。这使我们无法像第 4 章一样直接进行模型检验，因为指令流是这些模型的核心[7]（有的作者用报价的频率来代替交易量——即没有符号的指令流——但是这种替代是不合理的，参见 Goodhart、Ito 和 Payne 1996 以及 Evans 1997。另一方面 Hartmann 1998a 发现在长时间水平内，报价的频率可以很好地替代交易量）。第二，指示性报价的价差总是集中在特定的范围内，然而固定报价在市场中却没有表现出这种点的聚集效应（Goodhart、Ito 和 Payne，1996；Evans，1997）。第三，5 秒钟之内一个新的报价不能替代一个已经发生的指令性报价（Evans，1997）。第四，原始数据是非常混乱的，即使应用了文献中标准的处理方法后，显著的异常值仍然存在。

思考

从现有的数据角度来说，外汇市场微观结构理论发展很快。将来，样本肯定会扩大，笔者希望三个市场板块（直接的交易商市场，通过经纪人的交易商间市场和客户—交易商间市场）的数据可以进一步整合[8]，这样的话，以上的数据集也许就会成为估计变量及其来源的最好指导。现在，客户和交易商之间的部分还很少涉及，但是这部分却是很重要的，因为这些交易是对处于市场中心地位的交易商间交易的一种外部“冲击”。

笔者选择在这部分介绍外汇市场的数据集，这些数据集在其他文献中也有涉及。我们可以很容易地在其他文献中找到这方面的详细内容。另一种处理这些数据的办法是信息集，信息集是根据参与者看到的实时信息，以及传播的非实时信息编制的。这是一个非常难的工作。例如，Evans 1997 数据集包括所有来自于 2000—1 系统的直接交易商交易。在这种情况下，只能认为单个的交易商只能看到与他们的交易相关的一部分数据（价格和指令流）。单个外汇市场交易商并没有看到市场上的所有数据，非交易商的顾客则看不到任何数据。对于通过经纪人的交易商间交易的数据集（EBS 和 D2000—2），在用信息集来处理这些数据之前，我们要区分一下交易价格可观察性和指令流可观察性之间的区别。回想一下 3.1 节虽然通过经纪人交易的交易价格是可以看到的，但是所有的交易商从这些交易中得到的指令流信息却是混乱的，非交易商顾客则一般得不到这些数据，因为客户与交易商交易的数据通常是银行专有的，在其他银行的交易商并不能直接观察到这些数据。他们只能通过一个给定的交易商的行为以及一般客户的反应等信息来推断。

5.2 统计模型和结构模型

本节提供了微观结构中一些主要的实证方法，并与外汇市场相联系，希望能给那些刚接触微观结构的读者介绍一些实证工具。确切地说，本节只是对这些方法的介绍，并没有深入地研究这些方法。多参考一些重要的论文会帮助指导那些想要深入了解的人。

微观结构理论的实证主要有两种方法：统计模型和结构模型。所有这些模型的设计都希望能刻画出指令流和价格的交叉行为。统计模型对数据的要求相对较低，它们在不同市场结构中有更多应用（比如交易商市场与竞价市场）。但由于缺乏条理性，它们简化形式得到的结果更加难以解释。结构模型主要立足于交易商所要做的具体的经济决定，因此，它更适用于交易商市场，包括外汇市场。

我们这里将介绍三种具体的方法，前两个是统计模型，第三个是结构模型。分别是：

1. 向量自回归方法（VAR）；
2. 交易指引法；
3. 交易商问题法。

当然，如果将微观结构中所有的实证都用这三种方法概括显然太过于简化。虽然微观结构的实证工作者可能会觉得还有很多没有涉及，但相信他们会同意这三种方法是最基本、最重要的方法。[9]这些方法在微观结构领域中的应用已有十几年的历史了，包括很多不同的市场结构和资产的种类上的应用。

事实上，所有这三个方法都是从实证统计角度将风险资产价格与指令流相联系起来。这些方法中指令流的地位与微观结构理论中指令流的主导地位是一致的（根据前面的章节）。因此，这三种方法的关键都是拿到带符号的交易数据（只知道交易规模是不够的，我们必须要知道交易的方向）。在交易商市场上，交易的发起方确定了交易的方向：顾客在交易商的报价上卖出 10 个单位，则产生了一个方向为 -10 的指令流（与前面章节中在连续交易模型里起重要作用的贝叶斯问题很相似）。在竞价市场上交易的符号是由引入的市场指令来确定的（与对应的最优的限价指令达成交易）。

但在一些市场上，带符号的指令流数据是很难获得的。大部分时候只能获得交易量和交易价格。目前已经有关于将不带符号的指令流数据转换成带符号的数据的文献，虽然过程很烦琐，但为了能进行实证还是必要的（如 Lee 和 Ready，1991）。三类实证方法都依赖于交易频率（例如，观测值为单个交易的实现，与交易对应的价格相匹配）。对于微观结构的实证工作，这便是原始的数据频率。近来，微观结构激励模型更多采用低频估计（日、周、月）。我们将在第 7、9 章中检验这些低频应用。

统计模型 1：向量自回归模型

自回归方法是 Hasbrouck（1991a，1991b）倡导的，由 Payne（1999）和 Evans（2001）将其成功地应用于外汇市场上。[10]由于该方法不是建立在某一个微观结构模型的基础上，因此它可以灵活应用。Hasbrouck 和 Payne 将其与含有限价指令册的竞价市场设定的交易相联系。Evans 的应用与多交易商交易有关。

该模型推出的结论是指令流的信息内容主要来源于两个渠道。首先，该模型将知情交易与价格对指令流的脉冲响应区分开来。特别是，认为正是知情指令流导致了价格正向的长期反应。其次，方差分解使得我们可以辨别出，在所有进入价格的信息中哪一部分能用指令流来说明。该特征统计量代表了指令流在价格决定中所起的作用。

该模型有两个很重要的假设：

假设1：公共信息能立即反映到价格上。这个假设等于假设市场是半强势有效的（也就是说价格包括所有公开可得的信息）。

假设2：交易严格优先于报价的修正。

在自回归模型中，同一时期允许指令流影响价格；反之则不允许。这与微观结构理论的大方向是一致的，即指令流变化驱动价格的更新，但反之未必如此。价格涵盖了指令流传递的信息。从定价方程中同时发生的指令流，我们可以将定价方程的变化解释为公共信息的反射效应。[11]

现在让我们看一下具体的VAR模型。定义 r_t 代表中间价差的变化比率，定义 x_t 代表引入的带符号命令，在这里 t 是交易时间的计数变量：[12]

$$r_t = \sum_{i=1}^{p} \alpha_i r_{t-i} + \sum_{i=0}^{p} \beta_i x_{t-i} + \varepsilon_{1t} \tag{5.1}$$

$$x_t = \sum_{i=1}^{p} \gamma_i r_{t-i} + \sum_{i=1}^{p} \delta_i x_{t-i} + \varepsilon_{2t} \tag{5.2}$$

除了上述的两个假设之外，求解还需要对变化做如下限制：

$$E(\varepsilon_{1t}) = E(\varepsilon_{2t}) = E(\varepsilon_{1t}\varepsilon_{2t}) = 0 \tag{5.3}$$

$$E(\varepsilon_{1t}\varepsilon_{1s}) = E(\varepsilon_{1t}\varepsilon_{2s}) = E(\varepsilon_{2t}\varepsilon_{2s}) = 0 \qquad \forall t \neq s \tag{5.4}$$

这说明，指令流信息对价格的影响是非常容易确定的。将VAR模型用向量形式表示，产生以下这个向量移动平均模型：

$$\begin{pmatrix} r_t \\ x_t \end{pmatrix} = \begin{pmatrix} a(L) & b(L) \\ c(L) & d(L) \end{pmatrix} \begin{pmatrix} \varepsilon_{1t} \\ \varepsilon_{2t} \end{pmatrix} \tag{5.5}$$

在这个移动平均表达式中，滞后多项式的系数是VAR模型的脉冲响应方程（Hamilton，1994）。

$b(L)$ 是这些滞后多项式中最重要的，它反映了指令流信息对随后的价格形成的影响。比如，系数 b_i 衡量的是在时期 i 单位指令流变化对价格变化的作用大小。如果将各个时期的价格效应相加，我们就会得到一个累积指令流对价格水平的影响。在这个方法里，这些累积（即永久）

效应用以下信息来表示：

$$\sum_{i=0}^{\infty} b_i = \text{指令流的信息含量} \tag{5.6}$$

通过将信息内容定义为永久效应，这个定义包括第2章中列出的两个持续类别，一是关于未来收益的信息，二是关于组合均衡效应的信息。另一方面，如果在长期内，价格回归价值，那么根据方程（5.6），这指令流没有传递任何信息。因此，这个信息的定义并没有包括第2章中列举的“暂时”一类——即关于短期存货效应的信息。[13]

为了估计指令流信息的重要性，我们希望能够了解指令流引起价格变化的份额。在 VAR 框架下，这是方差分解的任务（Hasbrouck，1991b）。更正式说，将（对数）中间价差（记做 p_t）分解成随机游走部分 m_t 和平稳部分 s_t：

$$p_t = m_t + s_t \tag{5.7}$$

这里：

$$m_t = m_{t-1} + v_t \tag{5.8}$$

$v_t \sim N(0, \sigma_v^2)$，$E[v_t v_s] = 0$，$t \neq s$。我们将随机游走部分（$m_t$）视为永久部分；将平稳部分（$s_t$）视为短期部分。现在，定义 $\sigma_{\varepsilon_1}^2 = E[\varepsilon_{1t}^2]$ 和 $\sigma_{\varepsilon 2}^2 = E[\varepsilon_{2t}^2]$，并将永久部分的方差 σ_v^2 分解成公共信息方差和指令流信息方差：

$$\sigma_v^2 = \left(\sum_{i=0}^{\infty} a_i\right)^2 \sigma_{\varepsilon 1}^2 + \left(\sum_{i=0}^{\infty} b_i\right)^2 \sigma_{\varepsilon 2}^2 \tag{5.9}$$

第二项即价格通过指令流收集到的信息。

通过对这些参数的估计，我们就可以确定来自指令流变化的方差份额。以往的研究得出的结论在股票市场和外汇市场上是可比较的。对于纽约证券交易所的股票，在所有永久价格变化中，指令流平均占了33%（Hasbrouck，1991b）。在法国股票市场上，该统计量是40%（De Jong、Nijman 和 Roell，1996）。在美元兑马克的市场上，该统计量是40%（Payne，1999）。[14]

统计模型2：交易指示模型

在这里要介绍的第二种统计模型是交易指示模型，由 Glosten 和

Harris（1988）首先提出。最近，Huang 和 Stroll 对该模型进行了扩展。该模型与其他两个模型一样，也提供了指令流与价格之间的联系。但这个模型研究的核心比其他两个模型都要窄一些。首先，指令流不是按照带符号的交易规模来衡量的，而是用一个指示性变量 D_t 来表示：当前一笔交易是卖出时，为“-1”；当前一笔交易是买入时，为“+1”。这使得这个方法在考虑交易规模时很不适用。[15]其次，交易指示模型主要考虑的是分解买卖价差。

本书的第 1 章和第 2 章就已经提到价差有很多个组成部分。事实上，在决定买卖价差时须考虑三种基本的成本：逆向选择成本、存货成本以及指令执行成本。首先，考虑逆向选择成本——参考第 4 章中所介绍的序贯交易模型。在那个模型中，交易商面对一大堆潜在的交易对象，他们中有些人拥有较多的信息（信息优先者）。因为交易商无法区别信息优先者与信息缺乏者，所以他会扩大买卖价差，通过在信息缺乏者处所获得的额外利润来弥补他在信息优先者处所遭受的损失。该模型认为价差之所以存在就是因为不对称信息，并没有其他原因（假设交易商是风险中性者，没有其他成本，比如清算成本、后台支持成本、时间成本等），这种信息不对称就是导致逆向选择的原因。

价差的存货成本的构成通过微观结构理论的存货模型可能会更好理解一些（比如 Ho 和 Stroll 1983 年的多交易商存货模型）。在这些模型中，由于处在一个连续交易中，交易商不是风险中性的，他们必须为暂时持有的风险头寸得到相应的报酬。（市场供需暂时不一致。）这些模型中价差完全是因为承担风险要有补偿；假设没有信息的不对称，没有做市成本。（为了技术上的方便，一些模型将风险厌恶的交易商替代为风险中性的交易商，他们面临的是不具体的“存货持有”成本，其结果在性质上是极其相似的。）

指令执行成本更多的是一个广义的种类，而不是某一具体的成本。最早的交易商模型注重传统意义上的生产成本：劳动力成本、投入成本（如后台支持等）（Demsetz，1968）。这些模型中的价差的产生是为了创造收益以弥补这些成本。这个成本类型在交易商的生产函数里是一个广义上的成本，可以包括很多类型的投入成本（固定和可变）；而且，如果交易“产业”不是完全竞争的，那么价差（收入）也将包括垄断利润（“租金”）。这也包括在指令流执行成本这一类里。

实证工作者不可能单单考虑某一种价差的组成部分：他们的方法必须容纳所有的部分，尽可能地将它们区分开来。谈到交易指示模型，图表可能是最好的表达方式。假设价差的唯一成本是指令流成本。想一下如果这样的话交易价格会如何呢？图 5.4 中的图 1 给出了说明，其中，A_t 表示卖价（在外汇市场上也叫出价），B_t 表示买价，M_t 表示中间价。因为指令流不传递信息，也没有存货成本，交易价格与指令流的唯一联系就是这个交易价格从买价到卖价的跳跃。[16]

那么如果价差仅仅是因为存货的原因造成的，又会怎么样呢？在这种情况下，随着客户的购买指令，交易商的买卖报价发生变化（图 5.4 中的图 2）。这就是第 2 章中所描述的存货效应：在客户提出出售指令之后，交易商处于多头（至少比以前持有的头寸要多），因此为了回到原来的位置，交易商就会降低他的报价。这相应地就会导致客户在较低的价位上购买（未以星号表示），使得交易商的头寸渐渐又回到了原来的水平。[17]一旦头寸回到了原来的水平，价格也就恢复原来的水平，表明了存货效应的短暂性。

最后，考虑价差仅由逆向选择引起。现在客户发出出售指令，价格随之下降，但价格调整是持久的（图 5.4 中的图 3）。这反映了指令流传递的信息。这种信息可能是第 2 章中具有持久效应的两种信息中的任意一种：收支信息或贴现率持久变化的信息（投资组合平衡效应）。

方程（5.10）给出了交易指示模型的一个基本形式。中间价差的变化 ΔM_t 是两次交易间的变化；S_{t-1} 是在前一个交易 $t-1$ 时买卖的报价差；D_{t-1} 是上面介绍的指示变量，可以是 -1 或 $+1$，取决于前一笔交易的方向；[18]误差项 ε_t（iid）表示 t 时刻一个随机的公共信息冲击：

$$\Delta M_t = (\alpha + \beta)\frac{S_{t-1}}{2}D_{t-1} + \varepsilon_t \tag{5.10}$$

系数 α 和 β 分别表示逆向选择和存货成本。$\alpha+\beta$ 是两种成本所引起

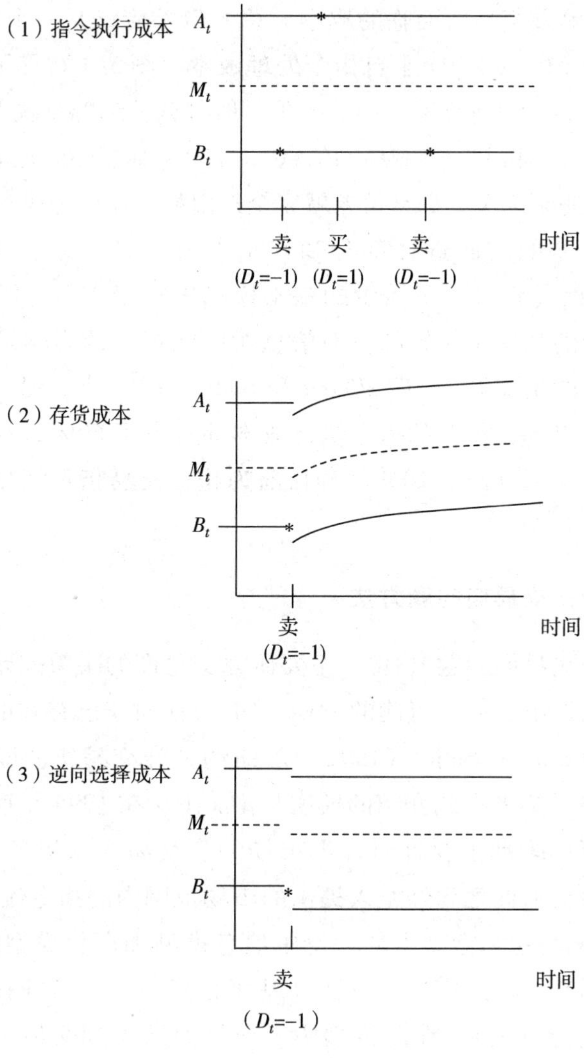

图 5.4

价差的三种组成：指令执行、存货和逆向选择。交易用星号表示。A_t、M_t 和 B_t 分别表示卖价、中间价、买价（在时间 t）。如果交易是买方发起的，指示变量 D_t 就是 1，如果交易是卖方发起的，指示变量 D_t 就是 -1。

的价差的和。更准确地说，这是半个价差的份额，因为它是指示变量 D_{t-1} 所表示的单方交易所面临的成本。总的价差应该是一个双方的交易。价差剩下部分（$1-\alpha-\beta$）来自指令处理成本。图 5.4 解释了为什么这种分解是有意义的。每笔交易，中间报价一般都调整到能反映上一笔交易的存货成本（图 2）和上一笔交易的信息（图 3）。如果中间点的变化与上一笔交易的方向完全无关，那么价差就完全是由指令流处理成本引起的。

为了将价差的逆向选择部分和存货部分区别开来，Huang 和 Stoll（1997）对方程（5.10）所表示的基本模型进行了扩展，同时考虑了存货对中间报价的效应是短暂的，而信息对中间报价的影响是永久的（具体可参考他们的论文）。最后 Huang 和 Stoll 发现了什么呢？在纽约证券交易所的股票市场，价差的指令执行成本部分占了 60%，存货成本占了 30%，逆向选择部分占了 10%。到目前为止，交易指示模型还没用到外汇市场上。[19]

结构模型：交易商问题方法

结构性的交易商问题（DP）主要研究交易商的决策问题。从该问题的解我们可以得出实证上可测的方程。DP 方法对于已存在的方法的依赖性很强，Madhavan 和 Smidt（1991）对纽约证券交易所的股票进行了先期的实证研究。[20]笔者在此介绍的模型是由 Lyons 在 1995 年面向外汇市场提出的改动版。改动主要针对外汇市场的多交易商市场环境。具体说，模型引入了由交易商之间经纪人提供的市场范围内的指令流。[21]

DP 模型同时包括微观市场理论中信息模型和存货模型的一些特征。现在先来说明基于信息模型的特征（基于存货模型的特征在具体介绍模型的时候将进行讨论）。在此模型中，交易商认识到交易对方有信息优势。假设交易商具有理性预期（也就是说，交易行为在事后是不会反悔的，具体定义在第 4 章中给出）。这意味着，例如，交易商 i 对于 10 个单位出价，此出价包含对以下问题的回答：如果交易对方持有私有信息而买入 10 个单位，期望的价值会如何变化？同样，如果交易对方卖出 10 个单位时，交易商的买入报价也应包含对此的理性预期。为了考虑到所有可能的订单规模，交易商需要有一张适合于不同数量的买卖报价表。此报价表使得对于任何潜在指令的合理推断内生化，并且保证报价的交易商不会在事后对其报价后悔。在阐明了模型的结构后，将给出此计划表的一个解释。

模型的基本思想如下：考虑外汇市场交易商 i 决定对另一交易商报价（买价、卖价）时，会有哪些变量来影响交易商 i 的这一决策。DP 模型就是试图具体来确定这些变量分别是什么以及它们在决定合适的价格时的相对重要性。另外，该模型同样需要考虑交易商的信心和头寸（存货）随时间变化的情况。此模型包括 T 交易期间，$t=1$，…，T，并且考虑到跨期决策的问题。

以下我们将具体介绍 DP 模型的三个部分。第一部分是信息环境；第二部分是在信息环境下条件预期的形成机制；第三部分是将买卖报价视做期望和当期存货的函数并进行决策。

信息环境

在时间 T，持有外汇的收益为 V（由一系列增量组成，例如利率差异），因此：

$$V = \sum_{i=0}^{T} R_i$$

其中，R_0 为已知常数。增量服从均值为 0 的正态独立同分布。当 t 期交易完成后，增量 R_t 立即实现。增量的实现表示公共信息随时间的流动而完成。t 时期外汇的价格被定义为 $V_t = \sum_{i=0}^{t} R_i$，在 t 期报价和交易时，也就是在 R_t 实现以前，V_t 是随机变量。在没有交易成本和更多信息的时候，t 期外汇的报价等于 V_{t-1}，即在具有 t 期公共信息的条件下资产的期望值。

以下的三个信号定义了每期交易商 i 向另一个交易商 j 报价前的信息环境，前两者先于第三者同时获得。第一个和第三个信号被所有的交易商观察到，第二个信号只有交易商 j 可以观察到（第二个信号是交易商 i 进行报价时面对逆向选择问题的信息来源）：

$$S_t = V_t + \eta_t \tag{5.11}$$

$$S_{jt} = V_t + \omega_{jt} \tag{5.12}$$

$$B_t = V_t + \xi_t \tag{5.13}$$

噪声项 η_t、ω_{jt} 以及 ξ_t 服从均值为 0 的正态分布，相互独立，其方差分别为 σ_η^2、σ_ω^2 和 σ_ξ^2。在 t 时期开始时，所有的交易商都接收到具有完整信息价值为 V_t 的信号 S_t，同时交易商 j 接收到价值为 V_t 的私人信号 S_{jt}。如第 3 章所述，在交易商层面，一种可能的私有信息来源于非交易商的客户指令流。

第三个信号 B_t 是另一个反映外汇市场机构的公共信号。它和 S_t 的区别在于它是直接可测的。特别的，B_t 代表一个市场范围的指令流的信号。如第 3 章所述，交易商间经纪人作为一种市场范围的指令流信息来源，为原本不透明的外汇交易提供透明性。

最后一个交易商用来决定他的报价表的变量是交易商 j 签订的交易额，用 X_{jt} 来表示。也就是说，与上述讨论的不后悔性质一致，交易商的报价表使得他作出对于 X_{jt} 带来信息优势的保护性决策。为了决定 X_{jt} 中的信息，交易商 i 需要考虑交易商 j 的交易动机。在通常的假设下（定义在期末财富下的指数效用函数），交易商 j 选择的交易量与交易商 j 的期望和交易价格之差线性相关。另外还要加上一个与 V_t 无关的代表流动性需求的交易量 L_{jt}（如存货调整交易量）：

$$X_{jt} = \theta(\mu_{jt} - P_{it}) + L_{jt} \tag{5.14}$$

其中，μ_{jt} 是 t 时刻交易商 j 在可获得信息下对 V_t 的条件期望值。X_{jt} 的值为交易商 j 私有信息（其值可正可负）。

图 5.5 对每个时间段模型的时间跨度进行了总结。

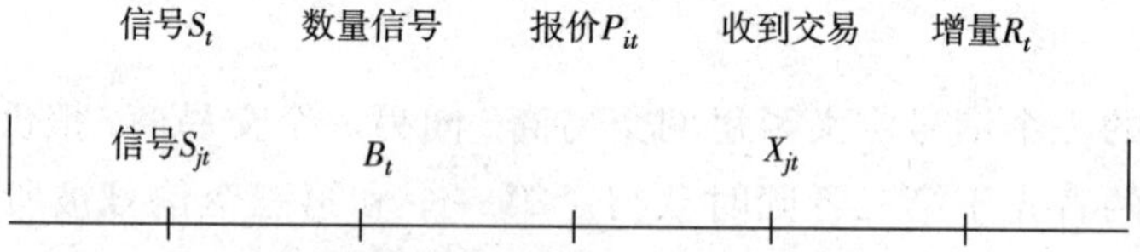

图 5.5　DP 模型中的时间点

期望形成

交易商 i 的报价表是 V_t 的期望值 μ_{jt} 的函数。而该期望又是在上述 S_t、B_t 和 X_{jt}（第四个变量 S_{jt} 包括在信息 X_{jt} 中）的条件下所形成的期望。

第一个公共信息 S_t 概括了交易商 i 对 V_t 的事前认知。在观察到第二个公共信息 B_t 之后，交易商 i 的事后期望记为 μ_t，可表示为 S_t 和 B_t 的加权平均：

$$\mu_t = \rho S_t + (1-\rho)B_t \tag{5.15}$$

其中，$\rho = \sigma_\xi^2/(\sigma_\xi^2 + \sigma_\eta^2)$。这些事后期望 μ_t 服从均值为 V_t、方差为 $\sigma_\mu^2 = \rho^2\sigma_\eta^2 + (1-\rho)^2\sigma_\xi^2$ 的正态分布。

观察到 B_t 之后，交易商 i 就会考虑他能从不同可能的 X_{jt} 值了解到什么，以及根据这些了解到的信息，在交易商之间交易市场中做出合理的报价表。具体说，交易商 i 可以得到统计量 Z_{jt}：

$$Z_{jt} = \frac{(X_{jt}/\theta) + P_{it} - \lambda\mu_t}{1-\lambda} = V_t + \omega_{jt} + \left(\frac{1}{\theta(1-\lambda)}\right)L_{jt} \tag{5.16}$$

其中，$\lambda = \sigma_\omega^2/(\sigma_\mu^2 + \sigma_\omega^2)$。这个统计量也服从正态分布，均值为 V_t，方差为最后两项各自独立的方差和，因为它们都与 V_t 正交。记 σ_{Zj}^2 为该统计量方差。注意到因为 Z_{jt} 与 S_t、B_t 都正交，Z_{jt} 是独立于 μ_t 的统计量。因此交易商 i 的事后期望 μ_{it} 是对任何 X_{jt} 值的函数，表示为 μ_t 和 Z_{jt} 的加权平均：

$$\mu_{it} = k\mu_t + (1-k)Z_{jt} \tag{5.17}$$

其中，$k = \sigma_{Zj}^2/(\sigma_{Zj}^2 + \sigma_\mu^2)$。这些期望在交易商 i 的报价中起到了核心的作用，下面我们就来看看报价的决定。

报价的决定

考虑一个典型的存货控制模型，其中交易价格 P_{it} 与交易商现有存货是线性关系：

$$P_{it} = \mu_{it} - \alpha(I_{it} - I_i^*) + \gamma D_t \tag{5.18}$$

其中，μ_{it} 是在交易商 i 在时间 t 能获得信息集的条件下对 V_t 的期望，I_{it}

是交易商 i 当前的存货水平，I_i^* 是交易商 i 想要达到的存货水平，[22] D_t 是模型中所选定的买卖边界指示变量。决定存货控制效应的参数 α 一般由公司资本、相对利率和其他存货持有成本所决定。当交易价格 P_{it} 等于卖出价时，指示变量 D_t 等于1；当交易价格等于买入价时，指示变量 D_t 等于 -1。对于给定的期望值 μ_{it}，D_t 取值为价差的一半（D_t 应被看成价差的一半，因为交易量接近于0。对别的交易量，报价价差会增大以防止逆向选择——通过 μ_{it} 的效应）。该公式度量了所有在前述交易指示模型中提到的指令处理成本。

为符合“报价无后悔”原则，将交易商 i 的期望 μ_{it} 的公式（5.17）代入公式（5.18），得到

$$P_{it} = k\mu_t + (1-k)Z_{jt} - \alpha(I_{it} - I_i^*) + \gamma D_t \tag{5.19}$$

等价于

$$P_{it} = (1-\rho)B_t + \rho S_t + \left(\frac{1-\phi}{\phi\theta}\right)X_{jt} - \left(\frac{\alpha}{\phi}\right)(I_{it} - I_i^*) + \left(\frac{\gamma}{\phi}\right)D_t \tag{5.20}$$

其中，参数 $\phi = (k-\lambda)/(1-\lambda)$ 且 $0 < \phi < 1$，因为 $0 < k < 1$，$0 < \lambda < 1$，且 $k < \lambda$。

可测方程

公式（5.20）并不直接可测，因为公共信息 S_t 对计量实证者来说并不是可观察到的。幸运的是，尽管如此，模型关于信息的假设和 V_t 的推算允许我们将 t 期的事前期望表示成 $t-1$ 期的事后期望加上一个随机误差项 ε_{it}，根据公式（5.18）就可得

$$S_t = \mu_{it-1} + \varepsilon_{it} = P_{it-1} + \alpha(I_{it-1} - I_i^*) - \gamma D_{t-1} + \varepsilon_{it} \tag{5.21}$$

将公式（5.20）代入上述方程，并作差分，有

$$\Delta P_{it} = \left(\frac{\alpha}{\phi} - \alpha\right)I_i^* + \left(\frac{1-\phi}{\phi\theta}\right)X_{jt} - \left(\frac{\alpha}{\phi}\right)I_{it} + \alpha I_{it-1} + \left(\frac{\gamma}{\phi}\right)D_t - \gamma D_{t-1} + (1-\rho)B_t + \varepsilon_{it} \tag{5.22}$$

相应地简化可测方程为[23]

$$\Delta P_{it} = \beta_0 + \beta_1 X_{jt} + \beta_2 I_{it} + \beta_3 I_{it-1} + \beta_4 D_t + \beta_5 D_{t-1} + \beta_6 B_t + \beta_7 \nu_{it-1} + \nu_{it} \quad (5.23)$$

这个结构性方程预测 $\beta_1, \beta_3, \beta_4, \beta_6 > 0$，$\beta_2, \beta_5, \beta_7 < 0$，$|\beta_2| > \beta_3$ 且 $\beta_4 > |\beta_5|$，其中后两个不等式源于 $0 < \phi < 1$ 的事实。下节我们将提到运用可测方程（5.23）来实证美元/马克市场的结果。

图 5.6 提供了 DP 模型报价表定性特征的直观解释。注意一下它与第 2 章中净供给图形的相似性。

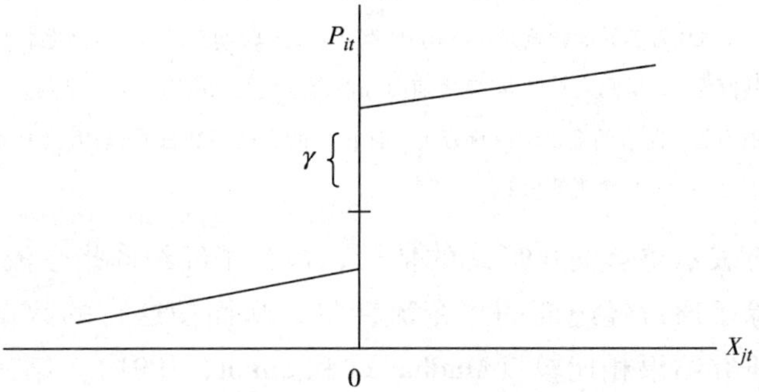

图 5.6

交易商 i 在 DP 模型中的报价线。β_1 决定报价线的斜率，并且此斜率反映指令流 X_{jt}（如果是卖出指令 X_{jt} 就是负值）包含的信息。存货也是一个交换的变量：I_{it} 相较于期望的头寸 I_i^* 越大，报价表价格越低引诱对手方购买。0 交易量附近的买卖价差由变量 γ 控制，γ 是方程（5.18）中指示方向的变量 D_t 的乘数。

5.3　研究结果：信息丰富的指令和不完全的风险分担

表 5.1 运用 DP 模型中的等式（5.23）对 Lyons（1995）数据集中 5 天的样本数据进行了估计。样本的容量就是被跟踪的交易商（模型中的交易商 i）收到的交易商间的直接交易数据，一共有 839 个观测值。（4 个前一天晚上的价格变化被排除了，因为这个模型要解释的是一天内的报价动态，而不是交易商没有交易时的价格变化。）

表 5.1　　结构模型估计

$\Delta P_{it} = \beta_0 + \beta_1 X_{jt} + \beta_2 I_{it} + \beta_3 I_{it-1} + \beta_4 D_t + \beta_5 D_{t-1} + \beta_6 B_t + \beta_7 \nu_{it-1} + \nu_{it}$

β_0	β_1	β_2	β_3	β_4	β_5	β_6	β_7	R^2
-1.30	1.44	-0.98	0.79	10.15	-8.93	0.69	-0.09	0.23
(0.96)	(3.10)	(-3.59)	(3.00)	(4.73)	(-6.12)	(2.21)	(-2.55)	
-1.34	1.40	-0.97	0.78	10.43	-9.16		-0.09	0.22
(-0.99)	(3.03)	(-3.56)	(2.95)	(4.86)	(-6.28)		(-2.61)	
	>0	<0	>0	>0	<0	>0	<0	

括号中的是 T 统计量。最后一行显示有结构模型预测的符号。ΔP_{it} 表示未来交易价格（马克兑美元）从 $t-1$ 到 t 的变化。X_{it} 表示在交易商 i 的报价上交易的指令，买为正，卖则为负。$\beta_1 = 1$ 意味着信息对于每 1 000 万美元的影响是 0.0001 马克，I_t 是 t 时期交易商 i 的存货水平，D_t 是指示性变量，若是买则其值为 1，卖则为 -1，B_t 是之前两分钟通过经纪人的第三方净交易量，由买方发起则为正，卖方发起则为负。所有的变量都以百万美元计价，所有的系数都乘以10^5（样本：1992 年 8 月 3 日—1992 年 8 月 7 日，839 个观测值）。

第一行表示整体简化形式的估计，包含了经纪商指令流的信息效应。第二行排除了通过经纪商的指令流变量，从而使这行的数据可以和股票市场上的研究结果相比较（Madhavan 和 Smidt，1991）。第三行表示由结构模型所决定的系数，该系数小于 0，表示受信息和存货的双重影响。

表 5.1 主要目的是为了得到信息（指令流）变量 X_{jt} 和 B_t 以及存货变量 I_{it} 和 I_{it-1} 的带符号的系数。β_1 的大小表示被跟踪的交易商每 1 000 万美元扩大 2.8 点（0.00028 马克）价差来防止逆向选择。存货控制变量系数 β_3（与式 5.18 中的 α 相同）表示交易商通过每 1 000 万美元净开放头寸减少 0.8 点马克的价格来减少他的存货。

指示性变量 D_t 和 D_{t-1} 的系数很重要，它们衡量了当 X_{jt} 趋近于 0 时的有效价差。并且它们之间也有可预测的相对大小关系，即 $\beta_4 > |\beta_5|$（回想一下 D_t 和 X_{jt} 之间是一一对应的关系，D_t 可以有效地控制 X_{jt} 是出价还是要价）。β_4 意味着一旦对信息和存货实行有效控制，交易商价差的底线大约是 2 个点（$2\beta_4/10^5$）。同样需要注意的是，移动平均系数 β_7 对于模型来说，也是很重要的，其对模型提供进一步的支持。R^2 的水平反映了 X_{jt} 和 β_t 仅仅占了外汇市场交易活动的一小部分。

实际上，这些结论与从纽约证券交易所的股票中得来的结论（Madhavan 和 Smidt，1991）的最大不同点在于存货效应对价格影响的重要性，由 β_2 和 β_3 来表示。尽管有许多理论文献研究存货对价格的影响，但是在股票做市商上却没有涉及这方面的研究。从这个角度来说，这个模型更适合于外汇市场。[24]然而，对于汇率经济学来说，更重要的结论是 β_1 ——由指令流所传递的私人信息——的发现。这个发现是很重要的，因为大多数汇率经济学家认为股票市场上有私人信息。同时，他们认为私人信息和外汇市场是不相关的。

从交易频率提高的角度来说，表 5.1 中的结论属于传统的微观结构下的分析。这些结论除了具有高频特点之外，它们和本章中的其他高频结论一样，有更深远的意义。在这里特别指出两个，这两者在以后的章节中也会出现。

1. 信息不对称在外汇市场中出现。在汇率经济学中有一个长期的惯例，认为在市场参与者（不包括中央银行）之间的相关市场信息是一种常识。但是这一章的实证研究的结论以及第 2 章的结论都认为这种思维范式是不完全的。如果抛开这种思维范式，我们需要对这个市场的信息环境的思考进行重新组合。

2. 指令流是汇率的一个重要的近似决定因素。将近 20 年来在汇率经济学领域最大的难题是假想的宏观经济决定因素解释力很小。这一章中的微观结构分析认为指令流解释力很强（例如，Payne，1999；Evans，2001）。把指令流作为汇率决定的一个近似决定因素，是我们对市场所持观点的另一种整合，传统的宏观经济范式并没有对指令流概念的认识。

在转向从更宏观的领域进行微观结构分析（第 7 至 9 章）之前，我们先考虑一个更加微观的问题：所有的交易量是从哪里来的？

5.4　为什么外汇市场中的交易量如此之大?

在外汇市场上，每天的交易量是非常高的，能达到 1.5 万亿美元之多。这个交易量相对于其他资产市场的交易量，商品和服务的潜在交易量，以及标准理论（微观理论或宏观理论）所能估计的交易量来说都是很高的。

为什么交易量会如此之大呢，也许我们会问，我们应该在意吗？毕竟交易量是否影响价格还不确定，如果交易量不影响价格，它对福利效果并没有什么影响。但是莫名其妙的大交易量也会产生重要的影响。例如，对大交易量的曲解会导致错误的政策。考虑一下交易税的情形。交易税的倡导者会把大的交易量和过度投机联系在一起。但是如果大部分的交易量反映的是交易商对风险的控制，那么征收交易税则会在无意中阻碍了风险管理。大的交易量也会通过另外一种方式产生重要的影响，它会影响指令流的信息效应。根据第 4 章的模型，指令流携带信息的准确性由指令流的动因决定，了解这些动因是增加了还是降低了信息的准确性是非常重要的。第三种影响方式是对交易量的误解，会导致错误的理论。交易量难题表明运用资产定价方法来研究外汇市场会忽略该市场的重要特点。也许这些被忽略的特点是不重要的，但是如果真的认为它们不重要就会违背很多原则。[25]

微观结构分析认为解决交易量难题应该依靠宏观资产方法所忽略的两个特点：

1. 存货控制；
2. 信息不对称。

先讨论一下存货控制。从存货控制的角度来说，最重要的机制是“烫手山芋”问题的交易——根据初始顾客的交易将不需要的头寸从一个交易商转移到另一个交易商。Burnham（1991）清晰地指出了这些“烫手山芋”问题与交易量难题之间的关系，他写到：“一个‘烫手山芋’问题开始了……这是一个寻找对手方的过程，这个对手愿意接受占了外汇市场大部分交易量的新头寸。”前面章节提到的同时交易模型对这种交易量的放大进行了严格的描述。

信息不对称对解决交易量难题的贡献在于它对投机交易的动机进行了重要的解释，这种解释方法在宏观资产方法中没有被提及：因为在宏观资产定价方法中所有的信息都被认为是常识，所以没有交易商在交易中能拥有信息优势。

“烫手山芋”问题和信息不对称一起能够完全解释交易量难题吗？当然它们两者都起到了一定的作用，但是我们还不能足够自信说我们能完全解释这个问题了。事实上，“烫手山芋”问题作为一个实证问题，还很少被研究。[26] Lyons 1996 年研究了“烫手山芋”问题，接下来的部分将对这篇文章的方法和结论进行介绍。

交易量：喧哗和骚动不能预示任何事情？

Lyons 1996 年通过检验何时交易信息充分，而非其是否充分来解释“烫手山芋”的交易。笔者利用交易数据来检验高频率的交易是否比低频率的交易有更充分的信息。理论上是否允许所有的可能性，还取决于设想的信息结构。由此笔者提出一个叫做货币交易的“烫手山芋”问题模型，用来解释为什么低频率的交易信息可能更充分。在这个模型中，由指令流革新而在交易商之间存货管理交易的浪潮使交易频率和信息含量之间存在相反的关系。在实证中，笔者发现低频率交易中信息是更充分的，正好支持了对于“烫手山芋”交易问题的假设。

为了弄清“烫手山芋”交易问题的过程，需要考虑下面这个粗略但很实际的例子。设想有 10 个交易商，他们都是风险厌恶型的，并且每个人目前都没有净头寸。一个交易商从顾客那买入 1 000 万德国马克，这个交易商考虑他存货的不平衡，向其他交易商抛售了 900 万德国马克。接受抛售的交易商考虑到他存货的不平衡，又向另一个交易商抛售了 810 万德国马克。“烫手山芋”问题的交易就这样继续。最后，由 1 000 万德国马克客户交易而产生的交易商间交易达到了 9 000 万德国马克。这些交易量中交易商间的交易占了 90%，对于如今交易商间交易只占 2/3 来说这个数字有些高，但是 10 年之前，交易商间外汇市场的交易量将近 90%。

读者对于以上的例子可能有两种反应，但是这两种反应都没有减弱它的说服力。反应一：乘数不可能是无限的，因为风险厌恶的投资者难道不会保持一些不平衡吗？答案是：在等式中，价格将会调节使交易商持有一些超额的供给。（10% 的规则只是对交易过程的粗略估计，例如

第4章的同时交易模型。）反应二：交易商间的交易会减少特殊存货不平衡，同时也会降低特有（与系统性风险对应）风险，这将会降低乘数。这是事实，特别是当交易是通过经纪商的时候。因此，从顾客净指令流的角度来思考这个例子是更合理的（比如通过对冲使买卖的净头寸为0）。

正如前面所说的，理论承认当交易量很高的时候交易是信息更充分的——“烫手山芋”交易问题的反面。这点由 Easley 和 O'Hara（1992）的模型可得。与先前模型中已知存在私人信息所不同的是，Easley 和 O'Hara（1992）认为私人信息的存在是有概率的（事件的不确定性）。如果私人信息确实存在的话，一个信息充分者得到好消息的可能性为 q，得到坏消息的可能性为（$1-q$）。这证明了对于一个明智的交易商来说，如果在 t 时刻某交易者进行交易的话，该交易商会提高该交易者拥有私人信息的可能性。如果交易强度很高，给定规模的进来的交易会提高这种可能性，因为它更有可能包含了新信息。反过来看，在交易强度较低时发生的交易引起的观念更新会比较小。

在转向实证模型之前，我们应该意识到时间在微观实证模型中的作用仅仅是最近才得以体现。在这方面作出贡献的是 Hausman、Lo 和 MacKinlay(1992）以及 Engle 和 Russell(1998）的论文。在股票市场上，Hausman、Lo 和 MacKinlay 检验两个交易之间时间长度的外生性，在常规的置信水平上拒绝了原假设。然而，他们也发现，当他们使用工具变量来控制内生性的时候，他们的估计并没有什么变化。这个发现使他们将余下的分析建立在相互交易时间的外生性假设上。Engle 和 Russell（1998）建立具体的模型来进一步研究时间的作用。他们建立不规则时间间隔的交易数据的统计模型，将两个交易间的时间定义为一个随机过程（他们将这个模型定义为“自回归条件久期”模型）。将这个模型应用于股票市场，他们发现相互交易时间有集聚性，认为这与潜在市场环境相关。

模型

我们在前面一章 DP 模型中通过流动性需求 L_{jt} 引入了时间的作用。等式（5.24）描述了在交易商 j 交易中流动性需求的作用

$$X_{jt} = \theta(\mu_{jt} - P_{it}) + L_{jt} \tag{5.24}$$

指令流信息的“烫手山芋”假说将流动性需求 L_{jt} 和存货调整交易联系起来。在外汇市场上——根据这个假说——在非交易商指令流上的革新激起了由特有存货不平衡而导致的交易商之间的反复交易。在短时间的相互交易中，“烫手山芋”的快速传递使得流动性交易的重要性得到体现。相反，事件非确定性假说将短时间的相互交易和信息充分的交易联系起来：在事件非确定性假说中，频繁的交易意味着有信息发生。总结一下，从符号 S_{jt} 和 S_t 精确性的角度，可以将这些观点归纳为：

“烫手山芋”问题假设：

$$\sigma_{Lj}^2\begin{cases}\text{高} & \text{交易间隔时间短时}\\ \text{低} & \text{交易间隔时间长时}\end{cases}$$

事件非确定性假设：

$$\sigma_{Lj}^2\begin{cases}\text{低} & \text{交易间隔时间短时}\\ \text{高} & \text{交易间隔时间长时}\end{cases}$$

流动性交易的相对强度的变化将会改变交易商所面对的符号提取问题。DP 模型遵从 5.2 节的分析：“烫手山芋”问题假说指出当交易量大的时候指令流信息对价格的影响将会很小；事件不确定性假说则相反，认为当交易量大的时候指令流对价格的影响将会很大。

结论

表 5.2 估计了指令流中的信息含量，并且区分了交易时间间隔的长短。这通过虚拟变量 s_t 和 l_t 的设置实现（参考图表前面的公式）。当交易间隔比较短的时候变量 s_t 等于 1，而 l_t 等于 0；反之，$s_t = 0$，$l_t = 1$。短的交易间隔通过两种方法来定义：与前一交易的间隔小于 1 分钟或小于 2 分钟（Lyons 1995 数据集上的时间非常准确，因为它们是通过电脑记录的，但是，只能精确到分钟，因此少于 1 分钟也被记录成 1 分钟），少于 2 分钟包括不同于 1 分钟和 0 分钟的交易。这两种分类将平均的交易间隔 1.8 分钟包括进来。第二种分类还包括一个中等的交易间休息时间。

表 5.2　检验"烫手山芋"假说：如果交易间的时间间隔短的话指令流所含的信息就少了吗?

$$\Delta P_{it} = \beta_0 + \beta_1 s_t X_{jt} + \beta_1' l_t X_{jt} + \beta_2 I_{it} + \beta_3 I_{it-1} + \beta_4 D_t + \beta_5 D_{t-1} + \varepsilon_{it}$$

	β_1 (短)	β_1' (长)	短的比例	$\beta_1 = \beta_1'$ P 值
交易间的时间间隔如果：				
少于 1 分钟	-0.01	2.20	262/842	0.000
	(-0.01)	(3.84)		
少于 2 分钟	0.76	2.60	506/842	0.009
	(1.63)	(3.40)		

括号中的数值为 T 统计量。系数 β_1 测量信息对指令的影响，这种指令与前次交易的时间间隔是短期的（上面的等式中 $s_t = 1$ 且 $l_t = 0$），什么是短期已经在第一列中给出了定义。系数 β_1' 测量信息对指令的影响，这种指令与前次交易的时间间隔是长的（$s_t = 0$，$l_t = 1$），长被定义为非短的。"短期的比例"一列给出了观察值中满足短期交易定义的比例，其余的部分属于长期交易。P 值表示可以拒绝原假设 $\beta_1 = \beta_1'$ 的显著性水平。ΔP_{it} 表示未来的交易价格（马克兑美元）从 $t-1$ 到 t 的变化。X_{it} 表示在交易商 i 的报价上交易的指令，买为正，卖为负。$\beta_1 = 1$ 表示信息对每 1 000 万美元的价格的影响是 0.0001 马克。I_t 表示交易商 i 在 t 时期末的存货水平，D_t 是一个指示性变量，当指令为买入指令时其值为 1，为卖出指令时其值为 -1（样本：1992 年 8 月 3 日—1992 年 8 月 7 日；采用带自相关一致性标准差的 OLS 估计）。

结果证明"烫手山芋"假说更加有说服力。系数 β_1 ——衡量了信息对于短时间间隔的影响——在通常情况下是不重要的。相反，系数 β_1' ——衡量了信息对于长时间间隔的影响——是很重要的（模型的其他系数和表 5.1 只有微小的不同）。总结起来，就是正如"烫手山芋"假设指出的那样，低频率时的交易比高频率时的交易信息更加充分。

关于交易商之间来回进行存货交易的问题在"烫手山芋"假说中可以检验。这些存货管理交易是趋向于一个方向的（也就是有同样的符号）。在表 5.3 中的检验解决了这个问题：交易很频繁时，如果交易是按照同一个方向，指令流的信息是不充分的吗？我们又一次引入了虚拟变量，s_t，o_t，I_t（参照图表上面的公式）。如果交易间隔短并且与前一个交易同方向的话 s_t 等于 1，否则的话等于 0；如果交易间隔短并且与前一

个交易反方向的话 o_t 等于 1，否则等于 0；如果交易间隔短 l_t 等于 0，否则等于 1。交易时间短是指短于 2 分钟。

表 5.3　对“烫手山芋”假说的检验：当接下来的交易是同方向的时候指令流包含的信息就少了吗?

$$\Delta P_{it} = \beta_0 + \beta_1 s_t X_{jt} + \beta_1' o_t X_{jt} + \beta_1'' l_t X_{jt} + \beta_2 I_{it} + \beta_3 I_{it-1} + \beta_4 D_t + \beta_5 D_{t-1} + \varepsilon_{it}$$

β_1（短且同方向）	β_1'（短且反方向）	β''（长）	短且同方向的比例	短且反方向的比例	$\beta_1 = \beta_1'$ P 值
-0.06	1.90	2.64	276/842	230/842	0.009
(-0.11)	(3.01)	(3.64)			

括号中的数为 T 值。系数 β_1 衡量信息对交易间隔短的指令流的信息效应（短期被定义为少于 2 分钟），并且与前一指令流同方向（在上面的等式中 $s_t = 1$ 且 $o_t = 0, l_t = 0$）。系数 β_1' 衡量信息对交易间隔短的指令流的信息效应（短期定义为少于 2 分钟），并且与前一指令流反方向（$s_t = 0, o_t = 1$ 且 $l_t = 0$）。系数 β_1'' 衡量信息对交易间隔长的指令流的信息效应（长期被定义为大于或等于 2 分钟，$s_t = 0$，$o_t = 0$ 且 $l_t = 1$）。“短期且同方向的比例”一列为观察值中满足交易间隔短且方向相同的部分（与“短期且反方向的比例”一列相似）。剩下的观察值属于长期的类别，P 值表示可拒绝原假设 $\beta_1 = \beta_1'$ 的显著性水平。ΔP_{it} 表示未来的交易价格（马克兑美元）从 $t-1$ 到 t 的变化。X_{it} 表示在交易商 i 的报价上交易的指令，买为正，卖为负。$\beta_1 = 1$ 表示信息对每1 000 万美元的影响是 0.0001 马克。I_t 表示交易商 i 在 t 时期末的存货水平，D_t 是一个指示性变量，当指令为买入指令时其值为 1，为卖出指令时其值为 -1（样本：1992 年 8 月 3 日—1992 年 8 月 7 日；用含自相关一致性标准差的最小二乘估计）。

结论又一次与“烫手山芋”假说相符。系数 β_1 ——交易时间短并且同方向——是不重要的。相反，系数 β_1' ——交易时间短并且反方向——是很重要的。$\beta_1 = \beta_1'$ 在 1% 的显著性水平下被拒绝。总结起来，就是在高频交易中，反方向的交易显著比同方向的交易信息更充分。尽管“烫手山芋”假说和事件不确定性假说关于信息和交易频率的关系上有相反的结论，它们并不是互相排斥的。也就是说，两种假说都是有用的：当市场上交易频率高时“烫手山芋”假说更有效。在第 8 章中我们将发现这两种假说都是很有效的。

第6章　汇率模型：从宏观基础到微观基础

本章将回顾在汇率经济学中以宏观经济为对象的传统模型，目的是帮助那些在主流金融行业工作，对外汇市场十分感兴趣但又不具备足够的汇率经济学知识的人（如果在世界上最大的并且是最重要的金融市场工作仍然感觉动力不足，那么外汇市场巨大的套利的空间应该有足够的吸引力了吧）。本章中对涉及的几个汇率模型作出较为精炼的讲解，更多相关内容可以在 Frankel 和 Rose、Isard 以及 Taylor 在 1995 年所作的研究中找到。

在介绍这些模型之前，先占用一些篇幅来定义在汇率经济学中“基本面”的概念。回顾汇率经济学家对基本面变量的看法有助于那些资产估值的知识主要来自股票市场的读者。在本章的结尾会做一个旨在帮助解决在汇率经济学中关于微观和宏观问题的两分法的讨论。笔者将提供一些从微观到宏观问题的例子，用于微观结构工具分析。

6.3 和 6.4 这两节将讨论微观基础这一问题，因为传统的汇率模型都是宏观经济的，对于研究人员来说缺乏微观经济基础肯定会有问题。在汇率经济学中所做的很多工作都是为了支撑这些微观基础，微观结构分析方法也是为了将微观基础引入汇率经济学。然而，在本质上他们采用的是不同的方法，因为彼此建立在不同的微观基础上。资产市场分析法中的工作强调的是微观基础，它能反映那些在宏观经济学中普遍强调的微观基础。这些微观基础建立在两个“T”上：偏好（Tastes）和要素（Technology）。在宏观经济学中，建立在偏好和要素基础上的模型很好地定义了人们对消费品的偏好，并且依据要素生产出这些消费品。这种微观结构分析方法主要是基于两个“I”：信息（Information）和制度

（Institutions）。信息是指在微观结构模型中包含许多信息种类（而绝大多数的信息类别在很多的资产分析模型中是被排除的，例如那些非公开信息）。制度是指那些模型包含了市场组织在非公开信息的识别和汇集过程所发挥的作用。

6.1　外汇市场基本面：商品市场和资本市场视角

阐述汇率理论之前，将该理论延伸到更加广泛的资产定价范畴将有助于我们的分析。一个关键问题是，有哪些基本面信息决定了外汇市场的定价？对于股票市场，未来的股利分红（现金流）是持有股票的基础回报，并进一步决定了股票定价；对于债券市场，决定定价的因素则是息票收益（包括本金）。外汇市场中也存在类似于股利和息票的因素。

本书提出了外汇基本面中两个核心的概念，在第1章中提到的两个宏观分析方法已分别对其作出介绍。基本面中一个核心的概念从商品市场的分析出发，我们称为购买力平价理论，该理论认为，任何一种货币在全球任何的商品市场都应该具有相同的购买力。基本面中另一个核心概念从资本市场出发，源于无抛补利率平价理论，该理论认为以不同货币计价的资产收益是相同的（当使用相同的货币表示时）。下文将按顺序讨论这些概念。

外汇基本面：商品市场视角和购买力平价

在汇率经济学中购买力平价可能是最早、最具说服力的理论，可以直观地将它理解为是一价定律的延伸，是非套利条件下在国际商品市场上的应用（针对近期商品市场套利的讨论详见 Obstfeld 和 Taylor 在 1997 年所作的研究）。购买力平价理论与商品市场紧密联系，因为它是商品市场分析方法的基础。在不存在贸易摩擦的情况下，一价定律认为在美国一个商品的美元价格应该和在其他国家，例如英国，同一种商品的美元价格是一样的：

$$P_{i,US} = P_{\$/£} P_{i,UK} \tag{6.1}$$

其中，$P_{i,US}$是指商品 i 在美国的美元价格，$P_{i,UK}$是指商品 i 的英镑价格，$P_{\$/£}$ 是即期汇率（每一单位英镑的美元价格）。[1]购买力平价理论简单地把这样一种关系概括为反映多种商品的价格指数，就像消费者价格指数：

$$P_{US} = P_{\$/£} P_{UK} \tag{6.2}$$

其中，P_{US} 是指在美国一篮子商品的美元价格，P_{UK} 是指类似的一篮子商品在英国的英镑价格。汇率基本面又可以表述为：

$$P_{\$/£} = P_{US}/P_{UK} \tag{6.3}$$

以商品市场角度来研究基本面在汇率经济学中是非常重要的一个思路。购买力平价理论非常简洁：汇率等于两个国家价格水平的比率。而在当前的实证检验中，这种关系并不是永远都成立的，而且偏差可能很大（在主要的美元市场上，经常存在超过 30% 的偏差）。然而，有充分的证据表明，偏差会在一段时间的调节后消失，比如以五年为一个周期的外汇市场，通常用一半时间来消除偏差。[2]因此，购买力平价关系对于研究汇率基本面依然是十分有价值的。[3]

外汇基本面：资本市场视角和无抛补利率平价

虽然购买力平价对于汇率而言有重要的锚定作用，但是这个基本面的概念与股票市场中的股息贴现定价还有相当大的差异。用资本市场分析方法讨论汇率为我们提供了一个更加合适的参照。资本分析方法提供了一个很好的分析汇率基本面的方法——无抛补利率平价。

无抛补利率平价指出了不同货币计价的资产的短期预期收益之间的关系。（为简洁起见，我们将这个资产理解为存款。）这样的关系表明，当资产用美元计价时，英镑存款和美元存款预期收益应该是相同的。举个例子，在没有资本管制的风险中性的市场中，任何定价误差都会立即消失。体现在具体公式中，无抛补利率平价意味着：

$$(1 + i_{\$,t}) = (1 + i_{£,t})\left(\frac{E[P_{\$/£,t+1} \mid \Omega_t]}{P_{\$/£,t}}\right)$$

其中，$i_{\$,t}$和 $i_{£,t}$分别是在 t 时期美元和英镑的名义利率，$E[P_{\$/£,t+1} \mid \Omega_t]$ 是预期的未来即期汇率。这个预期即期汇率视 t 时期有效的信息而定，

把它记为“$|\Omega_t$”，Ω_t 指有关的信息集。

无抛补利率平价的另一个表达式则更加直观并且容易使用，对于英镑存款的预期美元收益有两部分组成：当期英镑的利率及其升值预期。用线性表达式表示的无抛补利率平价近似形式为[4]

$$i_{\$,t} = i_{£,t} + E[p_{t+1} - p_t | \Omega_t] \tag{6.4}$$

其中，p_t 是 $P_{\$/£,t}$ 的自然对数（\$/£ 作为下标隐去），$E[p_{t+1} - p_t | \Omega_t]$ 是 t 到 $t+1$ 时期英镑的预期升值百分比（对数差额）。无抛补利率平价的直观定义非常清晰：等式左边美元存款的美元预期收益和等式右侧英镑存款的美元预期收益是相等的。

无抛补利率平价在方程表达式（6.4）中产生了一个直观的资本市场中的汇率基本面概念，类似于股票和债券的估价。方程（6.4）可重新表述为

$$p_t = (i_{£,t} - i_{\$,t}) + E[p_{t+1} | \Omega_t]$$

在具有 t 时期信息集的前提下，$t+1$ 期汇率的条件期望为

$$E[p_{t+1} | \Omega_t] = E[(i_{£,t+1} - i_{\$,t+1}) | \Omega_t] + E[p_{t+2} | \Omega_t]$$

把 $E[p_{t+1} | \Omega_t]$ 的表达式代入之前的等式得到

$$p_t = (i_{£,t} - i_{\$,t}) + E[(i_{£,t+1} - i_{\$,t+1}) | \Omega_t] + E[p_{t+2} | \Omega_t]$$

重复这个过程，并不断将 $t+1$ 之后的数据代入，我们资本市场视角下的基本面为：

$$p_t = E[\sum_{\tau=0}^{T-t-1} (i_{£,t+\tau} - i_{\$,t+\tau}) | \Omega_t] + E[p_T | \Omega_t] \tag{6.5}$$

因此，类似于红利贴现模型，汇率基本面是未来各期预期利率差额的一个总和，加上远期汇率的值。[5]这些未来利率差额来源于持有外币存款的净现金流收入，从长期来看，远期汇率往往受购买力平价影响。

6.2 宏观模型综述

大多数的熟悉金融微观结构的读者可能并不熟悉汇率决定模型，因此将在这里进行介绍。[6]

有四种主要的汇率决定模型，并且都由宏观基本面驱动：

1. 弹性价格货币模型；
2. 粘性价格货币模型；
3. 资产组合平衡模型；
4. 一般均衡模型。

这四种模型都使用了典型的资本市场分析方法，资本分析方法的前瞻性意味着对宏观变量的估计并不仅仅基于当前价值，对未来市场价值的预期同样非常重要。从本书的写作目的来说，对于这些主要模型的回顾十分必要，因为这为之后几个章节宏观水平的分析提供了十分有价值的观点。

弹性价格货币模型

上述购买力平价关系虽然很简单直观，但因为仅由两个内生变量来决定汇率，结构上缺少部分内容。这些特征使得购买力平价可以作为一个模型的基础：把该平价关系嵌入到一个更加完备的模型中，既能利用其简洁性，又有助于模型构成，这正是货币模型的构成策略。但是必须注意到购买力平价与宏观政策之间没有直接的联系，尤其是货币政策。把购买力平价嵌入到一个在货币层面明确阐述的模型中，则该模型与政策之间将有直接的联系。

两个货币模型中的第一个，也就是弹性价格模型，从购买力平价始终成立这一假设前提开始（主要参考资料包括 1976 年 Mussa 和 Frenkel 的研究）。事实上，这是一个购买力平价关系的简单延伸：它使用购买力平价的表达式来解释汇率，用替代表达式代替美元价格和英镑价格这两种价格水平。我们从方程（6.3）回顾购买力平价的表达式，即：

$$P_{\$/£} = P_{US}/P_{UK}$$

等式两边同时求对数，得到更简洁的等价表达式：[7]

$$p_{\$/£} = p_{US} - p_{UK}$$

p_{US}和p_{UK}的替代表达式源自宏观经济学的核心，这个表达式表述了货币市场的均衡状态。[8]货币市场在实际货币供应量和需求一致的时候达到均衡，货币的需求受到实际收入（交易性需求）和名义利率（持有货币的机会成本）的影响。对数线性形式的均衡表达式为：

$$m_{US} - p_{US} = \alpha y_{US} - \beta i_{\$} \tag{6.6}$$

其中，$m_{US} - p_{US}$是对数形式下实际货币供应量，$\alpha y_{US} - \beta i_{\$}$是对数形式下实际的货币需求，$m_{US}$是对数形式下名义货币供应，$p_{US}$是对数形式下的价格水平，$y_{US}$是对数形式下的实际产出，$i_{US}$是短期名义利率。我们分别得到在美国和英国价格水平的方程：

$$\begin{aligned} p_{US} &= m_{US} - \alpha y_{US} + \beta i_{\$} \\ p_{UK} &= m_{UK} - \alpha y_{UK} + \beta i_{£} \end{aligned} \tag{6.7}$$

将方程（6.7）中的价格水平表达式引入购买力平价关系，得到弹性价格货币模型：

$$p_{\$/£} = (m_{US} - m_{UK}) - \alpha(y_{US} - y_{UK}) + \beta(i_{\$} - i_{£}) \tag{6.8}$$

这是模型最简化的表达式，与货币供应量的联系是清晰的，而与弹性价格的联系不是特别清晰。事实上，从严格意义上来说，我们并没有使用汇率和价格完全弹性这一假设，这不是购买力平价的必要条件，对方程（6.6）的价格水平的表达式也不是必要条件。事实上，我们有必要将这个方程和接下来我们要分析的粘性价格模型进行区分。

另外一个不是特别清晰的联系就是这个模型与对未来宏观基本面预期的联系，这正是资本分析方法的特征。这个联系通过引入方程（6.4）中所描述的无抛补利率平价关系，限制了短期利率计息资本的预期收益。采用无抛补利率平价关系，也就是$(i_{US,t} - i_{UK,t}) = E[\Delta p_{\$/£,t+1} | \Omega_t]$，并忽略下标 \$ /£， 我们可以得出

$$p_t = f_t + \beta(E[\Delta p_{t+1} | \Omega_t]) \tag{6.9}$$

这里我们把当前的基本面定义为f_t，也就是

$$f_t = (m_{US} - m_{UK}) - \alpha(y_{US} - y_{UK}) \tag{6.10}$$

理性预期下，等式（6.9）的解聚焦于汇率与未来基本面的联系：[9]

$$p_t = \sum_{i=0}^{\infty} \gamma_i E[f_{t+i} | \Omega_t] \tag{6.11}$$

其中，$\gamma_i \equiv [\beta/(1+\beta)]^i/(1+\beta)$。当前的即期汇率不仅仅取决于当前的

货币基本面状态，同时也取决于预期的未来基本面信息。这种资本分析方法类似于在金融中针对股票定价的股息贴现模型。贴现率 γ_i 完全是货币需求对于利率的敏感性 β 的一个函数（方程6.6）。[10]

粘性价格货币模型

粘性价格货币模型，也称为超调模型，和弹性价格模型具有相同的理论基础（主要参考1976年Dornbusch的研究）。这个模型强调了两个主要的因素，首先，其核心是方程（6.6）所提到的货币市场均衡；其次，粘性价格模型也假设无抛补利率平价成立，这在方程（6.4）也已讲到。事实上，无抛补利率平价是各类模型的重要组成部分，不单是弹性价格模型，也包括资产组合模型。然而，其中有两个因素较大程度地偏离了弹性价格模型。首先，从短期看，价格是粘性的，长期会逐渐趋向均衡（这种调整受制于总需求水平）。其次，一旦价格水平充分调整到弹性价格水平，购买力平价会在长期内成立，然而，在短期却未必成立。[11]

与方程（6.9）的弹性价格模型类似，粘性价格模型可以总结为：

$$p_t = f_t + \beta E([\Delta p_{t+1} \mid \Omega_t]) + w_t \tag{6.12}$$

两者唯一的区别就是 w_t，这个增加项在价格弹性的时候不会上升（详见1996年Flood和Taylor的研究）。这个增加项可以反映在短期中由于价格粘性所引起的与购买力平价的偏离。举个例子，由于某种冲击引起货币供应量 m 变化，一开始在稳定状态下 $w_t = 0$。这样的一个变化会立即造成汇率 p_t 的变化，因为这个变量是完全弹性的。但价格水平 p_{US} 并不是完全弹性的，这就导致了与购买力平价的偏差—— w_t 不再为零。不过这个影响是暂时的，因为从长期来看价格会充分调整。因此从这个角度来说，弹性价格和粘性价格的区别是暂时的。

粘性价格模型吸引人的不仅是因为它放松了弹性价格模型中不合适的假设前提，也是由于它可以放大基本面变化的影响，即汇率超调。这个超调结果的吸引力便是与实证检验的一致性：相比于常规的基本面波动，如弹性价格模型，汇率可能会过度波动。（应当注意，与弹性价格基本面相比的较高的相对波动率不应该与较高的绝对波动率相混同；事实上，主要即期汇率的标准差约等于股票收益率标准差的 2/3：每年约 12%，而标准普尔 500 指数的年化标准差约为 18%。)

这种超调结果在汇率经济学中的重要性值得我们注意。一个简单的例证可以为我们提供参考。假定货币供给，m_{US} 突然无预期且永久性增加。首先，这在弹性价格模型中的影响是很直接的：货币供应量每增加 10%，那么就会立即引起价格水平 p_{US} 10% 的增加（价格弹性），进而引起美元价格 10% 的贬值（重新实现购买力平价）。因此，由于汇率长期会贬值 10%，不存在汇率超调或者是调整不足。

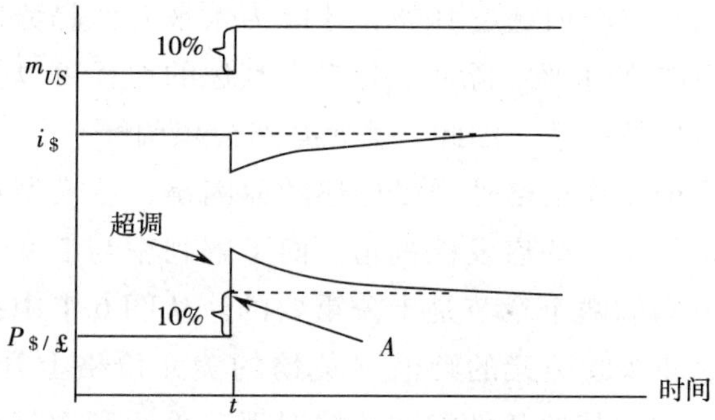

图 6.1　超调模式的图示

在粘性价格模型中，超调可以用无抛补利率平价关系来解释［方程(6.4)］。在货币增发之前，经济处于稳态，$i_{\$,t} = i_{£,t}$，$E[\Delta p_{t+1}|\Omega_t] = 0$，价格水平也没有调整。图 6.1 显示了在时点 t 之前的这种稳定状态。粘性价格模型中关键的一个区别就是货币供应量的增加没有立即对价格水平产生影响。因此，由方程（6.6）可知，货币供应量的增加需要 $i_\$$ 迅速下降使得货币市场出清，从而使得 $i_\$ < i_£$；这是通常情况下货币供应量增加的流动性效应（模型的输出量 y 是固定的）。由于 $i_\$$ 下跌对于汇率会造成瞬时影响：美元应该会贬值（$p_{\$/£}$ 会上升），但是幅度多大呢？弹性价格模型使得长期出现一个 10% 的美元贬值——既不是超调也不是调整不足。假设粘性价格模型也同样造成长期 10% 的美元贬值（由购买力平价所确定），同时 $E[\Delta p_{t+1}|\Omega_t] = 0$，表示为图 6.1 中的点 A。

但是在点 A 不可能实现均衡：如果 $i_{\$} < i_{£}$，那么就违反了无抛补利率平价这一前提假设（$i_{\$} < i_{£}$ 和 $E[\Delta p_{t+1} | \Omega_t] = 0$ 两者不同时成立）。因此 A 点不可能达到均衡，超调或者是调整不足必然会出现。[12]

为了探究会出现哪种情况（超调还是调整不足），我们需要判断哪些结论和无抛补利率平价是一致的。从方程（6.4）我们发现，当 $i_{\$} < i_{£}$ 时，$E[\Delta p_{t+1} | \Omega_t] < 0$ 必然成立，也就是说，美元必然存在升值预期（英镑应有更低的美元价格—— Δp_{t+1} 是负值——美元则会升值）。直觉上，未来美元需要升值来弥补美元存款者面对的较低的美元利率，[13]但是，美元在当前只有贬值超过 10%，才能为未来升值趋势创造必要的空间，达到贬值 10% 的水平。除此之外没有其他的途径可以使这个过程与无抛补利率平价保持一致，因此，美元必然会超调。

笔者对这个模型作出格外详尽论述的原因是，该模型对于利率变动如何影响汇率提供了一些启发性视角。而了解利率与汇率之间的联系对于接下来宏观方向的两个章节是十分重要的。从图 6.1 中我们注意到，$i_{\$}$ 的下跌，会立即造成美元的贬值（英镑的美元价格上升）。这与大多数人的直觉相一致：其他条件相同的情况下，美元利率越低，美元存款就越不具有吸引力，也就导致了投资组合中美元资产配置的减少。

资产组合平衡模型

虽然同样属于资本分析方法，投资组合平衡模型与货币模型主要有两点区别（参考 1974 年 Kouri 和 Porter 的研究，以及 1985 年 Branson 和 Henderson 的报告）。首先，在这四种资本分析方法模型中，这是唯一一种不把购买力平价作为必要条件的，这也就意味着长期汇率必然通过其他途径来确定。其次，这个模型并不利用无抛补利率平价，因此，不同货币形式的存款的美元预期收益是不相等的。这就为货币的风险溢价留下了空间，也就是说，持有某些货币存在额外的预期收益。宏观文献把它称之为国内外资产的不完全替代性（第 2 章中微观层面解析中提到了相同概念）。

就如其字面意思，资产组合平衡模型平衡了各种资本的供求关系。

汇率通过两种途径影响供求，使资本供求实现均衡。首先，预期汇率变动对预期美元收益存在直接的影响，从而影响对国外资本的需求［方程(6.4）等式右侧］。其次，汇率的水平会影响国外资本的供给。这通过贸易收支账户这一传统宏观途径实现：较低的美元价值会推动贸易收支账户出现顺差，这便会增加国内投资组合中外国资本的比重。[14]

这个模型的简单表述包括三种需求类型，每一个都代表一种资产类别：货币 M，国内债券 B，以外币发行的外国债券 B^*。这些需求都依赖于两个相同的变量：国内名义利率 i 以及外币债券的预期美元收益 $i^* + E[\%\Delta P]$，其中 i^* 是指外国的名义利率，$E[\%\Delta P]$ 是美元贬值的百分比预期。（这里可以认为短期债券没有因为利率变动而产生资本利得或是损失。）

$$\text{货币需求} = M^D(i, i^* + E[\%\Delta P])$$

其中 $M_1^D < 0$，$M_2^D < 0$ (6.13)

$$\text{国内债券需求} = B^D(i, i^* + E[\%\Delta P])$$

其中 $B_1^D > 0, B_2^D < 0$ (6.14)

$$\text{国外债券需求} = B^{D^*}(i, i^* + E[\%\Delta P])$$

其中 $B_1^{D^*} < 0$，$B_2^{D^*} > 0$ (6.15)

含星号的项表示外国变量，下标表示偏导数。这些等式考虑到了上文所提到的第二类汇率效应，也就是即期汇率 P 的预期变动产生的影响。每个方程之下偏导数的值都是有意义的，同样地，国内利率 i 的增加会减少货币需求（更高的机会成本），增加国内债券的需求（更高的收益），或是减少对外国债券的需求（相对较低的收益）。以外币发行的债券的预期美元收益的增加会减少货币需求（相对较低的收益），减少国内债券的需求（相对较低的收益），增加对外国债券的需求（更高的收益）。但是必须注意到，财富总量在这里并不影响相对需求：根据假设，财富的变化，对三种需求有相同程度的影响，并不影响它们在投资组合中的比例。

我们需要另外两个方程对这个模型进行补充：

$$W = M^D + B^D + PB^{D^*} \tag{6.16}$$

$$\Delta B^{S^*} = T(P) + i^* B^{D^*} \text{,其中 } T_1 > 0 \qquad (6.17)$$

方程（6.16）是财富总量的约束条件：财富必须分配给这三种资本类型，方程（6.17）增加了国内居民持有外币资产的约束条件：从国际收支的特征看出，国内持有外国资产的变化必须与经常账户相同（参见注释14）；经常账户含有两个部分，贸易均衡 $T(P)$ 以及外国债券的净利息收益 $i^* B^{D^*}$。由偏导数 $T_1 > 0$，我们发现贸易均衡取决于汇率 P 的水平。也就是说，美元的贬值（每一英镑可兑换更多的美元）推动贸易顺差，而这个顺差必须由外国资产价值的净增加来抵消。这是上文提到的汇率的第二个影响——汇率水平对外国资产供应的影响。

相对资本供给的变化决定了汇率水平。我们注意到，在市场出清情况下的汇率可以由 M，B 和 B^* 的供应水平所确定。这些变化可以对汇率产生短期影响［在方程（6.17）中存在非零的 ΔB^{S^*}］和长期影响（在稳态时实现 $\Delta B^{S^*} = 0$）。还要注意到的是，模型中没有提到不同货币存款的预期美元收益，也就是说，不存在 i 等于 $i^* + E[\%\Delta P]$ 这一条件。事实上，正是由于和无抛补利率平价的背离才需要出清市场。这种背离是上文所介绍的货币风险溢价——持有特定货币的额外预期收益。

用实证数据来评估这个模型，在供求方面需要增加很多的内容。在需求方面，通常假设收益服从正态分布以及最优的收益方差比；在供应方面，最重要的问题是用何种资产类别来衡量。通常情况下，人们使用流通的政府债券而非普通债券，这是因为政府债券供应的变化必然意味着私人持有的一个净变化。对于很多私人发行的资本类型（例如银行存款或者是公司债券），改变净资本供应是不可能的，因为每一个私人发行者都对应着一个私人持有者。另外一个在供应方面的问题就是，无论选择了哪种资本类型，都很难精确地衡量其水平。由于衡量供应的变化更加简单，这个模型通常被用来测试其解释汇率变化的能力，而不是解释汇率水平的能力。即使用来解释汇率变化，这个模型也很难进行实证检验（详见1985年Branson和Henderson的研究，以及1988年Lewis的研究）。

类比：汇率模型和微观结构模型

笔者选择在这一节做一个类比，关于第 4 章微观结构模型与本章汇率模型之间的联系。这个类比基于：模型的重点是收益、风险或者是两者之间的均衡。正如第 4 章简介中所提到的那样，在微观结构中有两个传统的模型分析方法，信息分析方法和存货分析方法。信息分析方法侧重于收益，风险在这些模型中并不是直接的作用因子，因为参与者是风险中性的（就如第 4 章中 Kyle 模型和序贯交易模型），所以价格不包括风险溢价。相反的，存货分析方法更多地侧重于风险，在存货分析方法下，不完善的风险分担占据了主要位置，对于收益的信息影响也不存在。在这之后，一种综合的分析方法通过对风险和收益更加平衡的处理方式进入了微观结构（第 4 章的同时交易模型就是其中一个例子）。

本章中的资本分析方法中都有相似的模式。就像微观结构的信息模型，这两个货币模型侧重研究信息如何影响收益，相反，风险对收益则没有影响。又如微观结构的存货模型，资产组合平衡模型侧重于风险以及均衡风险溢价的决定。就信息和收益而言，基础的资产组合平衡模型是相当简单的——它们从主要的基本面类型中，例如从产出、相对商品需求以及很大程度上从货币政策中抽取出来。最后，微观结构模型综合了汇率的一般均衡模型（下一节的重点）：在两种情况下，价格中包含的信息和风险溢价决定都需要充分考虑。

6.3　微观基础：偏好和要素

“微观基础”和“要素偏好”这些概念在宏观经济学中十分普遍，但是在其他领域应用就不是很普遍了。微观基础是指以个人或者是团队所面对的明确定义的决策问题分析为基础。这种方式的基础分析在微观经济学中是最常用的，因此定义为微观分析。在微观经济分析中，人们对于他们的目标或者是约束条件都有清晰的认识，并且他们会尽力实现他们的目标。这个目标我们称之为“偏好”，因为不同的需求体现了人们的喜好。[15]微观基础和宏观模型中的约束条件我们称之为“要素”，要素包含了实体经济中的产出（或者是在纯粹交换经济中的捐赠处理），以及确定可行的选择——整个经济蛋糕的大小。

虽然在前几节中介绍的三个宏观模型并不是以人们遇到的确定的问题为基础，但是第四个宏观模型——一般均衡模型却是。一般均衡汇率模型的微观基础采用了在宏观经济学中应用广泛的概念——两个“T”，偏好和要素。不过正如人们所想象的那样，在偏好和要素方面仍然可以容纳许多不同的规格。在这里仅仅从一个广泛适用的水平上回顾一般均衡模型的特征。尽管没有考虑到细节，但是一个广泛适用的观点对于从微观分析方法的微观基础上区分出什么是一般均衡模型的微观基础已经有足够的说服力。[16]

一般均衡模型

一般均衡模型的汇率决定从具有代表性的个人效用最大化开始[17]。效用的规格作为各种消费类型的一个函数，很自然地对于均衡汇率有重要意义。（微观结构分析方法也包括效用最大化，但是正如我们在第4章中所看到的那样，效用的定义非常简单，通常就是最后的名义财富。）效用的基础则是模型微观基础的偏好部分。模型微观基础的要素部分在于模型严格规定的生产以及交易要素。这些生产要素总结了在实物生产过程中全部的投入产出关系，交易要素则总结了交易中应遵循的规则。举个例子，早期的一般均衡汇率模型需要个人为了采购国内外商品持有本国货币（在文献中，这被称为“预付现金”约束）。这个需求对于汇率决定十分重要，因为它是人们对于货币的需求的驱动力。（之后的一般均衡模型通过直接在效用函数中加入货币，在偏好方面产生货币需求。）

然而，与以上三种宏观模型不同，一般均衡模型的重点是实际汇率，定义为

$$\text{实际汇率} = P_{\$/£}(P_{UK}/P_{US})$$

实际汇率是名义汇率 $P_{\$/£}$ 通过商品的相对价格来调整的结果。（名

义汇率这一概念大部分情况下对 $P_{\$/£}$ 是惯用的。）模型中所决定的实际汇率是商品的外币价格与本币价格的比值，与商品消费的边际替代率相一致（或者如1995年Obstfeld和Rogoff的研究，最终商品生产中投入的边际替代率）。基于这个实际汇率，用方程（6.6）中关于各国货币需求的表达式来替代 P_{US} 和 P_{UK}，可以产生名义汇率 $P_{\$/£}$ 的一个表达式（回想一下，除了在弹性价格模型中，本书假设实际汇率是一个固定值，且购买力平价成立）。

早期的一般均衡汇率模型是对弹性价格货币模型的概括，允许存在多种货币和实质性冲击（例如对需求和生产率的冲击）。现在越来越多的一般均衡模型——有时也被称为新的开放宏观经济模型——是对粘性价格货币模型的概括（详见1995年和1996年Obstfeld和Rogoff的研究）。这些模型允许存在同购买力平价相背离的粘性名义价格，就像在最初的粘性价格模型中出现背离购买力平价的情况一样。

一般均衡模型的一个主要贡献是其对福利分析的价值，这源于在经济的需求（偏好）和供应（要素）方面既定的微观基础。例如，相对于浮动汇率制度，最新的一般均衡模型允许固定汇率和浮动汇率框架下的福利分析（例如1999年Devereux和Engel的研究）。

一般均衡模型的另外一个值得关注的特点就是它们对于风险的处理方式，在模型中具有代表性的个体具有风险厌恶，因此资本类型，包括货币都可能伴随风险溢价。然而，这些具有代表性的个体框架要求风险被完全分担，因此，均衡条件并不存在非系统性风险的疑虑，只考虑系统性风险。这一点在一般性的均衡模型分析中十分常见。但例如在微观结构中，存在非系统的风险因素会对价格决定产生影响（如第2章介绍的存货风险）。

实证中，一般均衡模型——就像其他三种宏观模型一样——并没有形成与数据相符合的汇率方程，它们并不能推翻或者是解释Meese和Rogoff在1983年所推出的相反结论。在宏观资本分析方面，浮动汇率很多年来的表现始终是一个谜。

6.4 微观基础：信息和制度

和汇率经济学中把重点主要集中在偏好和要素的微观基础不同，微观结构分析方法建立在两个“I”的基础之上：信息（Information）和制度（Institutions），这个区别是我们将要讲到的重点之一。一般均衡汇率模型肯定拥有一个信息范围，但它通常是十分简单的，只包含了一些公共信息。微观结构模型当然包括偏好和效用最大化，但是关于这些偏好的形式是十分简单的，通常局限于名义财富水平而不是包括例如消费和休闲的实际数量型因子。

首先来区分一下要素和制度之间的区别。我们发现在一般均衡模型中的要素主要侧重于实体经济中的供应方面，而偏好则侧重于需求方面。然而在微观结构模型中，实体经济中的供应并不直接发挥作用，而制度却在微观结构模型中发挥作用。[18]制度制定了游戏规则，主导与代理者之间相互作用进而影响结果。（在第 4 章对各个模型主要特点进行了总结，特别是标有“制度”的部分，例如，制度的参与者有哪些，又如哪些信息对参与者是可得的。）由于在一般均衡模型的“要素”左右着相互作用的过程，因此，在这里可以认为“要素”比“制度”更加深刻，更加基础。这是一个理论上的优势，但是在实证上很难验证。[19]

继续对宏微观结构分析法进行比较，图 6.2 把本章的模型和微观结构分析方法相联系。6.1 节中介绍的表明购买力平价的第一个模型就从汇率基本面的商品市场视角出发。然而，它并不能就我们所遇到的具体问题作出完备的微观经济分析。这对于四种资本分析方法模型的前三个来说也同样正确：弹性价格货币模型（FPM）、粘性价格货币模型（SPM）、资产组合平衡模型（PBM）。相比较，第四种资本分析方法模型——一般均衡模型是以具体问题为基础，它强调偏好和要素，而第 4 章中的微观结构模型则强调信息和制度。

我们将在微观结构分析方法中的两个“I”之间关系的分析中结束本节。试考虑这样一个简单的例子，关于制度如何影响信息，以及最终该信息是否具有有限的价格影响。在第 1 章和第 5 章中，笔者提到了一个外汇的“烫手山芋”交易，即交易商之间流动的并伴随着初始的消费者消费的多余存货，会造成交易量放大的效应（它会在多个经销商的风险管理中产生）。现在，如果（1）通过解读指令流可以限定信息造成的价格变动——这对第 4 章中所有的微观结构模型都很寻常，（2）指令流作为交易商风险管理的结果会产生更多噪音，那么制度结构将造成更小的价格影响。这是同步贸易模型中一个主要的观点（4.4 节）。风险管理和信息处理之间的交互关系在微观结构研究中是一个令人振奋的领域。

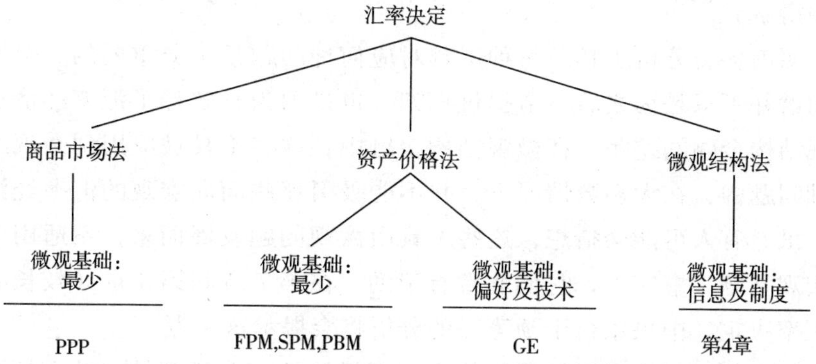

图 6.2

3 种汇率模型研究方法。PPP 为购买力平价模型，FPM 为弹性价格货币模型，SPM 为粘性价格模型，PBM 为资产组合平衡模型，GE 为一般性均衡模型。

6.5　一个错误的两分法：宏观问题和微观问题的对比

虽然微观基础这一概念有助于我们的思考和分析，但是它也可能产生误导，因为汇率经济学中的问题——和金融经济学中的一样——并不能简单地分成微观问题和宏观问题两个方面，而是二者相互的交叉和拓展。如图 6.3 所示。

图 6.3　汇率问题的从微观到宏观的图谱

将问题向更加微观的方向延伸则包含了一些例如市场规划优化、规则有效性和交易成本的决定这些问题，这些是微观结构研究中的最基本的问题。向宏观延伸包含了一些例如中长期汇率决定、远期折现误差以及本土偏好这一类问题（前两个问题将在下一章中作详细的解释）。在宏观与微观之间是那些关于波动性决定、中央银行干预以及交易税的问题（第一个问题将在第 7 章中解释，而第二个问题则会在第 8 章中讲解）。[20]

明确各类分析工具及每种工具对应何种问题是十分重要的。引入这个图谱并不只是为之后章节提供框架，也是因为它解释了汇率经济学和微观结构金融的差距。在微观结构金融中，这些工具被应用到微观经济基础问题中，在大多数情况下，并不能吸引那些面向宏观的汇率经济学家。虽然有人可能会猜想，这些工具由微观问题发展而来，不适用于解决宏观问题，事实上，它们非常有帮助。在第 7 章和第 8 章（较长时期的汇率决定，中央银行干预等）的分析将会揭示这一点。

一个例子或许可以解释为什么汇率经济学家对微观结构持有怀疑态度，这个例子来源于一些引起美国市场微观结构研究团体呼吁的论文（这个团体是国家经济研究部门的一个部分）。这个论文有一系列的主题，这些主题对于定义该团体的章程和议题都很重要。十一个议题都是微观结构的基础，宏观经济学家可能对此较为不屑。这些议题包括：

- 最小运作规模和竞争力
- 交易成本的衡量和控制
- 市场规划的规则和演变
- 流动性的定义、衡量和决定因素
- 替代交易机制的成本和效益
- 跨境上市和证券交易
- 贸易要素和信息系统

- 关于风险管理和金融工程的市场规划的启示

这些议题并不会引起宏观经济学家的注意，另外的三个议题是：

- 金融市场的全球化
- 信息在价格发现中的角色
- 国内和国际在贸易成本上的比较

在这些议题中，只有最后三个中的前两个才能吸引绝大多数宏观经济学家的眼球。对于微观结构工具如何与这些主题的宏观方面相联系还不清楚；最后一个主题和宏观经济学之间的联系也不明显，除非交易成本与本土偏好难题被证明存在某些关联。但是，研究表明，由于较高的外贸成本，外币存款超过本币存款，这与本土偏好是相悖的（详见 1995 年 Tesar 和 Werner 的研究，以及第 1 章注 3）。

结论表明，用微观结构工具做研究的研究人员往往并不将这些方法应用到宏观问题分析上，而那些从事于宏观结果的研究者并不认为投资在那些显然不合适的微观结构工具上是值得的。然而，这些工具被越来越多地应用到宏观外汇问题的分析中，既需要宏观经济学家重新认识这些工具，也需要掌握这些工具的学者将研究向宏观方向延伸。事实上，这两者都在发生。随着进程的持续，宏观和微观分析方法之间的两分法将会逐步消失。

第7章　宏观谜题：对微观结构的挑战

本章将探讨传统的汇率难题并揭示如何运用微观结构工具去解决这些难题。这些难题都较为棘手，所以遗留至今。本章不会对这些疑惑视而不见。笔者的目的是在“微观灯柱”下为解决宏观难题提供一个方向。对于那些不熟悉灯柱比喻的人有必要解释一下，它来自于一个寓言。在黑暗的停车场正中央，一个人在进入自己车子的时候遗失了钥匙。另一位朋友看见他在停车场的角落到处寻找，并且是在明亮的角落寻找钥匙时，他问到：

> “你在干什么？”
> “找我的车钥匙，我上车的时候钥匙掉了。”
> “那你怎么在这里找车钥匙？”
> “因为这里有光线。”

在微观结构的灯柱下是否存在找到汇率钥匙的希望呢？第1章提供了一些证据表明微观结构灯柱并不是很远。在这一章中扩展了那个证据，并揭示灯柱确实在这个关键难题上投下了灯光。这里还为今后微观结构的分析提供了方向。

关键的难题其实有三个，那就是在第1章介绍的“三大问题”：

- 汇率决定之谜：汇率变动与基本面的度量结果之间实际上是没有关系的，即使对基本面的预测结果是很好的。
- 过度波动性之谜：汇率波动的过度是相对于最好的基本面的度量结果而言的。
- 远期汇率偏差之谜：在外汇上的超额收益是可以预测并令人费解的。

第一部分本书用指令流解决了汇率决定之谜，其中借鉴了 Evans 和 Lyons（1999）的最新实证研究。在第二部分中，笔者对比了指令流分析和一个相对较老的方法，即所谓的汇率流量法，该方法采用国际收支流动（例如，经常账户和资本账户）而不是指令流。第三部分回归三大谜题，尤其是过度波动性之谜，基于 Killeen、Lyons 和 Moore（2000）的实证研究。最后一个部分本书将讨论远期汇率偏差之谜，对这个谜题的解释又为本书增加了新的内容。

7.1　汇率决定之谜

自 Meese 和 Rogoff 的研究之后，汇率经济学便陷入危机当中。Meese 和 Rogoff（1983a）的实证研究表明本书的模型存在着经验性的错误：能够被本书中的理论解释的每月汇率变化的比例几乎为零。Frankel 和 Rose（1995，1704，1708）在研究调查中做了如下总结：

> Meese 和 Rogoff 的分析在短时期内无法被推翻或者解释。这将对实证汇率模型和国际金融学领域造成很大的消极影响。这些结果表明，至少是在短期或者中期，基于这些标准的基础因素（比如，货币供给，真实收入，利率，通货膨胀率和经常账户盈余）而建立的模型是无法成功地解释或者预测较大幅度的汇率变化的。[1]

这是一个谜团。为了解决它，人们付诸了巨大的努力[2]

如果这些决定因素不是宏观基本面因素（如：利率，货币供给和贸易盈余），那么又会是什么呢？宏观经济学家主要被两种解释吸引。第一种解释为，汇率决定因素包括外生变量，这被视做典型的投机泡沫。（泡沫是资产的价格的组成部分，这种价格通常是不重要的。泡沫会导致价格上涨，即使有时候会导致崩溃，也会吸引投资者来投资。比如说 1986 年 Meese 的研究，以及 1986 年 Evans 的研究。）但是总体来说，实证检验并不支持泡沫理论。Flood 和 Hodrick 在他们 1990 年的研究中曾总结现有的证据并没有说服力。第二种解释为非理性行为。比如说，某种程度上来讲，汇率是可以被可避免的意外错误所决定的（Dominguez，1986；Frankel 和 Froot，1987，Hau，1998）。先验地来讲，很多金融经济学家觉得这个因素并无说服力。即使有人赞同，仍无法解释非理性行为的出现和汇率的实证计算之间的巨大鸿沟。[3]

这一部分通过运用微观结构方法，汲取 Evans 和 Lyons 1999 年的研究结果解决了决策谜团。这种微观方法的一个优势是它使人们重新将注意力集中到宏观经济学家所忽略的变量上来。Meese（1990）以此为基础提出了一个生动的说法："省略的变量是资产市场模型解释力欠缺的另一个可能的解释。但是，经验主义的调查者已经在他们具体研究中提出了值得思考的观点，所以去考虑在汇率等式中忽略的变量是不容易的。" 在考虑时被忽略的变量中，指令流是最重要的。就像本书在第4 章中提到的，指令流是微观结构模型价格的近似决定因素，除了制度结构。这就保证了指令流所产生的随机因素在不同市场结构中都是很重要的。

宏观和微观因素的混合模型

为了建立宏观和微观分析方法之间的联系，第 1 章介绍了由这两种分析方法建立的模型。那一章中对混合模型的形式是这样定义的：

$$\Delta P_t = f(i,m,z) + g(X,I,Z) + \varepsilon_t$$

其中，$f(i,m,z)$ 是指模型中的宏观部分而 $g(X,I,Z)$ 则是指微观结构部分。在第 4、第 5 和第 6 章中，对利率 i 、货币供应量 m 、指令流 X 以及存量 i 如何在这两部分发挥作用进行了明确的说明（而 z 和 Z 记为未指定的其他决定因素）。从这些章节中本书可以得出的一个很重要的信息，那就是 $f(i,m,z)$ 和 $g(X,I,Z)$ 不仅仅决定于这些因素过去和现在的价值，更大程度上取决于对于未来价值的预期。这也是理所当然的：理性的市场具有前瞻性，因此这些对于未来的预期对于确定当前的价格尤为重要。

虽然把这个程式化的混合模型分成两部分进行分析，但是这两部分不一定是相互独立的。而这个主要取决于一个主要的微观因素——指令流 X，以及它所传达的信息类型。在第 1 和第 2 章中，指令流主要传递两个信息变量——收益率和贴现率。在宏观经济模型中，关于预期收益的信息可以转化为关于未来的信息 (i,m,z)。用指令流来传递关于未来的信息 (i,m,z) 的其中一种方法就是整合个人预期 (i,m,z) 的信息。（作为反映消费者预期的一种测度，指令流反映了人们用金钱来实现他们的目标的愿意，比如实际的期望，相对于那些来源于宏观数据的测度来说，这个测度变化得相对更快。）当指令流传递了收益信息，宏观和微观决定因素就是相互依存的：指令流是价格的一个近似决定因素，但标准的宏观基本要素是价格的基本决定因素。[4]

如果指令流 X 仅仅传递了有关贴现率的信息，那么 (i,m,z) 和 (X,I,Z) 这两组决定因素便是相互独立的。为什么这样说呢？试想一下，假设有指令流所传递的关于贴现率的信息是有关投资组合的平衡效应的（如由风险偏好的变化，对冲需求的变化，或者在不完全替代下流动性需求的变化——造成的贴现率的持续变化——详见第 2 章）。[5] 那么现在，考虑到弹性和粘性价格的两种宏观货币模型。从指令流 X 中产生的投资组合的平衡效应与模型中 $f(i,m,z)$ 具体规定是无关的。这是因为这些货币模型都假设不同的外币资产是完全替代的（也就是说这些模型都遵循无抛补利率平价：资产的区别仅仅是在于它们的计价货币，而它们的预期收益却是相同的）。因此，这些货币模型中的 $f(i,m,z)$ 与不完全替代效应必然是相互独立的。相反的，在宏观资产组合平衡模型中，从指令流 X 产生的资产组合平衡效应与变量 (i,m,z) 很可能相互关联。事实上，在此模型中，由于不完全替代产生的价格效应主要集中在 $f(i,m,z)$ 上。[6]

从图表的角度来考量这个混合模型。图 7. 1 最上面的部分从传统宏观的角度说明了基本要素和价格之间的联系（如第 6 章的模型所反映）。价格是从那些众所周知的基本要素映射得到的。因此，价格的调整是直接并且即时的。图表的中间部分反映了传统的微观结构视图（如第 4 章的模型所反映），这里的重点在于那些还没有公开的基本信息。在那些模型中，信息首先被转化成指令流，它成为价格制定者是否需要对价格进行调整的信号。在图表的底部反映了综合的视图，这个模型同时考虑了直接影响价格的信息以及通过指令流来影响价格的信息这两种可能。如此，本书便可以由数据来决定它们相对的重要性。

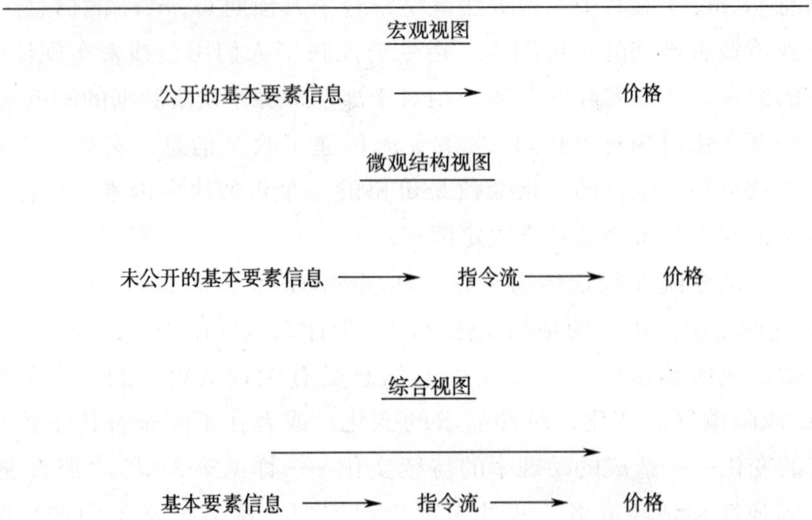

图 7.1　涵盖宏观和微观结构的图形

最上面的部分反映了在传统宏观视角上基本要素和价格之间的联系（如第 6 章中模型所反映的那样）：关于基本要素的信息是公开的，价格可以由此映射得到，因此价格调整是直接并且是即时的。在中间部分的内容是从传统微观结构的视角来阐述（就如第 4 章中的模型所反映的那样）。其关注的重点是那些未公开的要素信息。信息首先要转化成指令流，它是价格制定者决定是否需要调整价格的信号。但现实中的市场包括以上两种情况，也就是最下面的综合视图所体现的那样。

在阐述由 Evans 和 Lyons 建立的混合模型之前，让我们首先讨论一下在建模策略中的一些先导条件。首先，汇率决定因素之谜主要关注几个月甚至几年的汇率变化，而不是每分钟的变化。就如本书在第 5 章中所看到的，在微观结构中绝大多数的研究经验是建立在交易频率的基础上的。第一步就是设计一个在较低频率下的交易模式。在 Evans—Lyons 模型中的几个要点对此具有极大的帮助（会在下文阐述）。其次，由于交易商之间的交易活动越发透明，外汇定价比客户交易指令流更加快速。这个混合模型需要反映这一特点。（在第 4 章的模型中，只有同步交易模型具备这一特点。）最后，这个模型应该为解释图 1.2 中的指令流提供方法。图 1.2 反映了 Evans（1997）数据中交易商之间累计超过四个月的美元兑换马克以及美元兑换日元的指令流流量，与 Evans 和 Lyons（1999）所用的数据集相同。其中一个令人困惑的特点是其持续性：没有明显的证据表明累计指令流存在均值回归，如何与第 5 章中的研究结果保持一致，使那些交易商存货拥有一段非常短的半衰期（也就是如何使其头寸快速恢复到零值）？这在 Evans—Lyons 模型中貌似无法满足。

日频交易模型

这是同步交易模型的一个变形。在回顾第 4 章模型的基础上，笔者重点考虑了它们之间的实质性区别。请注意，图 7.3 对 Evans – Lyons 模型进行了总结。（笔者同样会用图示概括第 4 章的每一个模型。）

在模型中，有 N 个交易商，下标为 i，存在一个非交易商客户（公众）群体的综合体，以及无穷多的交易日。交易商和顾客都有负指数效用函数。在每一天中都有三轮交易：

第一轮：交易商和公众的交易

第二轮：交易商之间分担风险的交易

第三轮：交易商更大程度上为了分担风险与公众进行的交易

图 7.2 标注了每一天内的时间划分。

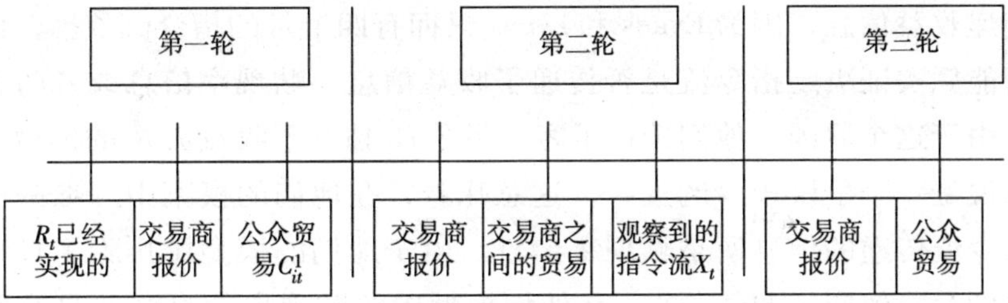

图 7.2　Evans—Lyons 模型中每天的时间划分

在每天开始的时候，持有外汇的报酬为 R_t，是由一连串增量 ΔR_t 所组成的。所以可得

$$R_t = \sum_{\tau=1}^{t} \Delta R_\tau \tag{7.1}$$

收益的增量 ΔR_t 是独立同分布（$i.i.d$），正态分布（$0,\sigma_R^2$），而且在每个交易日之初便被公开。这些已经公开的增量代表了公开的宏观信息的流量——模型 $f(i,m,z)$ 中的宏观部分。具体来说，人们可以将这些抽象的收益增量 ΔR_t 视为利率的变化。

在图 7.2 中，在观察了收益 R_t 之后，每个交易商便会为公众客户设定一个报价。正如同时交易模式中，报价是同时相互独立设定的双向价格。[7] 如果把第一轮中交易商 i 在第 t 天的报价记为 P_{it}^1，Evans 和 Lyons 在方程中认为均衡条件下所有的交易商选择报相同的价格，记为 P_t^1，然后每一个交易商便会收到一个客户指令，记为 C_{it}^1，这个指令将在报价 P_t^1 下执行，当 $C_{it}^1 < 0$ 时表示客户卖出（交易商 i 买入）。N 个这样的客户指令便服从：$C_{it}^1 \sim$ 正态分布（$0,\sigma_C^2$）。

同时，他们是互不相关的交易商，更重要的是，C_{it}^1 是不被公开的，第一轮中的公共总需求中界定为

$$C_t^1 = \sum_{i=1}^{N} C_{it}^1$$

在指定模型中非常重要的一个选择就是客户指令 C_{it}^1 和收益增量流 ΔR_t 之间的关系。这个选择决定了宏观和微观的模型构成部分——$f(i,m,z)$ 与 $g(X,I,Z)$ 是否具有相关性。如果没有相关性，那么指令流将无法传递收益信息，因为 Evans 和 Lyons 只拥有四个月的指令流数据，他们不可能凭实证决定指令流是否传递了收益信息、贴现率信息或者两者皆有。由于这个原因，他们选择了客户指令 C_{it}^1 独立于收益流 R_t 的模型——可以说是一个争议较少的选择。这意味着，在他们的模型中，唯一可以由指令流传递的信息便是贴现率信息。由于他们的模型中排除了日频交易里的存货效应（见下文），在他们模型中的贴现率信息必然是有关资产组合平衡效应的。

第二轮是交易商之间的交易，每一个交易商同时并且独立地报一个标量双向价格 P_{it}^2 给其他交易商，那些交易商之间的报价是可以观察并且对市场中的全部交易商可见的。就如第一轮中 Evans 和 Lyons 所表明的，

参与者:
- N个交易商(风险厌恶并有交易策略)
- 客户的综合体（风险厌恶并无交易策略），全体成员的风险承受能力小于正无穷

信息:
- 每天的外汇收益是R_t，等于其每天的增量ΔR_t之和,每个ΔR_t服从正态分布$N(0, \sigma_R^2)$
- 所有的参与者都在第t天开始时得知R_t
- 在每一天的第一轮，所有的交易商都会接到客户指令C_{it}^1，客户指令C_{it}^1服从正态分布$N(0, \sigma_C^2)$
- 在每一天的第二轮之后，所有的交易商都会得知交易商之间的指令流X_t

制度:
- 在无穷多个交易日
- 每个交易日中，都会有三轮交易，包括客户和交易商间交易、交易商之间交易以其另一轮客户和交易商间交易
- 在每天结束时，交易商都没有多余的头寸

报价：
- 交易商同步独立报价
- 报价对所有的交易商可见
- 报价必须是交易商同意买卖的价格

交易：
- 交易时同步并且是独立的
- 与多个参与者的交易是允许的

图 7.3　Evans—Lyons 模型的总结

所有的交易商都选择报相同的价格，记为 P_t^2，然后每一个交易商独立在其他交易商的报价上进行交易。（对于有相同报价的交易商，在该价位的订单指令将在这些交易商之间平均分配。）本书把第 t 天第二轮交易中交易商 i 的净交易额记为 T_{it}。[8]

重要的是，在第二轮结束的时候全部的交易商会观察那天交易商之间的净指令流：

$$X_t = \sum_{i=1}^{N} T_{it} \tag{7.2}$$

这些指令流的信息对于模型是十分重要的，因为它传递了在第一轮

中公开指令流的规模和流向，为了理解，Evans 和 Lyons 设计了交易商之间的交易规则，得到

$$T_{it} = \alpha C_{it}^{1} \tag{7.3}$$

α 是一个常数（正）系数，在第二轮中每个交易商之间的交易与第一轮中获得的客户指令是成正比的。这就表明当交易商看到交易商之间的指令流为 $X_t = \sum_i T_{it} = \alpha C_t^1$ 时，他们可能会推测在第一轮中公开的指令流之和 C_t^1 。

在第三轮中，交易商便会和非交易商公众共同承担隔夜头寸的风险。这一特点在这个模型与高频交易模型的区别中十分重要。（在同步交易模型中公众是不能重新进入的，因此不能承担交易商的风险。）不像第一轮那样，第三轮中公众的交易是非随机的。要启动这一轮，每个交易商必须同时相互独立地报一个标量双向报价 P_t^3（同样是同一价格）这些报价很大程度上对公众而言是公开可得的。

由 Evans 和 Lyons 建立的一个关键假设是交易商在第三轮中设定价格，使得公众愿意接受全部交易商的存货，因此每个交易商在一天的结束时没有净头寸。[9] 在现实中，对外汇交易商来说通常的做法也是在一天结束的时候没有净头寸，这部分在第 5 章的实证研究中可以找到。这一假定条件在日频交易中排除了存货效应（交易商不持有过夜头寸）。在第三轮中交易商用来吸引公众吸收其多余头寸的实际报价取决于第二轮中交易商之间的指令流 X_t： 这些交易商之间的指令流表明了公众可吸收的全部头寸的规模（记为 $X_t = \alpha C_t^1$）。

更确切地说，为了确定第三轮中的价格，交易商需要知道两件事情：公众需要的全部头寸（可以从 X_t 了解），以及公众的风险承受能力。关于后者，公众对于外汇风险的承受能力假定小于正无穷（即 Evans 和 Lyons 假定外币和本币资产之间不是完美的替代品）。这是关键的假设：它为模型中价格的资产组合平衡效应留下了空间。与负指数效用函数一致，公众对第三轮中全部的外汇需求，记为 C_t^3， 是预期收益对公共信息的条件期望的线性函数：

$$C_t^3 = \gamma E[\Delta P_{t+1}^3 + R_{t+1} \mid \Omega_t^3] \tag{7.4}$$

正系数γ刻画了公众的总体风险承受能力，γ越大意味着公众为了获得更大的预期收益而愿意接受更多的外汇头寸，Ω_t^3是在第三轮的交易中可以得到的公共信息（它包括全部的R_t和X_t）。

价格关系

Evans 和 Lyons（1999）说明，在第t天结束时的价格是[10]

$$P_t = \beta_1 \sum_{\tau=1}^{t} \Delta R_\tau + \beta_2 \sum_{\tau=1}^{t} X_\tau \tag{7.5}$$

因此在$t-1$天结束到第t天结束的价格变化可以写成

$$\Delta P_t = \beta_1 \Delta R_t + \beta_2 X_t \tag{7.6}$$

在公式中β_2是一个取决于γ和α的正常数[11]，这并不难以解释，价格的变动中包括盈利增长ΔR_t：在此过程中，增量ΔR_t成为一个已知的（即无风险的）每天持续收益量R_t的组成部分，并且它的贴现值将反映在价格中（β_1）。

笔者将为投资组合的平衡效应提供一些直觉的理解——$\beta_2 X_t$，这一项是必要的价格调整，从而促进对于每个交易日开始时的随机指令流C_t^1进行再吸收。参数β_2的值将保证在第三轮交易中下式成立：

$$C_t^1 + C_t^3 = 0$$

也就是说，交易商没有净隔夜头寸，为了理解这和指令流的关系，回顾第三轮价格所依靠的两个因素：公众的风险承受能力（概括为γ）以及公众所需要的全部的头寸。如上所述，交易商从指令流X_t了解公众所需要的全部的头寸，这将产生交易商间的指令流和随后的价格调整的关系。

下面通过一个例子来说明一下，在方程（7.5）提到，考虑在第t天结束时的价格，那么接下来一天的收益R的增量ΔR_{t+1}便是不确定的，但是之前全部变现的收益增量ΔR是已知的，并体现在价格中。（但是对未来值的预期并未在方程7.5中考虑进去，因为规范的ΔR_t和C_t^1作为独立分布在不同的时间均值为零。）为了了解资产组合的平衡项$\beta_2 \sum_\tau X_t$，回想等式

$$X_t \equiv \sum_{i=1}^{N} T_{it} = \alpha C_t^1$$

可以将其表述为

$$\sum_{\tau=1}^{t} X_\tau \propto \sum_{\tau=1}^{t} C_\tau^1$$

资产组合的转移 C_τ^1 之和反映了“有效的”资产供应的变化，从这个意义上讲，净供应的增量将转移出去并被公众投资者吸收（这里基于供应来阐述以便与第6章中的传统资产组合平衡建立联系）。总供应量的增加是指过去资产组合转移的总和。

$$\text{供应的净增量} = -\sum_{\tau=1}^{t} C_\tau^1$$

以资产组合平衡模型的标准来看，供应量的增加会降低价格，而减少供应量则会引起价格的上升。这就是在方程（7.5）中负的累计 X_t 会降低价格的原因：如果累计 X_t 是一个负值，那么意味着累计 C_t^1 也是负的，它是一个供应的净增量，需要价格的降低才能出清市场。X_t 是一个变量，它会传递一些降低净供应量的信息（C_t^1 是不可知的）。P_t 取决于 X_t 之和，因为供应量 C_t^1 的逐渐降低都需要价格的持续增加。

下面是一个简单的图例，主要说明了该模型的基本经济运作情况。图7.4给出了一个单周期的例子，在时间1时实现了不确定收益 V，市场出清差额 $E[V]-P_0$——风险溢价——是风险资产的净供应量的函数。在传统的资产组合平衡模型中（见第6章），需求 D 是相对收益的函数，供应 S 是随时间变化的。也就是说，P_0 可由 $D(E[V]-P_0)=\tilde{S}$ 决定，“~”表示随机变量。在这些传统模型中，供应量 S 的变化与 $E[V]$ 是无关的；市场出清价格的变动方式类似于固定收益的债券的价格变动方式，必须随着预期收益不断调整。

但是Evans—Lyons模型就不一样了，在他们的模型中，（总）供应量是固定的，但是由于需求的变化与 $E[V]-P_0$ 无关，所以本书所称的净供应量是随着时间变化的，这些需求的变化是 C_{it}^1 的结果[12]，从概念上看，他们的模型形式为 $D(E[V]-P_0,\tilde{C})=\bar{S}$，其中 $\bar{S}$ 便是固定的总供应量，$\tilde{C}$ 表示净供应量的变化，也就是说，需求的变化和 $E[V]-P$ 是无关的。在单周期中，在 $t=0$ 时 $\tilde{C}$ 的值越高，公众需要吸收的净供应量就越少，市场出清价格也就越高（保证存货达到均衡）。因此在某种意义上说，多阶段的 Evans—Lyons 模型类似于单周期模型，其净供应量在交易进行之前是经过多次调整的，每一次净供应量调整的时候都需要价格进行比较大范围的调整。

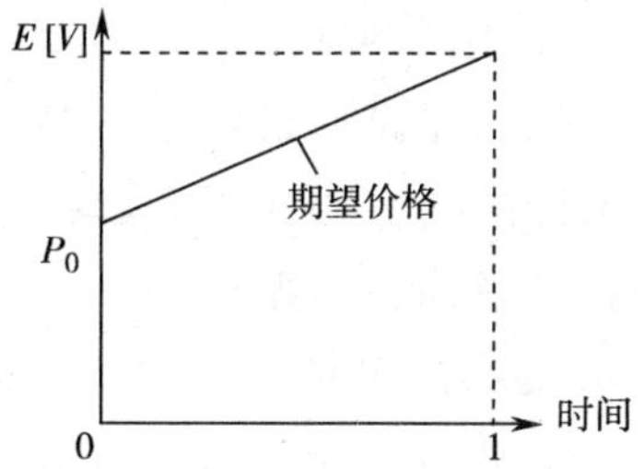

图 7.4 资产平衡效应：单周期的例子

市场出清缺口 $E[V]-P_0$ 是风险资产净供给的函数。在传统的资产组合平衡模型中，总供给的变动是驱动因素。在 Evans—Lyons 模型中，总供给是固定的，但净供给由于需求（与 $E[V]-P_0$ 无关）的变动而随时间改变。这些需求的变动是 C_{it}^1 的外生的体现形式。与单周期例子中资产组合平衡效应的消散不同，Evans—Lyons 模型中的价格效应不会消散，这是因为收益不确定性随着时间的推移得到平滑地解决。

对比方程（7.5）中的价格关系和第4章中方程（4.20）同步交易模型中的价格关系，最关键的区别就是 X_t 传递了不同种类的信息，虽然这一点在方程中并不明显。在 Evans—Lyons 模型中，X_t 仅仅传递着一些关于资产组合平衡效应的信息：每天的存货效应在没有隔夜交易头寸的假设下是被排除的，同时收益信息也是被排除的，这是因为假设 C_{it}^1 和收益增量 ΔR_t 是没有相关性的。另一方面，在同步交易模型中，被排除的则是资产组合的平衡效应：模型中公众在第二阶段不会交易，因此交易商必须在 V 实现前持有多余的头寸，因为没有公众分担风险，在公众层面的风险溢价将不会增加。同步交易模型的这个特点更加适合盘中分析而不是低频交易分析，然而，同步交易模型包含了 Evans—Lyons 模型中排除的两种指令流信息：收益信息以及存货效应信息。通过交易商之间的指令流 X 两者都在同步交易模型中发挥作用，指令流 X 在模型中传递收益信息是因为交易商之间的交易包含了私人收益信息。指令流 X 用同样的方式在 Evans—Lyons 模型中传递着关于资产组合效应的信息。较大的 X 意味着公众越大的初始申购，因此交易商需要承担更大的做空头寸，这个头寸的大小将会通过存货效应影响价格。

在讨论 Evans—Lyons 模型的结果之前，需要强调他们模型中的另一个重要特点，回想一下，他们建模的目标之一是为了理清图 1.2 中指令流的行为，具体地说，累计的指令流让人费解：没有明显的证据表明累计的指令流存在均值回归，然而，根据经验，个人交易商的存货有一个短暂的半衰期。这两个事实如何保持一致呢？Evans—Lyons 模型提供了一种解释，首先，模型中交易商的存货是暂时的：没有一个交易商会持有过夜头寸，与此同时，模型中交易商之间累计的指令流是持续的——事实上符合随机游走的（也就是不会发生均值回归）。从方程（7.2）和（7.3）中可以看出随机游走的关键因素。在一天的开始阶段，交易商之间的指令流是与公众的指令流成正比的。因为公众的指令流对于交易商和时间是独立同分布的，交易商之间累计的指令流会满足随机游走。最后，这些看似不协调的事实实际上是一致的，因为最终，交易商只能通过和公众交易处理存货，因此这个过程是不能由交易商之间的指令流反映出来的。[13]

Evans—Lyons 结果

Evans 和 Lyons 估计的方程式如下：

$$\Delta p_t = \beta_t \Delta(i_t - i_t^*) + \beta_2 X_t + \eta_t$$

其中，Δp_t 是从第 $t-1$ 天结束到第 t 天结束这一天当中的即期汇率对数值的变化（DM/ \$或 YEN / \$），$\Delta(i_t - i_t^*)$ 是从第 $t-1$ 天到第 t 天隔夜利率差（$*$为德国马克或日元）的变化值，X_t 是从第 $t-1$ 天结束到 t 天结束的交易商之间的指令流（负值表示美元销售净额）。

相对于方程（7.6），本公式有两处变化。首先，方程（7.6）中的收益增量ΔR_t，在模型中代表了新的宏观信息，或者说f（i，m，z）。在估计过程中，Evans 和 Lyons 必须决定哪些因子包含在ΔR_t的回归中。他们选择将名义利率差的变化包含在内，也就是说，他们定义$\Delta R_t = \Delta(i_t - i_t^*)$，公式中$i_t$是美元名义利率，$i_t^*$为非美元（德国马克或日元）名义利率。作为宏观基本面变化的测度，利率差显然是片面的。Evans 和 Lyons 没有指定一个全面的宏观模型，是因为其他宏观经济变量（如货币供应量，产量等）并不能获得每天的数据。因此，该模型不可能兼顾宏观和微观方面。同时，如果只选择将单一的宏观要素包括在内，这个要素将是利率：利率差是在宏观模型中汇率变化的主要影响因素（例如在粘性价格货币模型中）。[14]此外，运用利率差的变化量而不是用利率水平，更符合金融宏观模型：在货币模型中，对价格的冲击均是由超预期的利差变化驱动的。[15]

公式（7.7）相对于公式（7.6）的第二个变化是，用每日价格ΔP_t对数值的变化替代了ΔP_t的价格水平变化。这使它们比以往的宏观模型更易于直接估计，因为这些变量使用对数的变化值（相当于百分点的变化）。使用Δp_t是无关紧要的：这两种不同的度量针对价格变化研究而言，产生的结果几乎相同。

表7.1是使用每日 DM/＄和 Yen/＄汇率数据对 Evans 和 Lyons 模型（公式7.7）作出的估计。指令流X_t中系数β_2的符号方向是正确的，而且是显著的，这从两个方程中它们的t检验值均大于5可以看出。为了验证指令流符号的方向是正确的，可以回想模型中的美元购入净值X_t，应导致更高的 DM 对美元的价格。传统的宏观基本要素——利率差，符号是正确的，但只有在日元方程中才有显著性。（该符号应该是正的，例如在粘性价格货币模型中，美元利率i_t的上升会立即造成美元的升值——导致 DM/＄的增加——第6章。）

对比传统的宏观模型，本模型的总体优势非常明显，R^2统计量在德国马克和日元方程分别为64%和45%。此外，这些回归的解释能力几乎完全是基于指令流：仅用Δp_t对$\Delta(i_t - i_t^*)$作回归分析，加上一个常数，所得的R^2统计量在两个模型中都不到1%，$\Delta(i_t - i_t^*)$的系数在5%水平不显著。[16]一旦指令流计算在内，该利差则具有显著性，至少在日元方程中是这样，这与只包含利率的模型中的忽略变量偏差一致。

表 7.1　　Evans & Lyons 模型的估计

$$\Delta p_t = \beta_1 \Delta(i_t - i_t^*) + \beta_2 X_t + \eta_t \quad (7.7)$$

	β_1	β_2	R^2
DM	0.52	2.10	0.64
	(1.5)	(10.5)	
Yen	2.48	2.90	0.45
	(2.7)	(6.3)	

t 统计量显示在括号中。（在德国马克方程中，t 统计量对异方差进行了修正，日元模型中没有存在异方差的证据，两个模型中都没有存在序列相关的证据。）因变量 ΔP_t 是在格林威治时间 $t-1$ 日下午 4 点到 t 日下午 4 点之间的日间汇率变动（德国马克/美元或日元/美元）。回归变量 $\Delta(i_t - i_t^*)$ 是从 $t-1$ 日到 t 日的一日利差变化（ * 为德国马克或日元，以年为单位）。回归变量 X_t 指格林威治时间（$t-1$）日下午 4 点到 t 日下午 4 点之间交易商间指令流（负值代表净美元销售额）。这一估计使用最小二乘法。样本横跨 4 个月（5 月 1 日至 8 月 31 日，1996 年），包含 89 个交易日（几乎没有周六和周日的指令流，将其包含在周一）。

指令流系数的大小与建立在单交易商数据上的估计相一致，见第 5 章。表 7.1 中德国马克模型的值为 2.1 的系数表示购入比销售多 1 000 美元的交易日中德国马克价格 2.1% 的上升。[17]在一个有 390 万美元平均交易规模的样本中，这意味着 10 亿美元的净购买额增加了以美元计价的马克 0.54 个百分点。

同样，1.5 马克/美元的即期汇率条件下，1 亿美元的净购买额增加了 0.8 芬尼的德国马克价格（以美元计）。转到第 5 章的估计，单一交易商层面的结果表明，信息不对称导致交易商每收到 1 000 万美元的买入指令，将把德国马克的价格提高百分之一芬尼（0.0001DM）。如果做相应转换，相当于每 10 亿美元对应着 1 芬尼。而 Evans 和 Lyons 模型发现，每 10 亿美元对应 0.8 芬尼。虽然对单个交易商的估计量进行线性外推

（建立在单指令 1 000 万美元规模基础上）至 10 亿美元的指令流并不能对单交易商价格弹性进行准确的描述，但是如果涉及到多交易商，从整个市场范围内看，可以对市场价格弹性进行很好的描述。

稳健性检验

为了检验模型的稳健性，Evans 和 Lyons 测试了本模型作出一些明显变动后的表现。第一，它们在回归中包含一个常量，尽管该模型并不必需常量；这个常量对两种货币都无关紧要，并对其他系数没有实质性影响。第二，从无抛补利率平价的角度看，他们对利率水平作了不同程度的改变；结果表明利差的水平在这两种货币模型中都是不显著的。第三，他们测试了简单的非线性形式，如添加一项指令流的平方项，或分段线性测试。虽然指令流平方在两个方程中都是不显著的，并且没有证据证明德国马克模型中存在分段线性，但有证据表明日元模型中存在分段线性（在方向向下时的指令流有更加敏感日元/美元价格，尽管两个方向上的估计都是正值并非常显著）。第四，他们测试指令流与价格的关系是否取决于交易活跃性的总水平。他们发现：在德国马克方程中，交易活跃性处于中等水平的几天中，指令流的系数最低（U 形模式）；在日元方程中，他们发现指令流系数最低的情况，发生在交易量处于较低水平时（即系数随交易活跃性提高而增加）。[18]他们的模型没有足够的样本量来结构化地反映这些系数变动的情况。第五，Evans 和 Lyons 把同时点的指令流分解成可预期和不可预期的指令流（由过去的指令流预测未来指令流）。在他们的模型中，所有的指令流 X_t 是无法预期的，但数据的实际情况却不是如此（事实上，每日指令流基本上是无法使用历史指令流来预测的）。他们发现，正如人们所预料，指令流的解释力来源于它超出人们预期的部分。

是不是只要需求增加就能使价格上升?

乍一看，似乎 Evans 和 Lyons 的结果恰好源于经济学入门课程：当需求上升时，价格必然上涨。但这种观点却忽略了最重要的部分。教科书式的汇率模型（第6章）有一个前提，就是不需要指令流来推动价格波动。相反，当公众信息到达时，理性市场随时调整价格（无须交易，新信息导致的需求将导致价格变动）。指令流可以解释如此大比例的价格波动凸显了公开信息解释能力的不足。实际上，真实外汇市场中信息发挥的作用比模型中假定的更加微妙，这在我们对指令流所做的回归中可以看到。

什么因素驱动了指令流?

对微观结构方法的重要挑战是确定哪些因素驱动指令流，即基本要素/指令流/价格链（图7.1）中的第一链条。如下是解决这一难题的三种可能策略。策略之一是分解指令流。例如，交易商之间指令流可以来自大银行与小银行，或投资银行与商业银行。客户指令流的数据集可以来自非金融公司，杠杆金融机构（如对冲基金），以及非杠杆金融机构（例如，共同基金和养老基金）。是否所有这些交易类型都有相同的价格影响？有人认为不同类型的指令流是无差异的。事实上不是这样的，本书在第9章会讲到。某些类型的指令（例如来自金融机构的）会传达更多的信息，因此有更多的价格影响力。那些认为指令流是分不出类型的人们忽视了这种分析——他们忽略了这样一个事实——指令流是一种传递信息的媒介。了解不同交易类型的信息密度可以使我们更接近这个市场的基本信息结构的真实情况。

第二个确定驱动指令流的力量的策略主要集中在公共信息强度，举个例子，假定每个阶段中都按照事先安排好的时间节点来发布宏观信息，那么在这些阶段，指令流是否会造成价格的小部分变动呢？抑或指令流会是价格的一个及其关键的驱动，帮助协调人们从公共信息映射到价格之间的差异？沿着这些思路，也有助于阐明指令流的驱动力。[19]

第三种确定驱动指令流的力量的策略主要集中在从贴现率信息中甄别收益信息。如果指令流传递了收益信息，那么它必定预测一些主要的宏观变量例如利率、货币供应量以及贸易余额。新的指令流数据库涵盖了多年的外汇交易信息，比如在第9章中研究的数据库——为我们的测试提供了足够的统计支持。从宏观层面来说，区分非公开信息的两种类别涉及我们对“基本面”的定义。那些反映了一些诸如未来利率期望的收益信息的指令流保持了汇率基本决定因素的传统定义。但是反映了贴现率变化的指令流可能包括一些非传统汇率的决策因素（例如，金融机构风险承受力的变化，或者是对冲需求的变化），这也许需要对基本面有更宽泛的定义。

因果关系评价

在 Evans—Lyons 模型的零假设前提下，从指令流到价格有严格的因果关系。因此，他们的估计是不受联立性偏差的影响的。（不像传统的供求识别问题，Evans 和 Lyons 没有简单地将价格回归到数量交易量，也就是说数量和指令流是两个完全不同的概念。）由于微观结构理论适用性更加宽泛，这种因果关系是规范的：它严格遵照第 4 章中构建的模型（例如凯尔拍卖模型、序贯交易模型以及同步交易模型），尽管价格和指令流是同步决定的。在那些模型中，价格的变动源于指令流变动，而不是相反的顺序。换种说法，指令流确实是价格变化的原因，但是只是一个近似的原因，根本的原因是那些关于收益或者是贴现率的非公开的信息。

虽然在零假设的前提下不存在联立性偏差，但是在替代假设下由于因果关系颠倒，联立性偏差确实存在。最近引人关注的一个例子发生在特定时段的特定市场：1998 年 10 月的美元/日元市场（在对冲基金长期资本管理公司倒闭之后）。在那个案例中，有证据表明一些悲观的参与者大量卖出美元引起美元价格的下跌，从 130 日元/美元下跌到 118 日元/美元。随着事情的发展，投机者在经受大量损失之后试图止损，他们在下跌的市场中不得不卖空，使得市场进一步下跌。在这种情况下，因果关系似乎是双向的。将在第 9 章把它作为一个案例，用那段时间实际的指令流数据做研究。

7.2 指令流分析法

第6章中用现代的方法分析了汇率。在第6章没有涉及到的“前现代”的方法是收支流平衡分析法（宏观经济学家简单称之为指令流分析法；另见第1章注1）。鉴于微观结构分析方法强调指令流，那么微观结构和指令流分析法之间是否存在关联呢？两者在利率决定时都强调交易的作用。从这个意义上来说，微观结构分析方法在早期的著作中就有先例（例如，1937年Robinson和1939年Machlup的研究以及最近的1996年Rosenberg的观点）。但是，尽管那两种方法有明显的相似性，但是在具体方式上却是有区别的。

首先让我们回顾一下指令流分析法，这是商品市场分析法的拓展（第1章中介绍）。在商品市场分析法中，对于货币的需求主要来自商品的买卖。举个例子，出口的增加会导致外国需要更多的本币来支付进口的商品，在这个比较简单的形式中，比较直接的意义便是：贸易顺差的国家的货币会升值（这是由顺差引起的货币需求）。在指令流分析法中，货币的需求不仅源于商品的流动，也源于资金的流动。（前者在国际收支的经常账户体现，后者则是在资本账户体现。）举个例子，海外投资的增加会引起外币需求的增加以支付那些投资。

这个解释包含了指令流和微观结构分析法中三类区别中的两个。首先，在指令流分析法下，汇率决定仿佛是商品市场的一个副产品，从这个意义上说，汇率不是由其投机市场决定的。结果就是流量分析法模型很可能不符合现代化金融市场的效率标准。（举个例子，公开可见的信息可以在指令流分析法模型中使用以取得超额的投机回报。）而微观结构分析法却是不同的，汇率是由投机市场决定的。所有的投资者都希望持有货币，并且只有拥有额外信息的人才可能赚取超额投资收益。[20]

在指令流分析法的解释中第二个主要的区别就是它特别关注收支账户的平衡。经验上来说，这是指令流分析法的缺陷之一，因为这些特定的指令流对于汇率的解释力很小（Meese and Rogoff，1983a）。微观结构分析法则侧重于那些价格的制定者（交易商）可以看到的指令流，这不必符合收支交易的平衡（见9.1节）。

指令流和微观结构分析法的第三个区别是它们对于预期的对待方式不同。为了说明这一点，考虑第7章中对理性预期模型的说明，理性预期模型中主要的观点是价格不能简单出清市场，它们也传递着信息。早期对具有不同信息的交易者均衡的分析忽略了价格对预期的影响。这是指令流分析法与微观结构分析法的一个重要区别。在这两种分析方法下，汇率是由指令流决定的。然而在指令流分析法下，指令流与价格并不会为投资者提供更多的信息。但在微观结构分析方法中，指令流可以为投资者提供信息，并且不同类别的指令流可以传递不同的信息量。这些信息是市场需要包容并体现出来的，微观结构理论对这个过程进行了描述。[21]

考虑上一节的Evans—Lyons模型。在他们模型中一个重要的特点就是指令流扮演着两个角色。第一，保持预期不变，指令流通过传统的方式出清市场影响价格。第二，指令流也会改变预期，因为它传递着一些非公开信息。也就是说

$$\text{价格} = P[X, B(X, Z_1), Z_2]$$

价格 P 直接和间接地依赖于指令流 X，间接的影响主要通过预期 B（X，Z_1）实现，其他的决定因素记为 Z_1 和 Z_2。这些信息是在早期对具有不同信息量的交易者所达到的均衡进行分析时所忽略的。由于理性预期的出现，忽视了那些源于指令流的信息影响的模型变得不是那么引人注意了。

7.3 过度波动现象之谜

这部分着重解决三大谜题之二：过度波动现象。之所以称之为过度波动是因为汇率的变动比我们对基本面的衡量分析的结果更大。尽管其他的资产市场也有这种特性（例如股票市场，见Shiller 1981），外汇市场的这个谜题在很多方面是不同的。[22]例如，考虑到这样一个现象，大多

数汇率不是自由浮动的，许多是被中央银行干预管理的。这使得解决这个市场的过度波动问题的方法与其他市场的不同。要理解其中的原因，首先注意有干预管理的汇率通常波动性更小。在这种前提下，可以通过比较有着不同程度干预的汇率制度来找出波动性不同的原因，从而阐明波动性的原因。这种方法在文献中很常见（例如 Flood 和 Rose 1995，Killeen，Lyons 和 Moore 2000a）。本书列出的分析主要建立在 Killeen，Lyons 和 Moore（KLM）的实证研究成果上。

在述评 KLM 的研究成果之前，将列出解决汇率波动性的“跨制度”方法的更多观点。[23]为什么相似的宏观环境下，当汇率自由浮动时产生更大的波动性？关于这个问题主要有两个解决方法，一个是理论的，另一个是实证的。理论方法由 Dornbusch（1976）在他的粘性价格货币模型（见第 6 章）中首先提出。Dornbusch 指出当商品价格是粘性的而汇率是自由变动时，经济震荡对汇率有着不相称的较大的影响，即所谓的超调。从过度波动的角度出发，粘性价格货币模型产生了一种“放大”作用，这也许能解释浮动汇率比基本要素变动更大的原因。然而，这种理论解释并没有被实证证明：粘性价格模型并不符合实际数据。

第二个解释浮动汇率过度波动的主要方法是实证上的。一个很好的例子是 Flood 和 Rose（1995，5）提出的跨制度逻辑：

> 直观上，如果汇率的稳定性随制度的不同而提高，并且不伴随有相应的宏观经济因素的波动变化，那么宏观经济变量就不能解释巨大的汇率波动。因此现有的模型，例如货币模型，就无法通过我们的检验。实际上，任一种潜在的依靠标准宏观经济变量的模型都是如此。我们作出这样的结论：汇率波动性的关键决定因素大多与宏观经济变量无关。

这里的中心思想由 Flood—Rose 的结论开始，即有管理的汇率并不改变基本要素的波动性（基本要素参见第 6 章的模型描述）。所以，如果因为管制而使利率波动性的减少并不来自那些基本要素的改变，那么应该也不会是汇率波动性的决定因素。在某种程度上，Flood—Rose 的结论使谜题更费解了。

KLM 采取了不同的策略——他们利用了一种自然的实验，即欧洲货币体系到欧洲货币联盟的转变，这在制度上是由汇率目标区向刚性固定汇率的转变[24]。从 1999 年 1 月开始，欧元区国家货币的汇率已严格固定。然而，在 1999 年 1 月之前，尤其是 1998 年 5 月之前，关于哪些国家将加入欧洲货币联盟仍有不确定性。关于利率统一（只能在采取欧元作为货币的国家间进行）的时机也存在着不确定性。

KLM 对于这个实验的分析使他们得出了如下的精妙结论：由于指令流的原因，浮动汇率更易波动。在浮动汇率制下指令流传达了更多的信息，这增加了波动性。固定汇率制会阻止指令流传达信息——带来收益的驱动作用消失了。这种情况产生的原因，直观上与需求弹性有关。在浮动汇率制度下，由于较高的波动性和由此带来的对于风险的厌恶，公众需求的弹性是较低的（从内生性上）。这为 Evans—Lyons 模型中产生的资产组合平衡效应提供了可能，并使指令流可以传达此种效应的信息。在固定汇率制下（极为可信地），公众需求的弹性是无限的：回报的波动性降为零，使持有外汇近乎无风险。这消除了资产组合平衡效应并阻止了指令流传达此类信息，结果致使指令流没有发挥收益驱动的功能。[25]

图 7. 5 为 KLM 的结论提供了一个初步的、建议性的解释。这揭示了法国法郎兑德国马克的汇率和累计指令流（EBS 交易商间的指令流）之间的关系。垂直的虚线代表 1998 年 5 月 4 日，是参与欧元区的各国货币宣布兑欧元汇率后的第一个交易日。在 5 月 4 日之前这两个序列之间显然是正相关的：相关度为 0. 69。在 5 月 4 日之后，甚至是在此前一小段时间，市场上有德国马克多头头寸的急剧的平仓，但却没有相应的汇率变化。指令流对汇率的作用看来已经由明显有影响到没有影响（尽管汇率整体的变动很小，从交易的角度看当年 1 月至 5 月期间这种变动是很明显的）。KLM 模型提供了一种更加正式的框架来解决这个问题（下面将开始论述此问题）。

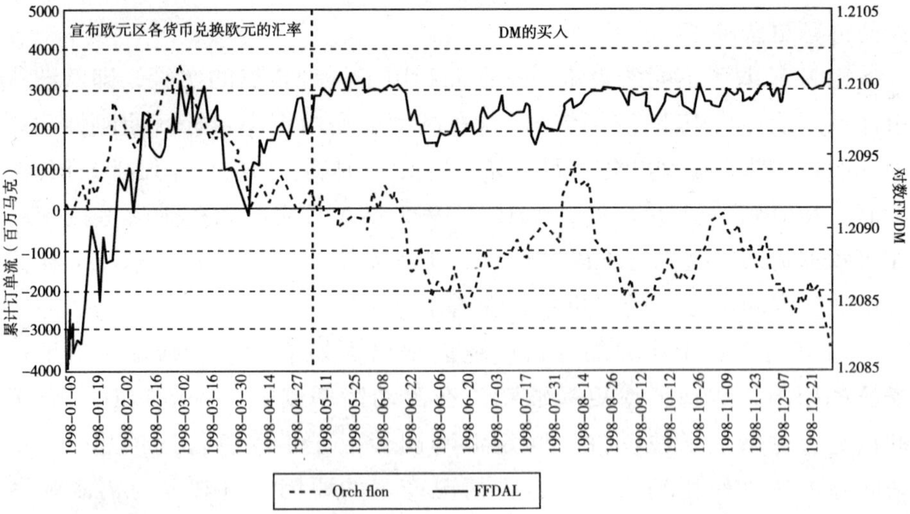

图 7.5

FF/DM 汇率（实线）与累计交易商间指令流（虚线）的水平，EBS，1998 年。

Killeen—Lyons—Moore 模型

KLM 模型是 7.1 节中 Evans—Lyons 模型的变异。这两个模型中的日内交易结构是一致的（相应地，将对两种模型的差异作出最充分的解释）。最关键的区别是日间交易结构。在 KLM 模型中，交易制度选择两种制度中的一种，固定汇率制度跟浮动汇率制度。由浮动汇率制度向固定汇率制度的转变是一个随机事件，其概率在每个交易日末（在所有的交易之后）都是一个常数 p。一旦变成固定汇率制度后，它就无限期地保持不变了。这个设定有两个重要的优势。首先，浮动汇率制中外汇定价的有效基准是一个常数。其次，参数 p 为描述制度或远或近的转变提供了一种简洁的方法。

设每个交易日 t，外汇收益为 R_t，包括一系列增量：

$$R_t = \sum_{\tau=1}^{t} \Delta R_\tau \tag{7.8}$$

ΔR_t 增量每天在交易前都可以公开观测到。像以前一样，这些增量代表公众获取的宏观信息（例如利率）随时间的变化。在浮动汇率制度下，ΔR_t 增量是独立同分布的，服从 N（0，σ_R^2）。在变为固定汇率制的第一天上午，央行可信地承诺按照前一天的结束交易价格钉住汇率并保持 $\Delta R_t=0$。外汇交易者和客户都有相同的负指数效用，绝对风险厌恶系数为 θ。无风险资产的总收益为 1。

图 7.2 和图 7.6 分别描述了模型的日内交易和日间交易时间（参见图 7.2 对 Evans—Lyons 模型的述评）。每天都有三轮交易：首先交易商与公众交易，然后交易商之间交易（来分担头寸风险），最后交易商再与公众交易（更广泛地分担头寸风险）。图 7.6 描述了两种交易制度，用 T 来表示浮动汇率制度下交易的最后一天。

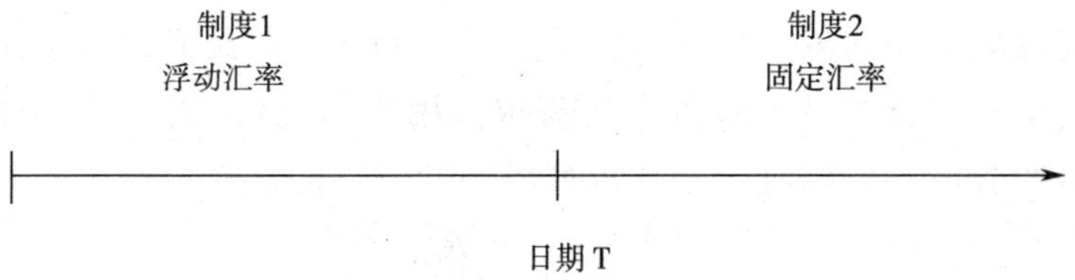

图 7.6

两种汇率制度。浮动汇率制度下，收益增量 ΔR_t 为正态分布，均值为 0。方差为 $\sum_R$。从浮动汇率制度向固定汇率制度的转变是一个随机事件，设该转变发生在第 T 天。当转换为固定汇率制度后则维持固定汇率不变。在固定汇率制度的开始，中央银行（有可靠性）承诺按照前一天的收市价格钉住汇率并保持 $\Delta R_t=0$。

每天都从公众对收益增量 ΔR_t 的观测开始。每个交易商对其客户报价，用 P_{it}^1 表示，然后得到客户指令 C_{it}^1 并按其报价交易（$C_{it}^1<0$ 表示客户净卖出——交易商 i 买入）。每个 C_{it}^1 服从如下分布：

$$C_{it}^1 \sim N(0,\sigma_C^2)$$

它们与交易商无关，与收益增量 ΔR_t 无关。这些指令代表非交易商公众的外生投资组合的变化。无论在何种汇率制度下，这些指令的成交每天都会发生并且不可被公开观测到。第一轮交易中定义了累计的公众需求：

$$C_t^1 = \sum_{i=1}^{N} C_{it}^1$$

在第二轮交易——交易商内部交易环节中，每个交易商给其他的交易商报价。这些报价对于每一个交易商来说都是可观测的和可以交易的。然后每一个交易商按其他交易商的报价交易（对于有相同报价的交易商，位于该价格的指令在他们中间平均分配）。T_{it} 表示在第二轮交易中由交易商 i 发起的（净）交易（负值表示卖出）。在第二轮交易结束时，所有的交易商都可以观测到交易商间的指令流 X_t：

$$X_t = \sum_{i=1}^{N} T_{it} \tag{7.9}$$

正如 Evans—Lyons 模型中所描述的，每一天的第三轮交易，交易商和非交易商的公众共担隔夜风险。与第一轮交易不同的是，公众在第三轮交易的动机是非随机的。最初，每个交易商报出价格标量 P_{it}^3，并在此价格上愿意买卖任何数量。这些报价是可观测的，并是面向公众交易的。在第三轮交易中公众对风险资产的需求，用 C_t^3 表示，比无限弹性时小。根据之前的假设，可以将公众需求列成预期收益的线性函数：

$$C_t^3 = \gamma E[\Delta P_{t+1}^3 + R_{t+1} \mid \Omega_t^3] \tag{7.10}$$

这里 $\gamma \propto Var^{-1}[\Delta P_{t+1}^3 + R_{t+1}]$。

在 7.1 节中，γ 的正系数表示了公众需求的弹性——公众加总的风险承受能力。在 t 日交易的第三轮交易中，Ω_t^3 包含的信息是可以被公众获知的（包括所有过去的 R_t 和 X_t）。

均衡

KLM 分析侧重于汇率水平。t 日结束的汇率水平可以写做：

$$P_t = \begin{cases} \beta_1 \sum_{\tau=1}^{t} \Delta R_\tau + \beta_2 \sum_{\tau=1}^{t} X_\tau & \text{在浮动汇率下}(t \leqslant T) \\ \beta_1 \sum_{\tau=1}^{T} \Delta R_\tau + \beta_2 \sum_{\tau=1}^{T} X_\tau + \beta_3 \sum_{\tau=T+1}^{t} X_\tau & \text{在固定汇率下}(t > T) \end{cases} \tag{7.11}$$

β_2 和 β_3 是价格影响参数——它们决定指令流的价格影响。这些 β 与 γ（公众需求的汇率敏感程度）负相关，它们也取决于方差 σ_R^2 和 σ_C^2。

等式（7.11）包含的信息是重要的。它表明，在浮动汇率制度下，汇率水平，累计宏观基本要素 ΔR_t，累计交易商间指令流 X_t 之间是协整的。[26]这个预测是惊人的：教科书中的汇率模型中，指令流和汇率之间并没有关系，更没有那种长期的协整的关系。一个解释是，指令流对汇率的影响是永久的（在 Evans—Lyons 模型中也是如此）。这与第 1 章中的主题，即微观结构变量有长久的效应直接呼应。（永久的效应并不意味着指令流不能同时有暂时性的效应，特别是在日内的效应。像 7.1 节中解释的那样，在这个模型中，日间交易的存货效应被排除了。）

汇率制度间的差异

本书试图解释指令流在不同汇率制度下的作用。基于此，考虑等式（7.9）和（7.10）。具体来说，代表公众需求弹性的参数 γ 是取决于不同汇率制度的。这来源于收益变量 $Var[\Delta P_{t+1} + R_{t+1} | \Omega_t^3]$ 对于汇率制度的依赖程度。γ 的定义在等式（7.10）中。KLM 显示：

$$\gamma_{固定汇率} > \gamma_{浮动汇率} \tag{7.12}$$

因此，相比于在浮动汇率制下，公众需求在固定汇率制下更有弹性。在等式（7.11）中，价格影响的参数 β 应满足下式：

$$\beta_2 > \beta_3 \tag{7.13}$$

这表明，相比于在固定汇率下，汇率在浮动汇率下对指令流作出更多反应。在完全可信（即 $Var[\Delta P_{t+1} + R_{t+1} | \Omega_t^3] = 0$）的固定汇率制度的限制下，有

$$\beta_3 = 0 \tag{7.14}$$

在这种情况下汇率并不对指令流作出反应。这很直观：在完全可信的情况下，因为公众需求是完全弹性的，汇率收益的方差趋向于零，反之亦然。（如果固定汇率制不是 100% 可信的，那么公众需求就不会无穷大——外汇仍是风险资产。）

关于解释的延伸

考虑 P_{T+1}，固定汇率制下第一天交易结束时的价格。在这时外汇是无风险资产，收益的方差等于零。收益的方差等于零时，公众需求的弹性是无穷的，等式（7.11）中价格影响参数 β_3 等于零。这产生了 $T+1$

天时交易结束时（第三轮交易）的价格

$$P_{T+1} = \beta_1 \sum_{t=1}^{T} \Delta R_t + \beta_2 \sum_{t=1}^{T} X_t$$

对回报增量 ΔR_t 的加总并不包括 $T+1$ 天时的增量，因为在固定汇率下中央银行维持 ΔR_t 等于零。尽管 X_{T+1} 不等于零，这对价格没有影响，因为如前面所陈述的那样，$\beta_3 = 0$ 。这个逻辑在固定汇率制下都适用。

为了理解为什么指令流在浮动汇率制下对价格有影响，考虑浮动汇率制下最后一天 T 交易结束时的价格。根据等式（7.11）

$$P_T = \beta_1 \sum_{t=1}^{T} \Delta R_t + \beta_2 \sum_{t=1}^{T} X_t$$

在结束交易日 T 时，回报 R_{T+1} 是不确定的，因为 ΔR_{t+1} 是不确定的。（对于未来方差的期望并没有体现在这个表达式中，因为 ΔR_t 和 C_t^1 作为随着时间独立分布且均值为零的简单化规定。）第二个取决于 X_t 的条件是资产组合平衡的条件。在浮动汇率制度下这个条件的逻辑与 7.1 节中 Evans—Lyons 模型中投资组合平衡的条件是完全一样的。也就是说，投资组合变化 C_t^1 的和代表了“有效”资产供给的变化，在这个意义上即它们是净供给的变化，公众必须吸收的这些多余部分的变化。净供给的减少量是资产组合转变为外汇的和：

$$\text{净供给的减少} = \sum_{t=1}^{T} C_t^1$$

按照资产组合平衡模型中的标准，供给的增加降低价格，供给的减少抬高价格。这就是为什么等式（7.11）中正的累计 X_t 抬高了价格：如果累计 X_t 是正的，这表示累计 C_t^1 也是正的，这是净供给的减少，使得价格提高以使市场出清。X_t 是包含了关于净供给信息的变量（ C_t^1 是不可观测到的）。P_T 取决于 X_t 的和，因为供给 C_t^1 的额外的减少要求价格的额外增加。随着回报的不确定性降为零（像在固定汇率制中一样），这些资产组合的平衡效应消失。

KLM 数据集合

KLM 数据集合包括 1998 年德国马克—法国法郎市场每天的指令流。

数据来自 EBS 的第 5 章中描述的交易商间电子交易系统。（当时，EBS 占到主要货币交易中将近一半的交易商间的交易，交易量几乎是所有交易货币总值的1/3；Evans—Lyons 数据是 7. 1 节的基础，反映了另一半交易商间的交易——直接的部分。）根据 KLM 的估计，他们的样本占到 1998 年德国马克/法国法郎所有交易的 18%。每天的指令流包括 24 小时内通过此系统的所有指令，由格林威治时间的午夜开始（只包括工作日）。

数据集合已很充分，可以允许从两方面来衡量指令流 X_t：买单的数量减去卖单的数量（Evans 和 Lyons，1999）和买入的数量减去卖出的数量（以德国马克计量）。KLM 发现这两种方法很相似：在样本的浮动汇率部分（前四个月）两个 X_t 的相关度为0. 98。他们也发现他们的分析中用一种方法替代另一种后并没有对结果产生很大的影响。

下面将更加详尽地阐述一下 EBS。正如第 3 章中讲的那样，EBS 是交易商间交易即期外汇的电子交易系统。它是限价指令驱动，基于屏幕的，事前匿名的（事后有关方直接互相结清）。EBS 的屏幕显示最优的卖价和买价，同时有在这些价格上可以交易的现金数量的信息。除了最佳卖价和买价之外的价格上并没有现金数量显示。屏幕上的活动区域跟踪记录了交易商最近的交易，包括价格和数量，也跟踪记录了最近 EBS 系统上的交易。

在 EBS 上交易商可以有两种方法交易货币。交易商可以贴出报价（以“限价指令”提交），这并不保证成交，或者交易商可以按市场价格报价（以“市价指令”提交），这种方式可以保证成交。为了构建指令流的测量方法，交易根据后者——交易发起者的交易方向进行记录。

当交易商提交限价报价时，他是在向其他交易商传达在某一给定价格买或卖一定数量货币的意图。[27]买入价（限价买单）和卖出价（限价卖单）的提交意图是希望此指令能按照另一个交易商——交易的发起者的市价指令成交。更精确一点，并不是所有发起的指令都按照市价形式。有时，交易商会提交等于或高于当前最优卖价的限价买单（或者提交等于或低于当前最优买价的限价卖单）。当这种情况发生时，这些限价指令被作为市价指令看待，并马上与最优的反方向限价指令成交。在这些情况下，这些限价指令是交易的发起方。

结论

图 7.5 显示了累计指令流和汇率之间的关系。本书看到了指令流对汇率的影响由明显到不明显转变。基于 KLM 模型的可测性，下面的结果更加正式地解决这个问题。

此分析经历两个阶段。首先，KLM 解决了交易商间指令流和价格是否像模型预测的那样是协整的这一问题。第一阶段也检验了相关问题的平稳性和长期系数。第二阶段解决了指令流外源性的程度（像他们模型中假设的那样）。这一阶段包括格兰杰因果性的反向检验，即从汇率到指令流在统计意义上的因果性。

第一阶段：协整的相关问题

本书从重复这个模型中的等式（7.11）开始，这个等式建立了汇率水平 P_t ——一个概括公众信息（$\sum \Delta R_t$）的变量和累计指令流（$\sum X_t$）之间的关系：

$$P_t = \begin{cases} \beta_1 \sum_{\tau=1}^{t} \Delta R_\tau + \beta_2 \sum_{\tau=1}^{t} X_\tau & \text{在浮动汇率下}(t \leqslant T) \\ \beta_1 \sum_{\tau=1}^{T} \Delta R_\tau + \beta_2 \sum_{\tau=1}^{T} X_\tau + \beta_3 \sum_{\tau=T+1}^{t} X_\tau & \text{在固定汇率下}(t > T) \end{cases}$$

像 Evans 和 Lyons（1999）那样，KLM 用利率差作为公众信息变量（巴黎同业拆借利率减去法兰克福同业拆借利率）。

KLM 模型预测，在 1998 年 5 月 4 日之前，所有这些变量是非平稳的，且是协整的。在 5 月 4 日之后，模型预测汇率收敛成转换汇率水平，并应该是平稳的。因此，在后一时期（5 月到 12 月），等式（7.11）只有当价格影响参数 β_3 等于零（如模型预测）时，或者是累计指令流变为平稳时才有意义。否则，回归是不平衡的，既存在平稳变量又存在非平稳变量。

平稳性

第一步是检查相关变量是不是非平稳的。KLM 发现在 1998 年的前四个月里，它们是平稳的（根据 Dickey—Fuller 检验）。在剩下的八个月内，汇率跟期望的一样，是平稳的，但累计指令流和利率差仍是非平稳的。这些结果与价格影响参数 β_3 在后一阶段为零一致。但是，判定等式（7. 11）在 1 月至 4 月这段浮动汇率期间是否成立很重要，即这些变量是否和模型预测的一样是协整的。

协整

KLM 用 Johansen 步骤来检验协整（Johansen，1992）。非限制性向量自回归模型（VAR）包含三个变量——汇率，累计指令流和利率差，并含有一个常数和趋势项。在检验了不同的滞后长度后，KLM 发现了滞后长度为 4 是最优的。

协整性检验显示的确存在一个协整的向量。（他们拒绝了不存在协整向量的原假设，接受至少存在一个协整向量的备择假设，但是他们不能拒绝存在一个协整向量的原假设而接受至少存在两个协整向量的备则假设。）这表明这三个变量的线性组合是平稳的，正如 KLM 模型预测的那样。

KLM 研究更深了一步，进行了不包含利率差的协整的检验。在那种情况下，他们也发现存在一个协整的向量的证据，并在汇率和累计指令流之间。在二元和三元检验中都发现一个协整的向量表明利率差在三元协整的向量中系数为零。当 KLM 直接估计协整的向量的参数时，这恰是他们发现的结果：他们不能拒绝利率差的系数为零的原假设。相反，累计指令流的系数是很显著的并有正确的符号。（系数的大小暗示累计指令流 1% 的增加使即期汇率增长 5 个基点。[28]）这些关于协整、指令流系数的发现肯定了他们的模型中对长期指令流的重视。同时，利率差欠缺解释性表明回报增量 ΔR_t 的使用是有缺陷的（这与宏观面的文献中一些负面的结论相一致）。

指令流的外生性

微观结构方法面对的一个重要问题是因果性多大程度上可以被认为是从指令流传导到汇率，而不是双向存在。KLM 框架为解决这个问题提供了一个方便的方法。具体地，如果系统内的变量是协整的，那么就会产生一个误差修正表达式（见 Engle and Granger，1987；Hamilton，1994，580－581）。这些误差修正表达式给因果性的方向提供了线索。具体地，误差修正表达式可以帮助判断长期均衡的驱动力来自汇率还是指令流，或者两者都有。如果部分原因是指令流，那么指令流就与该体系中的其他部分有关联（即它在 Evans—Lyons 和 KLM 模型中不是外生的）。

KLM 的发现表明因果性是严格从指令流到价格的，而不是相反的方向。KLM 通过在汇率和指令流等式（浮动汇率期间，1 月至 4 月）中估计误差修正项来检验。他们发现在汇率等式中误差修正项是很显著的，而在指令流等式中是不显著的。这暗示长期均衡的调整驱使因素来自汇率。更直白地，当在累计指令流和汇率的长期关系间存在缺口时，是汇率而不是累计指令流通过调整来减小缺口。在文献的说法中，指令流等式中误差修正项的不显著性意味着指令流是具有弱外生性的。更进一步地，KLM 表明从汇率到指令流不存在格兰杰因果性（没有反馈交易的依据）。弱外生性和没有格兰杰因果性的结合暗示累计指令流具有强外生性。最后，KLM 误差修正预测显示与长期均衡的偏离每天约修正 1/3。

结论与思考

总结上文，KLM 分析从两个方面解决了过度波动性问题，一个是理论上的，一个是实证上的。在理论上，他们提供了一种基于指令流的新方法来回答为什么汇率自由浮动时波动性大。他们的方法的核心是认为指令流是波动性的重要来源，或者更准确地，是指令流包含的信息。在浮动汇率制下，因为更高的波动性和由此产生的风险厌恶，公众需求的弹性是低的（内生上）。这使得资产组合的平衡效应在 Evans—Lyons 模型中产生，并允许指令流传达包含这些效应的信息。在固定汇率制（完全可信）下，公众需求的弹性是无穷大的：收益的波动性趋于零，使持有外汇无风险。这消除了投资组合的余额效应并阻止了指令流包含这部分信息。这样，在固定汇率制下，指令流失去了作为收益驱动的作用。在有管理的浮动汇率制度（即介于中间的一种制度）下，指令流作为收益驱动的作用减弱了。

相比于其他方法，KLM 解决过度波动性的一个很好的特点是它的含义能用数据体现。关于汇率的波动性有很多理论文章（如 Hau，1998；Jeanne 和 Rose，1999 和这里列出的其他著作）。但是总体上，现有的理论文献很少可以简单地用实证方法实施。KLM 方法注重指令流的特点使它较易实施。尽管如此，KLM 提供的特定结果只支持他们特定的背景。这方面仍需要更多的实证分析。

两个 KLM 实证结果是与更广泛的解释指令流的文献相关的。首先，他们发现从指令流到汇率存在格兰杰因果关系，但是反之却不是这样。确实，格兰杰因果性与经济上的因果性不同；然而，结果的确可以帮助减少对模型的怀疑。其次，他们发现累计指令流和汇率水平关系中的缺口对汇率而不是指令流产生反应。这个结果也帮助缓和了关于这两个变量因果性方向的顾虑。

有人也许会认为四个月的数据不足以产生关于协整的可靠的分析；但是，KLM 结果很重要的一个方面应该可以缓解这个疑虑。回想 KLM 发现的协整关系的快速调整（他们的误差修正估计显示与长期平衡的偏离每天约修正三分之一）。这些偏离的半衰期因此也只有两天。四个月的数据足以包括 45 个半衰期，就估计协整关系而言足够了。相比较而言，购买力平价的协整关系的调整估计产生的半衰期大约是五年。如果需要样本中同样多的半衰期的话，也许需要超过两百年的数据来估计购买力平价的误差修正。

最后，注意 KLM 模型提供了汇率可信性的一种不同的视角。在他们的模型中，可信的固定汇率制度意味着私人部门，而不是中央银行，愿意吸收新增的指令流。[29]相反，教科书对于固定汇率制度的处理集中在中央银行是否愿意按照预先设定的价格买卖国内货币；这意味着中央银行吸收指令流。如果中央银行需要干预，固定汇率制度就已陷入困境，因为私人部门对指令流的需求不再是完全有弹性的。考虑到这种可能性，本书有必要再次回顾货币危机和对此的分析。

7.4 远期汇率偏差之谜

在国际金融中货币远期汇率的系统性偏差比其他任何问题都更引起重视（调查包括 Hodrick 1987；Froot 和 Thaler 1990；Lewis 1995；Engle 1996）。当 $F_{t,1} > P_t$——今天的一期远期汇率“预测”即期汇率会上升——即期汇率上升并没有如预测的这样多（即 P_{t+1} 比 $F_{t,1}$ 小）。[30]事实上，在对美元浮动的主要货币中，当远期汇率变化预测即期汇率上升时，它却常常是下降的！在系统上远期汇率把方向颠倒了。

这一节将从三个角度考虑这个问题：从统计者的角度，从经济学家的角度，从执业者的角度。笔者对于此偏差的解释主要侧重于从执业者的角度。

从统计者的角度

从回归出发，在远期汇率中对于偏离的检验基于下列等式：

$$p_{t+1} - p_t = a + b(f_{t,1} - p_t) + u_{t+1} \tag{7.15}$$

p_{t+1} 代表 $t+1$ 时刻的即期汇率（美元或其他），$f_{t,1}$ 代表 t 时刻为 $t+1$ 时刻的交易设定的远期汇率（美元或其他），u_{t+1} 是随机误差项。（小写代表自然对数，所以 $p_{t+1} - p_t$ 大致等于美元贬值的百分比。相似地，远期汇率与即期汇率的差额 $f_{t,1} - p_t$ 大致等于 1%，很典型地反映出美元的远期贴水。）[31]原假设为远期汇率无偏移，系数 b 的估计值应该是 1：当远期汇率预测即期汇率上升 γ %，那么即期汇率确实会上升，对任一个 γ，平均也上升 γ %。

用月度数据对系数 b 的估计值是显著不为 1 的。实际上，它们经常是负数——如上面所述——平均是 −0.9（Froot 和 Thaler 在 1990 年的 75

个研究的平均数）。图7.7中，原假设（用H_0表示）附近两个标准差的区间，甚至还不能包括 -0.9 这个估计值。确实，大多数研究甚至拒绝了$b=0$的原假设。（这里的区间不应该完全按照字面意思理解；它应该与估计值通常不包括零这个事实相一致。）

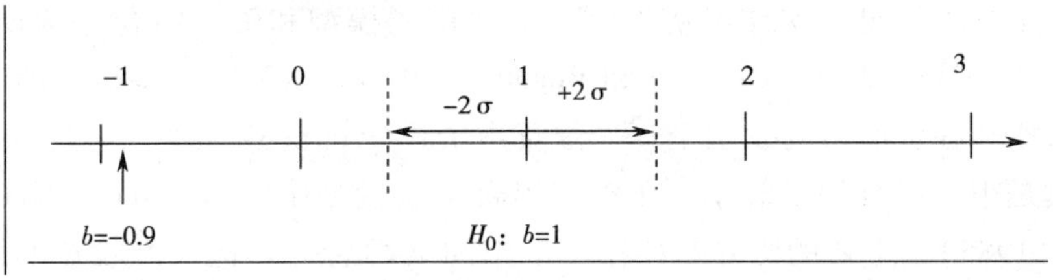

图7.7

统计学家视角下的远期汇率偏离。H_0表示原假设。

从经济学家的角度

对于经济学家来说，对于无偏离统计上的拒绝是不合适的，因为远期汇率在系统上估计的方向是错误的。这种不适合部分是因为直觉，尽管在更广泛的层次上，这个结果在经济上不适合是因为弄错方向导致解释偏移变得困难。

为了理解原因，考虑这样一个事实，任何在金融市场记录的"异常"，经济学提供两种标准的解释。第一个解释是效率低下——市场会犯系统性错误，忽视获利机会。第二个解释是偏移代表风险溢价——因为偏移带来的多余的回报补偿了承担的风险。如果偏移简单地补偿了风险，那么这就不是对市场效率的违背。[32]对于那些偏袒风险溢价解释的人，研究方法在于在实证中表明偏移的程度是与承担风险应该受到补偿的程度一致的。如此大的偏移使这变得困难。

研究者经验性地尝试把偏移和风险模型联系起来，尽管数百篇论文对所有的标准模型都进行了测试，但是都不太成功。Hodrick（1987）在他的调查中总结"我们还没有找到一个期望收益模型（即一个风险补偿模型）符合数据"。Froot 和 Thaler（1990）在他们的调查中总结，在衡量风险溢价解释的主要方法中，"没有一个给假设提供太多支持"。同样，Engle（1990）的调查总结“风险溢价模型对于解释无偏移性为什么失效并不成功”。从经济学家的角度看，偏移仍是一个难题。

很有必要指出标准的经济模型有一个共同的特点，即风险溢价产生于收益和其他变量的协方差。其他变量的不同选择导致了不同的模型。有三个基本模型：实体经济模型，资产市场模型和资产组合平衡模型。在实体经济模型中（Obstfeld 和 Rogoff，1996），相关协方差是总消费的增长率。在资产市场模型中——像资本资产定价模型一样——主要的协方差是市场组合的收益率。在资产组合平衡模型中（Branson 和 Henderson，1985），主要的协方差存在于汇率间（尽管与其他资产收益的协方差也可以包括在内）。最后，Engel 的论述对这三种协方差模型来说，“风险补偿模型并不成功”。

尽管风险溢价假说只有少量依据支持，但相反的风险溢价无效假说也不合理。这种不合理部分上是哲学性的：对大多数金融经济学家来说，无效假说从本质上是不适合的。然而，在这种情况下有更深层次的不适合，因为远期汇率偏移最早是20年前记录下来的，当时市场参与者或许并不知晓这种偏移。20年后，当经历数百次研究后发现，把偏移认为是公共信息之外的东西是不合理的。但是偏移仍在继续。为什么呢?

从执业者的角度：投机的局限

本书通过采取执业者的视角来解决偏移难题，这很自然地引出建立在所谓的投机局限基础上的解释。解释的逻辑通过两种方式依赖于更广的微观结构方法。首先，这里的解释依赖微观结构方法的中心——价格调整和指令流的联系。其次，这里的解释依赖于制度现状与传统方法无关的假设。

在做解释之前，首先引入一个统计学家或者经济学家不会问但是执业者会问的问题：在货币交易产生的夏普比率等于买入并持有策略的夏普比率时，远期汇率的偏移应为多大?[33] 金融机构普遍用夏普比率来衡量资产交易的绩效。夏普比率是这样定义的：

$$夏普比率 = \frac{E[R_s] - R_{rf}}{\sigma_s} \tag{7.16}$$

这里的 $E[R_s]$ 是投资策略的期望收益，R_{rf} 是无风险利率，σ_s 是投资策略收益的标准差。[34]在过去的五十年里，美国股票市场买入并持有策略的夏普比率一直是大约每年0.4（分子上的额外收益率大约是7%，分母每年收益的标准差大约是17%）。

在原假设为远期汇率无偏移（等式7.15中 $b=1$）的情况下，货币策略的夏普比率是零——并没有预期收益的偏移（即 $f_{t,1}$ 并不趋于过高估计即期汇率变化）。但是当 b 远离1时，分子变成正数。偏移越大，分子越大。而分母并不是偏移的结果。它是由汇率的方差和协方差所决定的。分母的另一个决定因素是货币交易策略中包含的汇率的种类——其他不变，包含汇率种类越多，策略就越具有多样性。

惊人的是，只有当 b 等于 -1 或3时，货币策略的夏普比率与股票的差不多，约为0.4。（这假定货币策略涵盖六大市场；下面会提供更多细节。）如果 b 落在 $(-1, 3)$ 区间内，那么利用这个偏移的货币策略的每单位风险就会比纯股票投资回报更低。

从执业者的角度，统计学家画的离 $b=1$ 的原假设两个标准差的区间不包含这个点。如果相反，笔者画出以 $b=1$ 为中点的区间，具有投机显著性——没有统计的显著性，那么现实就与图7.8显示的更吻合。如果0.4的夏普比率是投资者决定交易机会的门槛值，那么从 $b=-1$ 到 $b=3$ 的区间就不这么吸引人。这些 b 值定义了一个不交易区域——在这区域

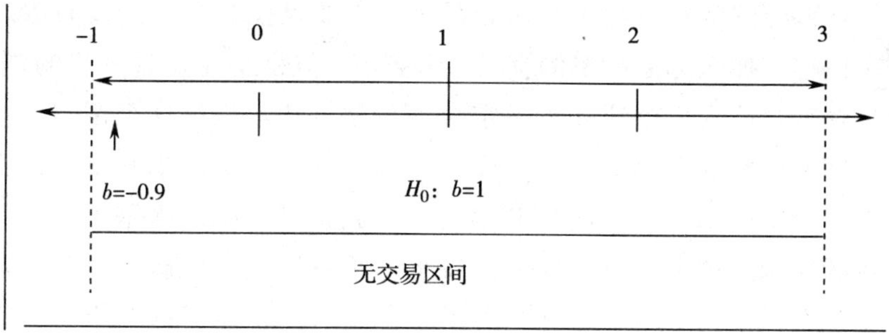

图7.8

执业者视角下的远期汇率偏离。H_0 表示原假设。

远期汇率偏移不会吸引投机资本。从这个角度看，远期汇率偏移并不是那么吸引人的获利机会。

四部分的解释

本书中对于偏移持续性的解释有四部分，在此先把概要列出使结构更清楚。然后将更详细地解释每部分，提供更多支持性的依据和理论。最后，本书将就偏移朝 $b<1$ 的方向的原因提出思考，这个问题与偏移为什么存在相差较远。

第一部分，异常的持续性：如果投机资本并没有参与远期利率偏移的过程，那么远期利率偏移会持续。

第二部分，投机资本的机构性分配：在利用远期利率偏移方面有比较优势的机构大致按夏普比率分配投机资本。

第三部分，货币策略的夏普比率：年化的利用远期利率偏移的可靠（即不是依赖数据的）货币策略的夏普比率约为0.4，与买入并持有股票策略的夏普比率相似。

第四部分，投机资本的分配不足：因为0.4的夏普比率在多数机构的最小资本配置门槛值之下，所以异常会持续。

第一部分，异常的持续性

第一部分的解释看起来是很显然的："如果投机资本并没有参与远期利率偏移，那么远期利率偏移就会持续。"但是这需要进一步的观察。一个怀疑者会认为指令流并不一定会使价格变化。根据这个逻辑，如果现在的即期汇率或者远期汇率（或者全部）在不正确的水平上，这在市场上也是众所周知，那么这些汇率会立即调整到正确的水平上，这无需指令流的作用。这个逻辑在外汇市场上似乎特别站得住脚。毕竟，从传统的角度看，市场上所有的基本面信息都是公共信息。这个市场并不需要指令流来改变价格（这是与特定股票的市场相比得出的，在特定股票的市场指令流可以传递关于收益的内部信息）。

然而，真命题"指令流未必使价格变化"到另一个说法"指令流并不能使价格变化”之间存在巨大的观点差异。[35]考虑两点来弄清楚为什么这种观点的差异如此之大——一是理论上的，二是经验上的。

理论可以解释在何种情况下指令流几乎没有作用，这些情况在外汇市场并不适用（也可见第 2 章）。具体地，除非下述两种说法都正确，不然指令流就会使价格移动：（1）与汇率相关的所有信息是为公众所知的；（2）从信息到价格的变化轨迹也是公众所知的。这些条件的第二个显然是被违背了的。就算第一个也并不一定成立（如它在 Evans—Lyons 模型中并不成立，这个模型包括一个相当自然的信息结构）。

实证依据也不支持“指令流并不能使价格变化”这个观点。7.1 节显示指令流对价格的作用是很强烈的。更进一步地，那一节中 R^2 统计量显示指令流解释了最大部分的汇率变动。

第二部分，投机资本的机构性分配

第二部分的解释是最具争议的：在利用远期利率偏移方面有比较优势的机构大致按夏普比率分配投机资本。首先强调一点，这个说法是建立在与银行和对冲基金交易员的对话上的。从这些交流得出的信息是清楚的：专业交易员认为相对于夏普比率，远期汇率偏移的交易没有吸引力。[36,37]不论是基于什么理论，实证结果毋庸置疑地表明了对夏普比率关注度的提高（所以它对于价格和收益的影响不能用简单的理论排除）。

这部分的解释之所以最具争议，是因为其他摩擦不计，资金不应该按照“波动”风险配置。相反，资金应该按照有更大包容性的协方差配置（例如资本资产定价模型中与市场组合收益的协方差）。经验上，例如摩根斯坦利资本国际（MSCI）世界资本指数收益的协方差和利用偏移的货币策略收益的协方差都是很小的。这显示货币策略的风险是高度分散的。因此，尽管其每单位收益的总风险或许较低，它们的每单位收益的系统性风险会很高——高得与标准差模型不一致了（即对于担心方差而不会投资的人们来说很高）。因此，从方差的角度看，这个谜题一直持续存在。

出于完整性的考虑，下面来解释机构这样操作的原因，因为这看起来并没有充分利用交易机会。（但是笔者重申机构的确这样操作。这是对于笔者的论点的一个很重要的经验性的事实，而不是这种行为产生的理论原因。）[38]我使用的模型正是 Shleifer 和 Vishny（1997）模型的核心，在这个模型中，专业理财的代理摩擦导致并不激进的交易或者他们所谓的套利限制。（本节中笔者想用“投机限制”这个术语来与前面的论述建立概念性的联系。）具体地，考虑代理摩擦模型——这里只是稍微提到——在这个模型中公司和交易员最理想的合同会使交易员管理自己的方差而非协方差。交易员并不希望自己的报酬受制于他们不交易的证券；使用协方差作为合同约束则降低了交易员获利的动力并产生破坏性的特有风险。[39]给定“最佳拘束”合同，有限的投机资本被安排给具有最高夏普比率的交易机会。

避免这些代理摩擦的一个方法是存在一个有很多个投机者的市场，每一个投机者有很小的远期汇率偏移头寸。在这种情况下，代理摩擦不会产生，投机者共同的行为阻止了远期汇率的偏移。这个方法的问题在于现实中个人投机者并不具备专业知识，低的交易成本，低的监控成本和分散化的投资组合（见 Goodhart 和 Taylor 1992，他们认为远期货币市场的最小头寸对于大多数人维持分散的投资组合来说太大了）。考虑到这些因素，个人投资者处于比较劣势，也无法达到消除远期汇率偏移的效果。当考虑小投机者模型以及为什么它不适用时，读者或许会问为什么他不去交易远期汇率偏移。答案显然包括这里列出的几个因素。

第三部分，货币策略的夏普比率

第三部分的解释承认利用远期汇率偏移策略的夏普比率每年约为 0.4，与简单地买入并持有股票指数策略的夏普比率差不多。这部分是很直观的。表 7.2 列出了六大流动性货币市场从 1980 年 1 月到 1998 年 12 月（月度数据）各种简单策略的夏普比率（每年）。第二列列出了在计算净交易费用之前的夏普比率。第三列列出了在计算净交易费用之后的夏普比率。交易费用的调整基于策略的成交额并设定在每笔交易 10 个基点。（这是较保守的：如果是 10 亿美元，那么交易这个投资组合的六分之一的价格影响就会使成本翻两番甚至三番；见7.1节。）但是不要被交易费用干扰；就算没有交易费用，夏普比率也不会超过0.5。因此，第三部分的解释不会依赖交易费用。

自然地，通过选择比表7.2更复杂的策略，我们可以提高样本中的夏普比率。这就是笔者在这一部分的论述包含了“可靠”这个词的原因，“可靠”是指不产生数据依赖性。相同权重策略利用货币多样化完成大多数的收益，而可以不引入不必要的自由度。笔者认为这是一个健全而保守的基准。

表7.2　　纯货币策略的夏普率（年化）

夏普比率	策略1：等权重	策略2：大于中位数折价	策略3：小于中位数折价
夏普比率：无交易成本	0.48	0.46	0.49
夏普比率：有交易成本	0.37	0.39	0.41

通过远期汇率偏移来获利的交易策略为当$f_{t,1} > p_t$时卖出外币远期，当$f_{t,1} < p_t$时买入外币远期。表中展示了3种策略在最大的6个外汇市场上的操作：即美元/德国马克，美元/日元，美元/英镑，美元/瑞士法郎，美元/法国法郎，美元/加元。“等权重”策略每个月在六个远期市场分配相同的头寸。“大于中位数折价”策略为，在一个月中，只有某种货币的远期折价大于该货币在样本中远期折价的中位数时，才会在该月持有该货币的头寸（在持有的几类货币中仍然保持等权重）。“小于中位数折价”策略为，在一个月中，只有某种货币的远期折价小于该货币在样本中远期折价的中位数时，才会在该月持有该货币的头寸（在持有的几类货币中仍然保持等权重）。有交易成本的夏普比率估计假定每笔交易的成本为10个基点（包括交易的价格影响）。样本为1980年1月至1998年12月的月度数据（1980年大约是首次有文献记载远期汇率偏移的年份）。

数据来源：Datastream。

第四部分，投机资本的供给不足——不活跃区间

第四部分的解释完善了第一部分。因为0.4的夏普比率远低于大多数机构资金配置门槛值，所以异常会持续。作为经验性的事实，大多数金融机构并不会把他们的专有资金投入到利用远期汇率偏移的货币策略（称之为“纯粹的货币策略”）中去。即便投入资金，也只会用很少的资金来参与这种投机活动。

但是距离最小的夏普比率门槛值多远算大呢？笔者采访了一些专业

交易员和柜台经理，咨询他们决定投机资金分配的夏普比率门槛值，最常见的回答是夏普比率为1（每年）。这里有一些健康的怀疑：告诉他人自己的门槛是高的很显然是在提高自己的声誉。但是通过采访，笔者觉得对于这些主要机构不愿把资金配置到夏普比率低于0.5的投资项目这一点还是有把握的。

经验性支持

一些经验性的发现与基于夏普比率建立的不活跃区域是一致的。[40]我们可以验证下面的说法。如果笔者的解释是对的，那么当远期汇率贴水（$f_{t,1}-p_t$）远离零时，其他条件不变，系数b应该接近1（见等式7.15）。为了理解原因，注意夏普比率的分子是两个变量的函数：远期汇率贴水的大小和系数b的值。假使b的数值和夏普比率的分母不变（等式7.16），远期汇率贴水远离零意味着更大的夏普比率。接着，更大的夏普比率吸引更多的投机资本，这导致价格向无偏移的方向调整（即与非活跃区域一致）。数据证实了这种猜测。例如，Huisman等人（1998）发现无偏移在远期汇率贴水远离零时更明显。Flood和Tayler（1996）用时间加权数据也发现了相同的结果。

考虑笔者的解释的第二个含义：其他条件不变，有着较低方差的货币的系数b应该接近1。这个含义可以从夏普比率的分母上理解：对于给定的b和给定的远期汇率贴水，更小的方差意味着更大的夏普比率。如上面一样，更大的夏普比率吸引更多的投机资本，这导致价格向无偏移的方向调整。[41]数据也证实了这个预测。例如，Flood和Rose（1996）发现在较低波动性的欧洲货币系统，b的估计值大约是0.6。

系数b为什么不在不活跃区域的中心呢？

上面四部分的解释阐明了偏移持续的原因，同时又不违背投机的效率，但没有解释系数b（约为-0.9）落在不活跃区域（-1，3）的一边的原因。因此，本书需要一个元数据模型——一个当纯粹的货币投机不发生时决定汇率的模型。这个元数据模型面对这样的事实，即相对于纯粹的货币投机，不活跃并不意味着不存在外汇指令流。存在的指令流的来源包括外汇市场上不从事纯粹货币投机的客户，包括大多数共同基金，养老基金和非金融企业。

在开始建立元数据模型之前，我们把下达指令流的客户群体分为三部分：

1. 杠杆投资者；
2. 非杠杆投资者；
3. 非金融机构。

第一部分是执业者称为杠杆投资者的人。他们是之前段落重点提过的专业银行交易员和对冲基金。如前面所述，这部分人在实施纯粹的货币策略来利用远期汇率偏移上有比较优势。然而，尽管他们有比较优势，他们平均只用很少的资金做这样的投机。第二部分是执业者称为非杠杆投资者的人。他们是像共同基金，养老基金，保险公司这样的机构。最后一部分是非金融企业。通过这样的分解，本书可以把加总的客户指令流写成

$$C_t = C_t^L + C_t^U + C_t^N \tag{7.17}$$

上标 L、U 和 N 分别代表杠杆投资者，非杠杆投资者和非金融企业。

现在转向汇率的决定。前面的章节提供了这样的表述法

$$p_{t+1} - p_t = f(C_t, Z_t) \tag{7.18}$$

这里 Z_t 代表其他的决定因子。我们可以具体写成：[42]

$$p_{t+1} - p_t = g(C_t^L, C_t^U, C_t^N, Z_t) \tag{7.19}$$

这为当纯粹的货币策略不再驱动累计指令流 C_t（通过 C_t^L 渠道）时提供了解释汇率行为的工具。[43]这与标准宏观模型有偏差，因为那些模型中无抛补利率平价（UIP）的假设等同于假设累计指令流主要是被纯粹的货币策略驱动的。

这个元数据模型反而依赖于后两部分参与者——非杠杆投资者和非金融企业——的投资组合变化。这两个类型的机构在实施纯粹的货币策略方面有比较劣势。它们在货币市场参与较少，连续的监控和交易也较少。它们的交易往往是具有其他目标的（例如非金融机构会因为税收原

因加倍海外盈利的收回，或者跨国的共同基金因为对本土股票收益看法的转变改变国家之间资金的配置）。假设每个阶段这些机构的一个子集——每个阶段的子集不同，考虑它们在外汇市场的交易。（这种阶段调整的描述取自一篇关于“有限参与”的论文，由 Grossman 和 Weiss 于 1983 年开始研究。他们假设交易商会定期调整他们的现金余额，每个阶段不同子集的交易商会去银行补充现金。阶段调整通常被认为是未模型化的调整成本的简略形式，例如监控成本。[44]）非杠杆投资者和非金融企业在外汇市场有限的参与意味着它们货币间投资组合的变化是渐进的。

在这个设定中考虑外国利率的上升。[45]有限参与的前提下，投资组合向更高期望收益的调整只是渐进的。这与标准的资产市场模型形成强烈对比，如粘性价格货币模型，（真实的）外国利率的上升导致外国货币的瞬时升值（如本书在第 6 章中所提）。在有限参与的模型中，瞬时效应是随时间分布的，产生了一个外国利率变高，外国货币因指令流从渐进的投资组合调整转向外国货币而持续升值的阶段。这造成了等式（7.15）中系数 b 位于不活跃区域（这正是我们将展开讨论的）的负末端。[46]

这个模型被称为元数据模型是因为指令流不是如非抛补利率平价中那样由纯粹的货币策略来驱动汇率 C_t^U 和 C_t^N，而是由其他因素驱动（按照上述例子）。如果不活跃区域距离纯粹的货币策略的宽度是零，那么指令流从渐进的投资组合的转变将不会影响汇率，因为它会被 C_t^L 中纯粹策略的指令流所掩盖。在没有来自纯粹的货币策略的指令流时，来自渐进调整的指令流将起主要的决定作用。

这引起了一个有趣的问题：需要多少指令流来“导致”远期汇率的无偏？7.1 节显示将需要很大的数量。具体地，交易商间指令流对于价格的作用估计为每 10 亿美元造成 50 个基点的影响；这等于客户指令流每 10 亿美元造成 100 个基点的影响（假设客户指令流在交易商间交易时是加倍的——考虑第 5 章中检验的交易量“烫手山芋”的扩大，这并不是不合理的；也可见第 9 章）。汇率若与无偏离远期汇率相差 20%，需要 200 亿美元的指令流来纠正。[47]那看起来似乎不多，但是注意若要保持汇率在那个水平，200亿美元的指令流是不能撤回的。不确定的200亿美元的资金对于愿意参与这项交易的金融机构来说是很大的——即使是考虑共同出资。在某种程度上，这个市场巨大的深度实际上会通过使米尔顿·韦里德曼著名的“稳定性投机”变为不切实际的机构行为而阻止偏差的纠正。

“风险溢价”的新概念

在此将以一些评论结束本节，这些评论将带领我们回到最初远期汇率偏移的讨论和对无效率和风险溢价的传统观点的解释。如上所述，这里为偏移持续性提供的解释并没有违背市场在投机方面的有效性，没有超常的获利机会不被利用（既然夏普比率标准是解决约束最优化问题的方法）。这是否意味着解释落入了风险溢价的范畴呢？在某种程度上说是这样的；风险厌恶阻止市场参与者利用偏移揭示的收益差。因此，与在无摩擦的环境中不同，参与者不会对风险作出反应。这就是建立在协方差上的传统风险溢价模型不能从经验上解释收益差的原因。

如果夏普比率导致不活跃区域解释是正确的，则说明在金融市场均衡中比在无摩擦模型预测的结论有更多“空间”。其他经验性的证据也支持这个观点。一个经常被引用的例子就是“Siamese twins”（暹罗双胞胎）公司股票的定价，如Royal Dutch和Shell（Froot和Dabora，1999）。Royal Dutch和Shell是在相对估值方面有控制地试验。这些公司由公司章程而相互关联，这要求给每个公司股东的现金流按严格的60/40比例分配。有人或许希望相同的股票应该完全按照固定的60/40比例的价格交易，但是事实并非如此：在过去二十年里，离60/40比例的偏差从-30%到+15%（60/40的分红一直是适用的）。在IBM和Intel之间建立的相对估值的方法却不是这样。Royal Dutch和Shell的相对价值应该被更加精确地决定，但实际情况并不是这样，因为最后这笔交易并不能吸引足够的指令流。[48]如果在这样严格控制的设定下存在更多的定价空间，那么这对于更广泛的资产定价又意味着什么呢？

第 8 章　微观结构与中央银行干预

外汇汇率直接影响国际货币竞争和各国经济的表现，汇率也顺理成章地成为世界经济最为重要的价格之一。再加上汇率剧烈波动的事实，各国政府对外汇市场施加的干预相对其他市场更为普遍。

本章将微观结构方法运用到中央银行的干预当中。在汇率经济学中，汇率干预是一个经典的话题。对于微观分析来说它也是一个经常谈论到的主题。在本章开始将首先描述传统的以宏观经济学为手段的汇率干预分析方法。在这部分会提出引入微观结构方法的观点，包括如何以及在哪里引入微观方法能够给研究分析带来价值等。8.2 节回顾了运用微观结构方法对汇率干预所做的一些理论工作。8.3 节介绍了近来以测量央行交易价格的影响为目标所进行的实证工作。这一节将焦点集中在近期由 Evans 和 Lyons（2000）基于第 7 章模型所做的工作上（这样的安排使得读者可以结合之前一章看到的资料很容易地理解这一部分）。[1]

在开始之前，先解决这样一个贯穿于本章整章的问题：不同的货币资产是否不完全替代。不完全替代这一点非常重要，是因为它决定资产组合效应是否由指令流来驱动（无论那些指令流是来自中央银行还是私人部门）。对于一个给定的预期收益——投资者完全不关心持有的是美元面值的资产还是日元面值的资产（完全可替代），那么像那些在 Evans—Lyons 模型中的资产组合的转换（ C_{it}^{1} ）将没有任何效应。如果投资者在意计价货币，那么风险溢价和资产组合平衡效应会增大（参见第 6 章描述的资产组合平衡模型）。

作为一个实证问题，我们还没有在外汇资产组合平衡效应上达成切实的一致。[2]关于资产组合平衡效应的存在性的观点在过去的 20 年中从否定转变到了适度肯定。早期的否定意见是基于实证工作，这些工作没有找到存在资产组合平衡效应的证据（如，Dooley 和 Isard，1982；Frankel，1982；Frankel 和 Engel，1984；Lewis，1988；综述请参见 Dominguez 和 Frankel，1993b，105）。这些研究在一个广泛的层面上考察外汇市场，研究不同的货币收益是否由变动的资产供给来驱动。大体上说，这些研究缺乏统计效力，因为变化的资产供给非常难测量。仅集中于央行干预效应的研究——一种对变动中资产供给的“事件研究”在发现资产组合效应方面更加成功（如 Loopesko，1984；Dominguez，1990；Dominguez 和 Frankel，1993a）。但即使仅仅集中到干预事件这个很窄的方面，也不能得出完全肯定的结论（如 Rogoff，1984）。

Evans 和 Lyons（2000）对于资产组合效应的分析（将在第三节回顾）是一个新的方法，这种方法可以由私人市场参与者的指令流来直接测度资产组合效应（不是从中央银行）。尽管这种新的方法并非毫无缺陷，但是它确实避免了早期文献的一些缺点。比如，Evans—Lyons 方法由于不依赖于对变化的资产供给的测度，从而不易受到测量误差的影响，因此比早期建立在广泛层面上的研究更加有效力（在统计上）。它也比事件研究干预法更有力，这是因为它不依赖于干预事件，而这种可利用的干预事件对于事件研究分析来说样本数量比较小（干预的平均规模比较小：对于美国，据 Dominguez 和 Frankel 1993 年的报告，其平均干预规模仅有 2 亿美元；之后美国的干预规模在加大，典型的干预规模在 3 亿美元到 15 亿美元的范围之间，尽管这样的干预不是很频繁——参见 Edison，1998）。

这里我们试着将关于统计效力的这一点更加清晰地表达出来。把外汇市场想象成一个“交通枢纽”，在这里投资组合达到均衡（包括中央银行的资产组合）。对指令流的测度提供了对这个均衡过程的精确测度，价格效应也作为一个结果显现出来。作为一个“枢纽”，外汇市场是一个集合地点，在这里市场参与者相互间有效地进行交流，“来啊，这个给你”，此处“这个”可能指代 100 亿欧元，如果我们要去探究资产组合效应，那么这就是应该关注的地方。

8.1 微观方法的宏观动因

外汇汇率制度——例如，浮动汇率制，管理浮动汇率制，以及固定汇率制——都是依中央银行的干预程度和干预类型来定义的。有两种基本的类型如下：[3]

1. 非冲销式干预；
2. 冲销式干预。

正如我们将会看到的，非冲销式干预影响国内货币供给，进而影响利率。而冲销式干预，则对货币供给和没有影响，也因此对（短期）名义利率没有影响。

考虑下面的例子，它阐明了冲销怎样中和干预对货币供给的影响。图 8.1 是一个典型的中央银行资产负债表。它包括三个基本类别，其中两个是在资产一边，另一个在负债一边。中央银行的资产包括外汇储备（FXR）和国内政府公债（DGB）。中央银行的负债主要是指流通中的货币——货币供给（MS）。[4]

资产	负债
FXR: ↓1亿美元 DGB:无变化	MS: ↓1亿美元

图 8.1 美联储资产负债表：用日元非冲销式购买 1 亿美元

FXR 表示外汇储备，DGB 表示国内政府公债，MS 表示货币供给——即流通中货币（现金加上基础货币）。

首先，考虑非冲销式干预的影响。图 8.1 中的非冲销式干预是美联储用日元买入 1 亿美元。美联储在想要支撑美元币值时会采取此行动：它增加了市场对美元的需求。

要实行干预，美联储可以和一个交易银行联系，比如说花旗银行，在花旗银行的报价上买入1亿美元。[5]结算这笔交易涉及到将价值1亿美元的日元支付给花旗银行。这就以同样的数量减少了美联储的外汇储备，FXR，以及流通中的货币，MS[6]。减少的货币是花旗银行支付给美联储的那1亿美元。（实际上，这一支付是以花旗银行在美联储的账户上减少1亿美元的形式进行的，而并不是真的支付了1亿美元现金。私人银行维持这样的账户以应调整之需。）在其他各量不变的情况下，美元货币供给的收缩将短期美元利率推高。

注意干预造成的这次利率的提高又加强了美联储指令流（在外汇市场上买入美元的指令）的美元强化效应。要理解其中的原因就需要回顾第6章，资产模型（例如粘性价格货币模型）预测到美元利率的增加会导致美元迅速升值。（对于这种效应的直觉是，在其他量不变的情况下一个更高的利率——美元的名义利率和实际利率——会造成美元标的资产更有吸引力。）利率是这些模型基本面价值中一个重要的部分。从第6章货币模型的角度来看，当干预是冲销式干预时，正是利率而非指令流导致了美元的升值。

现在来考虑当干预是冲销式干预的时候会发生什么。在这种情况下，在外汇市场的干预交易会被另一笔交易所抵消，而这一交易就是计划用来抵消前一干预交易对货币供给及利率的影响的。这笔冲销交易叫做公开市场操作——美联储对国内政府公债的一项买入，即DGB。这样，冲销交易就是对价值1亿美元的国内政府公债的买入，即向经济中又重新注入了1亿美元。这种冲销式干预在图8.2的中央银行资产负债表中体现。

为了保证直观，本书在图8.2中分别将两笔交易用（1）和（2）作了标注。第一笔交易与图8.1中的非冲销式干预相同：外汇储备和货币供给均下降。第二笔交易——买入价值1亿美元的国内政府公债——增加了1亿美元的货币供给。两笔交易进行之后对货币供给（且对利率）的净效应为0。

更详细地来看一下这些交易：假定对国内公债的冲销式交易是和美国银行进行的。结算这笔交易涉及将价值1亿美元的国内政府公债转移给美联储——资产类 DGB 的增加——以及美国银行在美联储账户上贷方 1 亿美元的增加。这一贷方账目是美联储负债上的一个增加——体现在 T 账户上货币供给（MS）的增加。总的来看，两笔交易使得美联储资产负债表的负债一边没有变化：花旗银行在美联储存款的下降被美国银行在美联储存款的增加所抵消，使美联储中来自银行系统的存款总量没有改变。尽管发生了一笔外汇交易，货币供给和利率的关键基本面指标仍保持不变。

资产	负债
FXR: ↓1亿美元(1) DGB: ↑1亿美元(2)	MS: ↓1亿美元(1) MS: ↑1亿美元(2)

图 8.2　美联储资产负债表：用日元冲销式买入 1 亿美元

FXR 表示外汇储备，DGB 表示国内政府公债，MS 表示货币供给——即流通中货币（现金加上基础货币）。交易（1）是非冲销干预；交易（2）是用来抵消的冲销干预。

冲销式干预怎样起作用？

若冲销式干预并没有改变货币供给和利率，那么它是怎样产生作用的呢？从第 6 章介绍的宏观模型（例如弹性价格货币模型和粘性价格货币模型）不能清楚地找到答案。货币供给和利率没有变化，那么宏观基本面就没有变化（依据这些模型的定义），因此汇率也就没有变化。

然而，在宏观文献中，有两种渠道使得干预通过它们仍然可以发生作用：

1. 信号途径：冲销式干预可能提供未来货币供给和利率变动的信号，因而影响现期的汇率。

2. 资产组合平衡途径：冲销式干预可能影响汇率是因为它改变公众所持有的资产供给的货币单位。

信号途径在第6章的宏观模型中容易理解：如果中央银行发出未来货币供给变化的信号，那么这的确是变化的基本面信息，因此前瞻性的市场将促使即期汇率变动。（未来利率的变化不需要涉及另一笔外汇交易，也就是说，它不需要作为未来非冲销式干预的结果。）[7]尽管在理论上容易理解，但是在实证上信号途径并未得到很好的支持：随后的货币供给的变化并不倾向与干预信号“预测”出的变化取得一致（参见Kaminsky和Lewis，1996）。

资产组合平衡途径要更加微妙细致一些。为了理解这一渠道我们需要在第6章的货币模型到资产组合模型之间进行迁移。不像信号途径，冲销式干预的资产组合平衡效应不通过预期的未来收益发生（运用第2章介绍的术语）；它会通过贴现率进行。为了理解其中的原因，注意当中央银行的干预是冲销式时，有一些量发生了变化（尽管不是利率）。从上面的资产负债表的例子，我们看到冲销式干预增加了美联储持有的国内政府债券并且减少了美联储持有的日元债券（外汇储备，FXR，是以计息债券而非通货的形式被持有的）。这样，干预就降低了公众持有的美元债券总额且增加了公众持有的日元债券。如果美元债券和日元债券是完全可替代的，那么公众将乐意做这种改变，预期收益无须做调整（也就是说，风险溢价没有必要调整）。如果两种债券是不完全替代的，那么就有必要改变预期收益以诱使公众做这样的改变。这些预期收益的改变需要通过改变外汇汇率当期水平进行，因为收益预期——例如利率——在冲销式干预的方式下是不会改变的。[8]

尽管在原理上相似，但是对不完全替代的宏观描述和在第2章讨论指令流信息时介绍的微观描述两者之间是有区别的。区别在于市场通过什么样的方式去得知所需要的汇率变动的规模。在宏观层面，强加在公众身上的资产转换规模是为公众所知悉的（或者说，如果不是这样，可以通过公共信息进行估计）。这样所有的代理人都会在适当的市场出清的汇率水平上达成共识。相比而言，在微观层面，市场通过指令流本身来获知市场出清时的汇率。非零的指令流意味着需要更多的调整。

宣布的，未宣布的和秘密的干预

前一段对公共知情的干预和需要估计的干预进行了一个区分。在有关干预的文献中，所用到的术语是宣布的干预和未宣布的干预。宣布的干预是由中央银行或者其他官方机构通过主要的新闻渠道在干预交易的同时释放出消息的干预方式。（这些官方消息的释放并非具有代表性地提供全部信息：它们通常只是确定性地说明一家中央银行在进行交易但不泄露指令的规模。）未宣布的干预是与一家或者几家私人银行交易者进行，并且不释放任何官方信息。从信息的角度来看，未宣布的干预有两种情况实现。当中央银行本身发出未宣布的指令时，其交易对手知道另一方是中央银行的身份。因此，尽管没有官方信息的释放，市场也能够在一天之内知道已经有干预发生，接下来的新闻报道就会传达市场所了解到的情况。另一种情况是，中央银行有时通过代理人发出指令，这些代理人不会揭露中央银行是指令的真正发起人的身份——即所谓的秘密干预。中央银行这样做的一个理由是模仿私人交易者的交易（这种模仿策略是前美联储官员 Scott Pardee 向笔者描述的）。

让我们来总结一下以上关于干预类型的讨论。在讨论中包括九种类型，见图 8.3 中 3×3 图解。

	冲销 无信号	冲销 有信号	非冲销
宣布			
未宣布但 局部有反映			
秘密			

图 8.3　干预类型

实践中的干预

在实践中，近来主要外汇市场上的干预具有以下代表性特点：(1) 冲销式；(2) 未宣布的；(3) 通过外汇经纪商进行；(4) 很少发生。(也就是说，外汇干预在不同的中央银行表现出不同的实际情况，甚至在同一家中央银行的不同时间表现也不同。) 由于以上特征 (1) 和 (2) 的存在，大多数关于干预的文献集中在图 8.3 左下方的 2×2 这一块。[9]我们来对以上四个特点做更详尽的阐释。

在管理浮动汇率制度下，干预的典型方式是冲销式干预。对于美元/欧元以及欧元/日元这两个最大的即期市场的浮动汇率体系情况当然如此。(这两个体系，相对于纯粹的固定汇率模型，其实与纯粹的浮动汇率模型更吻合。) 比如美联储，以一种标准的操作流程来冲销其干预 (Dominguez 和 Frankel，1993b："既定的美国政策要求总是并且迅速地冲销它对汇率的干预操作")。日本银行和德国联邦银行也是典型的以冲销方式进行干预的中央银行，尽管并不总是这样 (Edison，1993)。另一方面，在纯粹的固定汇率体系中，干预经常是非冲销式的；为了具有公信力，中央银行需要调整其货币政策以维持钉住汇率。

尽管存在更多地宣布干预这样的趋势，但大多数干预也并没有在交易的同时由官方通过主要新闻渠道宣布 (Dominguez 和 Frankel，1993b)。即便官方公告，信息也能够得到不同程度的披露。考虑一下美联储官员的描述 (Smith 和 Madigan，1998)：

> 依据想要达到的干预透明度，我们会直接跟银行电话交易或者在代理市场通过代理人进行操作。大多数操作是在代理市场进行的。尽管在一次主要干预事件的开始我们可能有时会选择和几家银行同时进行直接交易以达到最大可见度。在代理市场我们更具灵活性，可以直接与现有报价成交或者报价等候成交。

当中央银行通过代理商进行操作的时候，干预可以被完全保密：对手交易商是和代理商进行交易和结算，因此中央银行这一来源可以保持不被揭露。Hung（1997）的报告显示1985年至1989年间大约40%的美国干预是秘密进行的（Hung对秘密的定义是从未在报纸或其他新闻渠道被报道过）。Klein（1993）也有类似发现；除此之外，他还发现报纸上报道的干预很多都从未真正发生过，因此对这些报道的信息的准确性有所怀疑。总而言之，虽然我们不能确切地知道秘密干预和部分被披露的干预之间的界限在哪，但两种类型在主要的市场数据中都有很好的体现。

四个实证特点的最后一个是主要货币市场上中央银行的干预是不频繁的。然而在这一点上要谨慎，因为干预往往是偶发的。例如，从1995年9月到1997年年底，美国从未进行干预，从那时起它也只是在少数的几天干预过。相反，日本银行同期相比进行干预要更频繁（虽然很难得到官方数据）。美国在1981—1984年间（这是第一届里根政府执政期间，对外汇市场实行放任自由主义）也完全避免干预。但在1985—1992年间，美国的干预要活跃得多：在此期间美国每年平均干预36天。

干预的重要性：固定汇率与浮动汇率

为了认识到干预的重要性，我们可以考虑汇率经济学中可能是最核心的一个问题：在固定汇率和浮动汇率之间的选择（另见7.3节）。正如大多数政策选择一样，政策制定者并不局限于选择其中一个或另一个。大多数汇率体系都具有混合性，包括美元/欧元和美元/日元的汇率制度体系。然而，理解完全纯粹的固定汇率制和纯粹的浮动汇率制能帮助理清混合汇率制度中的内在矛盾。正是这些内在矛盾以及决策者意图去缓解这些矛盾的努力，产生出一些有关干预的有趣的问题。

首先考虑一个以没有任何干预的纯粹浮动汇率市场：中央银行将汇率的决定权完全交给市场。中央银行也因此从不在外汇市场上进行交易，也从不通过调整汇率的宏观基本面（例如利率）来影响汇率。货币政策可以自由地用来实现其他政策目标，如刺激增长或者降低通货膨胀。[10]

更常见的是对固定汇率制度的维持。在开放自由的资本市场中，维持固定汇率需要宏观基本面（利率，货币供给等）保持在和钉住汇率一致的水平上。当宏观基本面不一致时，金融市场会立即作出反应，比如将被高估的本国货币卖给中央银行，以此来使外汇储备流出中央银行。

对于固定汇率制度下当宏观基本面与钉住汇率不协调时所发生情况的简单描述引出两个重要的问题：

1. 确切地说，什么是所谓的可能与钉住汇率不协调的“基本面信息”？

2. 中央银行怎么能够知道基本面何时与钉住汇率相协调？

第 6 章的宏观模型为这两个问题提供了理论上的答案：在宏观汇率模型的方程中，基本面变量是驱动变量，而且方程本身提供了与钉住汇率相一致的关联关系。但是在实证上，这些方程不能很好地描述实际的汇率行为。如果不是源于宏观模型，那么在现实的世界当中，中央银行怎么能知道何时实现了固定汇率和宏观基本面之间的一致？答案很简单：中央银行通过指令流来了解以上二者是否达到一致，即，当买方发起的指令和卖方发起的指令之间不再存在显著的不平衡时，可以认为宏观基本面广义上和固定汇率达到一致——也就是说，私人的指令流不再显著不为零。

这一点并非微不足道。它表明中央银行总是在微观结构层面上通过监控指令流对宏观基本面的变动进行实时的监控。[11]的确，在危机期间我们可以观察到中央银行外汇储备的变动，以此作为私人指令流的总测度（因为在危机期间中央银行是具有代表性的本国货币的唯一买方）。

指令流和宏观方法

尽管用在微观金融中的“指令流”一词在 20 世纪 90 年代中期以前并未用于有关干预的宏观文献当中，但是交易对于推进价格运动很重要这一概念确实是存在的。比如考虑以下来自 Dominguez 和 Frankel（1993b）的段落：

> 下一个问题是，在干预政策对汇率的影响中，有多少是

> “新闻”效应，又有多少是由官方对外国货币同时进行的实际买卖而产生的效应？很显然，新闻效应达到了这样一个程度，那就是它使得投资者修正他们对未来收益率的预期。他们买入或卖出外国货币以回应预期收益的变化，也因此抬高或者压低了外汇的当期价格。

这一段文字中最有趣的事情或许是，即使是新闻渠道在对预期产生影响，价格变化的最直接近因仍旧是指令流——通过私人部门投资者的具有诱导性的指令。那么对于两种效应——新闻效应和官方交易的直接效应——笔者认为指令流都是直接的驱动因素。[12] 1993 年，当 Dominguez 和 Frankel 的著作出版的时候，我们对于每一美元指令的价格影响几乎没有什么实证上的认识。这也正是微观结构方法现阶段正在研究的。

8.2 干预的微观结构模型

这一节回顾了近来运用微观结构模型研究中央银行干预的理论工作。有两项主题使得这一理论研究与众不同，一是它认识到不同种类信息的非对称性，二是它正面解决了透明度（保密性）的问题。

首先来看第一个主题信息不对称，其实有两个基本类型与干预有关（Evans 和 Lyons，2000）。第一种在宏观文献中得到了很好的公认：中央银行和公众之间的信息不对称。仅中央银行控制着多个汇率基本面变量（如利率和通货膨胀）这一事实就使得它拥有关于那些变量路径的更优越的信息。另一个中央银行具有信息优势的例子是它对专有信息的可获取性（比如说，未公开数据）。这里的“类型 1”即中央银行和公众之间的信息不对称是传统的干预理论的核心。

第二种类型的信息不对称存在于私人代理人之间。基于第一种信息不对称的传统干预模型不包括以上这种信息不对称；在早先的模型中所有的私人代理同时获得宏观基本面变化的信息，并且这些宏观基本面的变化对价格的影响路径也是为公众所知悉的。

这里的"类型2"即私人代理之间的信息不对称能够被证实比第一种信息不对称更加普遍，至少涉及到干预的时候是这样，因为无论干预通过哪种途径产生效应，它都起到决定干预有效性的作用。比如考虑信号途径：不管干预是否是冲销式的，一些代理人会比其他人更早地观察到中央银行的交易，市场对于这一行为的理解将影响价格。[13]对于资产组合平衡途径，这仍然成立：中央银行强加于公众的资产间转移并不能被所有人观察到，因此价格的调整就会通过对交易过程的不断学习来进行。

微观结构的理论工作更多关注第二种类型的信息不对称。近来有关干预的两篇论文即是这种情况：Montgomery 和 Popper（1998）以及 Bhattacharya 和 Weller（1997）。Montgomery 和 Popper 运用了理性预期模型的一种变体来设法解决中央银行依靠干预能否有助于提高第二类信息在市场聚集的有效性的问题。事实上，在他们的模型中，干预确实帮助实现了信息的有效共享，否则这一点是实现不了的。Bhattacharya 和 Weller 的研究重点则稍有不同。他们运用混合的凯尔理性预期模型来说明为什么在第二种信息不对称存在的情况下，中央银行会更加倾向于不暴露其外汇率目标，也不暴露其干预规模。关于保密性研究，他们的分析提供了一个基于微观方法的视角，其中包含的信息要素，在以前的工作中是没有的。

为了更直接地转向保密性这一主题，我们先来简单回顾一下在 Bhattacharya 和 Weller 的微观结构方法之前有关中央银行保密性的文献。Dominguez 和 Frankel（1993b）在对之前文献的见解中写道：

> 人们提出许多原因解释为什么中央银行想要秘密地进行它们的干预操作。在此我们来详细地统计一下，不管他们具有多强的说服力。关于中央银行保密性的解释可以依次被划分为三个大类：第一类原因基于中央银行坚信在特定时间上干预是有效力的，第二类原因基于特定时间点外汇市场上被感知的深度或者潜在波动性，第三类原因基于中央银行对其资产组合的调整。

这几个大类中的第一个原因是基于这样的事实，即有时中央银行之所以会秘密行动是因为它们实际上宁愿其干预是无效的。例如，做出干预的决定可能来自于另一个不顾中央银行反对的政府分支。秘密干预的第二类原因是基于这样的想法，即中央银行想要通过给人一种双向市场的感觉来抚平所谓的“无序”市场。这里涉及到的一个概念是，如果干预是可观测的，这就会给出信号表明私人参与者不愿意充当现期市场的一方来提供流动性（可能会导致更严重的混乱）。秘密干预的第三类原因——Dominguez 和 Frankel 认为更具说服力——是基于中央银行在不打算频繁调整其所持有资产组合的同时改变汇率的这一事实。它们不想让市场将这样的交易与目的性干预相混淆，因此它们秘密进行干预。

请注意，对于上述第一类和第三类原因，中央银行选择秘密干预以使其价格影响最小化，尽管“有效”干预通常与最大化的价格影响相关联。对于第二类原因，中央银行选择秘密干预的理由不在于使价格影响最大化，而是以此来阻止可能发生的不尽如人意的变动。总之，从通常意义上讲，这三种类型的原因都没有为提高干预的有效性提供一个理论依据。

正如 Bhattacharya 和 Weller，Vitale（1999）运用了凯尔模型的一种变形解释了中央银行更喜欢秘密干预的原因。为了更深入地理解这一新的干预理论，我们来更加详尽地描述一下 Vitale 模型及其分析（在第 4 章给出凯尔模型的基础上很容易理解）。关于保密性的新增视角为笔者在 8.3 节将要进行的实证分析做了一个良好的铺垫。

Vitale（1999）模型

Vitale 的模型运用了单期凯尔模型的框架结构。乍一看，凯尔模型似乎不适合于主要的外汇市场：它假定出一个集中化和批量化的交易结构，然而在主要外汇市场上是以一种分散化的交易结构进行交易的。Vitale 针对这一模型的选择提出了一个聪明且令人信服的推动因素：批量市场暗示了市场缺乏透明度。当中央银行的实际指令经过一个个体交易商时，这名交易商接下来的交易会被理解成干预的噪声信号（由于透明度低被视为噪声）。凯尔的批量模型框架抓住了干预的这个方面，因为凯尔模型中的做市商不能够识别其客户的身份也就因此不能区分知情交易者和不知情交易者。但是，凯尔模型中做市商收到的指令仍然传递了关于宏观基本面的信息。

Vitale 模型中单一的风险资产就是外汇，其随机收益 V 服从正态分布，均值为 P_0，方差为 σ_v^2。（Vitale 提到的收益 V 是由宏观基本面而来的，在描述他的模型时将采用同一术语。[14]）模型中有一个风险中性的交易商和若干流动性交易者以及中央银行进行外汇交易。由于了解 V 的实现程度，中央银行是信息知情者。来自流动性交易者和中央银行的所有指令都批量式地到来，因此交易商观察不到指令的来源。交易商只能观察到两类指令的总和，以此来提取关于宏观基本面 V 的信息并设定市场出清价格 P（如凯尔模型中，根据零利润条件）。在 Vitale 模型中，中央银行就是内幕信息知情者，而非像凯尔模型中那样某个代理商为内幕信息知情者。正如凯尔模型中的知情者，这里的中央银行也只能够通过改变交易者对于 V 的预期来影响汇率。

这一模型还包含另外三个关键要素：

1. 干预不会影响 V 的值（也就是说，它是冲销式干预）。

2. 干预的目标是使汇率 P 达到某个值 $\overline{P}$。

3. 中央银行设定一个损失函数并使其最小化，该损失函数依赖于 P 和 $\overline{P}$ 之间差距以及干预成本。

损失函数的形式如下：

$$L = X(P - V) + b(P - \overline{P})^2 \tag{8.1}$$

其中，X 是中央银行的（市场）指令。参数 b 表示对预先确定的目标汇率 $\overline{P}$ 的执行程度。损失函数中的第一项反映了资本支出或者干预的成本：如果中央银行在当地以高于 V 的价格买入外国货币，这将是不划算的，并导致损失。

损失函数明确表示出，如果中央银行要透露其干预交易 X 和目标汇率 $\overline{P}$，那么交易商就能反解出基本面的变量值 V（因为 V 是唯一未知量）。随着交易商对 V 的知晓，任何针对目标汇率的干预的努力将变得无效——只有交易商对 V 的预期才有影响。然而，也可以假设不同于以上的情形，如中央银行试图通过宣布虚假的干预交易信息来欺骗交易商。Vitale说明了这些公告是不可能被外界相信的（这暗示了中央银行不能取得任何利益）。

这一模型的实质在于损失函数中，尤其是实际上目标 $\overline{P}$ 和基本面变量 V 并不均等。这就产生了中央张力。准确地说，当目标与宏观基本面和所公布的信息不一致并且公布的信息不可信时，冲销式干预是有效的。Vitale指出，事实上，中央银行可以通过昂贵的交易买到公信力，从而使它能够将汇率推向目标水平。

Vitale的主要结论是，中央银行总是更倾向于隐瞒其目标。当目标隐蔽时，汇率将会更紧密地分布于目标汇率的周围，使预期的损失最小化（汇率的分布来自于流动性交易者的不确定需求的实现）。基本的思路是：如果做市商知道关于目标汇率的某些信息，他就可调整来自于指令流的信号以使它们含有更多的关于 V 的信息（以同第4章大致相同的方式调整信号以形成新的含有更多信息的信号——通常记为 Z）。指令流所含的信息越多，价格 P 的分布与 V 的关系就越紧密，这并不是中央银行想要的。隐蔽的目标给予中央银行尽可能大的空间去利用做市商的信任。

8.3　干预交易对价格影响的测量

私人交易与中央银行交易的一个重要的区别在于私人交易者通常希望将价格影响最小化，而中央银行想要将价格影响最大化。中央银行交易柜台尽他们所能为其干预交易"设定时间"以增加价格影响。在过去这大多是凭感觉：获取不到数据资料因而不能严格地确定哪一阶段的市场具有最高的价格影响。[15]

随着电子交易系统的出现及随之而来的数据资料的增多，关于这一主题的研究进入一个转折点。中央银行能够得到关于其自身交易的更多详细数据（时机、规模、执行方法等）。这使得他们能够形成一个关于干预交易怎样准确纳入市场的实时图景，包括流动性供应的变化（例如，经纪人的限价指令），引致的私人指令流的路径，等等。从中央银行研究的角度来看，这一类直接的微观结构分析有着令人振奋的前景。然而对于中央银行以外的交易者，有关个体干预交易的直接分析一般来说是不太可能的，这是因为详细的干预数据是不披露的。（由 Payne 和 Vitale 2000 年分析的瑞士央行的数据是一个值得注意的例外。）

Evans 和 Lyons（2000）最近的一篇论文通过用一种间接的方法测量价格影响，从而规避了这些数据约束。他们解决了以下问题：私人交易的价格影响告诉了我们哪些关于干预交易影响的信息？[16]私人交易数据综合涵盖了交易的各项特征，如交易时间和市场状态，而干预数据不包含这些，尽管中央银行也可以获得这部分数据（干预是相对不频繁的，而且是按照一天中的某段时间成群分布的）。Evans—Lyons 的论文的另一个重要特点是，他们的数据不限于高频价格数据，而且也包括指令流，这一点很关键。测量指令流对于确定交易对价格的影响是很有必要的。Evans 和 Lyons 的间接方法是基于这样的事实，即中央银行的特定类型的交易——冲销式的，秘密的，不传递任何信号的——与私人交易之间是难以区分的。[17]这使得他们能够更精确地分析这种干预交易类型可能产生的价格影响。

Evans—Lyons 分析将注意力转向一个以往几乎没有受到关注的干预类型。自从 Dominguez 和 Frankel（1993b）的研究发表以来，出现一些共识认为，要想干预变得有效，需要在多个银行之间进行公布及协调。Evans—Lyons 分析不否认这类干预的有效性；确实，由于他们的分析只是基于私人交易，关于这种干预也就没有什么可说的。更确切地说，Evans—Lyons 分析强调处于透明度图谱另一端的干预的有效性（见图 8.4）。就其本身的性质而言，私人交易是“冲销式的”，因此为何不从这种交易类型的价格影响中获得我们能够获得的所有信息呢？

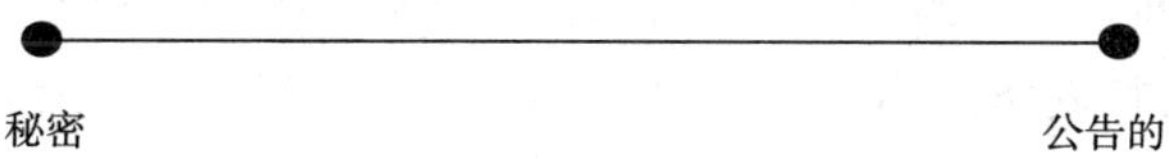

图 8.4　干预的透明度图谱

为什么价格影响会依状态而定?

为了理解为何某一特定规模的交易会在不同的市场状态下产生不同的价格影响，我们来回顾一下事件的不确定性这一概念（在第5章中介绍的)。这一术语指对于私有信息是否存在的不确定性（相反，大多数交易模型都确定地认为私有信息是存在的)。[18]在事件不确定性条件下，交易的信息内容依市场状态的不同而不同。在 Easley 和 O'Hara（1992）的模型中，交易是更具信息的，也就是说，当交易强度大时具有更大的价格冲击。为了理解其中的原因，考虑某一环境，在这个环境当中新的私有信息可能存在，但不是必须存在。例如，假设新信息不存在的概率为 p，而一些交易者观察到一些私有信息存在的概率为 $(1-p)$（不论好的坏的，只要有被知道的可能性)。Easley 和 O'Hara 证实了在这个背景之下的理性交易者将会把缺乏交易视为不存在新的私有信息的证据。结果就是，如果交易强度低，那么新的交易引起的对先前观点的改变程度会更小一些，这是因为这些新的交易更可能纯粹只是流动性驱动的。反过来，在交易强度高的时候发生的交易更有可能成为私有信息的标志信号。尽管 Evans 和 Lyons（2000）没有明确地分析状态依赖下的价格影响，但是他们在实证中允许这种现象的存在。

中央银行交易模型

Evans 和 Lyons（2000）运用的干预模型是第7章介绍的 Evans—Lyons 模型的一个变体。相应的，这里集中研究两个模型的主要差异。模型被设计用来说明交易过程怎样发现由不同类型的干预传递的信息。[19]它包含了主要的干预类型（图8.3）和干预发生效力的主要途径。

尽管模型能够包含所有的9种干预类型，但是 Evans 和 Lyons（2000）的实证工作集中在图8.3中矩阵的左下部分：秘密进行的，不传递未来中央银行政策信号的冲销式干预。Evans 和 Lyons 没有解决协调干预的问题，但是模型是可以向这个方向延伸的。（当延伸此模型去解决联合干预问题时，应该认识到协调本身更有可能通过信号途径而非资产组合平衡途径来运作。)

干预交易

每一天，从外汇市场上的 N 个交易商中随机地选择1个去接收来自中央银行的一个指令。用 I_t 表示第 t 天的干预，在这里 $I_t<0$ 表示中央银行卖出（交易商买入）。在第1轮结束时，中央银行的指令随着公众指令一起到达，而且像公众指令一样，它只能被接收指令的交易商观察到。（回顾一下一天中包含三轮交易的模型：客户与交易商之间的交易，交易商之间的交易，另一轮的客户与交易商之间的交易。）中央银行的交易服从正态分布：[20]

$$I_t \sim N(0,\sigma_I^2)$$

就无信号冲销式干预来说，中央银行的交易 I_t 和日收益增量 ΔR_τ 是无关的：

$Corr(I_t,\Delta R_\tau)=0$，对所有 t 和 τ 成立。

模型求解

此模型的解与第7章中模型的解很相似。具体地说，第2轮交易商之间交易的均衡交易规则表现为以下形式：

$$T_{jt}=\alpha C_{jt}^1 \tag{8.2}$$

$$T_{it}=\alpha(C_{jt}^1+I_t) \tag{8.3}$$

这里用下标 j 表示所有没有接收到中央银行指令的交易商，下标 i 表示接收到中央银行指令的那个交易商。有了这些交易规则，从第 t 天开始到第 $t+1$ 天开始的价格变化可以表示成以下常见的形式：

$$P_{t+1}-P_t=\beta_1\Delta R_t+\beta_2 X_t \tag{8.4}$$

同以前一样，这里 X_t 是每一天第2轮交易商之间交易结束时观察到的交易商之间的指令流。

如同在第7章中 Evans—Lyons 模型中那样，指令流 X_t 的价格影响在这里完全来自资产组合平衡效应。它反映了需要进行的价格调整，以便诱导公众（第3轮）吸收全部来自当天第1轮交易中的资产组合转移。

这里唯一的区别在于中央银行的资产组合转移——以 I_t 的形式表示——也必须由公众来吸收。

当冲销式干预处于秘密状态进行，并且不传递关于未来收益 R_t 的任何信号时，市场将其视做如同其他私人交易一样。换句话说，在这个模型中私人交易等同于秘密的，进行冲销式干预的交易，是对未来的货币政策没有影响的。通过选择以这种手段进行干预，中央银行可以期待其干预能够与代表性的私人交易在推动价格方面达到同样的效果。

主要干预效果的总结

Evans 和 Lyons（2000）给出了几个干预效果的例子。首先，用来自 \$/DM 和 \$/Yen 市场的每小时数据，他们发现私人交易（交易商之间）具有约每 20 亿美元对应 1% 的即时影响。[21]这与第 7 章中根据每日指令流衡量的影响在数量级上是相似的。然而所有的这些即时影响都不能持续。（持久影响对于那些认为当期汇率存在错位的官方当然是更重要的。）因此需要调整干预策略以使持久效应最大化：当交易强度比其均值高出一个标准差的时候达到最大值。当干预策略据此来做相应调整时，Evans 和 Lyons 发现买入指令有约每 30 亿美元对应 1% 的持久效应。这样的结果表明，例如，若欧盟官方想要欧元增值 10%，并且想要这一调整持续，他们就必须卖出大约 300 亿美元的外汇储备，而且要以模仿私人交易的方式进行（参见注释 21）。

Evans—Lyons 分析法还在时间依赖性规则和状态依赖性规则这两种形式上为干预提供了明确的指导。他们的时间依赖性规则表明，在伦敦的一个下午（英国夏季时间下午 12 点到 6 点——BST），指令流具有最大的正价格影响。在他们的样本里，纽约于英国夏令时（BST）时间下午三点开始有大量的交易（美国东部时间上午 8 点），因此这一时间间隔中包括了纽约交易日的前三个小时（碰巧是大多数美联储干预发生的时间段）。状态依赖性规则表明指令流具有最大的正价格影响（1）当交易量大时——与事件不确定相一致——以及（2）当市场不是特别动荡也不是特别平静时。[22]这些结论与 Dominguez（1999）中的结论是一致的，他也发现了在交易量巨大的时间段内（以及宏观事件发生前后）干预具有更大的效应。

Evans 和 Lyons 阐明他们的发现是不完全替代性存在的证据，而这是资产组合途径有效的必要条件。金融经济学家之间达成了某种程度的共识，认为来自干预的资产组合平衡效应是不存在的，或者说至少是很小的以至于不容易检测出来。这就引导某些人忽略资产组合平衡理论，认为它是无关的。Evans 和 Lyons 的方法加强了统计力度，这使得他们能够检测到这些效应。结论是：资产组合平衡理论可能比想象的要更具实际价值。

在即将结束本章的时候，让我们来考虑干预的微观结构研究方法将会朝哪个方向发展。现今所能够取得的市场数据的类型使得我们可以进行精确跟踪，来发现市场怎样吸收中央银行的实际交易以及其中包含的信息。中央银行对其自身交易有精确信息，比如时间、公告、保密程度等——将能够估算出这些不同“参数”设置的影响。具备了恰当的数据，中央银行就可以准确地知道交易是怎样在市场所有三个阶段（直接的交易商之间的交易，通过经纪人完成的交易商之间的交易，以及顾客和交易商之间的交易）被影响。其中包括了解流动性的提供（关于市场上的双方），交易活动，以及价格调整过程。这多少有点像一名医生让一位病人摄入蓝色荧光染料来确定它是怎样通过消化系统的，让整个过程变得透明可见。这正是将来在这一问题上要做的实证工作。

第9章　客户：经济中的基础需求方

本章对外汇客户的交易进行介绍。读者需要理解客户的需求，包括投资者、进口商、出口商、公司财务部门等的需求，这对于微观结构分析方法而言是重要的也是前沿性的问题。笔者的目标是沿着这些前沿问题提出一些第一手的发现，这里所谓“第一手”，是因为做这类分析所需的不可或缺的数据，只有到最近一段时间才得以获得。需要做的工作仍然很多。

在第9.1节，描述了现有客户外汇交易数据的背景。虽然迄今为止笔者的实证研究集中在交易商之间的指令流上，但是在第一节有必要把客户与交易商之间的交易引入读者的视野。第9.2节将对数据进行详述，包括统计方法。因为这些数据没有在之前的文献中出现过，因此需要比第5章更详细地对数据进行描述，从而有利于对理论的解析。第9.3节将视线转向回归分析。这里通过对价格变化与指令流的回归分析，来检验第一节中所介绍的假设。这些数据的样本足够长（6.5年），因此回归使用的是月度数据，而前一章的回归分析使用的是每日数据。（试想一下宏观经济汇率模型估计通常使用的是月度数据。）在最后一节，即第9.4节，是对1998年10月发生的日元对美元汇率大幅下降的案例研究，[那时正经历着长期资本管理公司（Long Term Capital Management）倒闭]。在仅仅一天之内，日元汇率从大约130日元/美元升值至118日元/美元，有大约10%的变动。

9.1　客户的背景

客户的指令流所起的作用对微观结构理论是至关重要的，这已经被前面的章节中提出的模型所证明：在每个模型中，客户指令流是问题的本质，因为正是由于这些客户指令流，才加速了市场的反应。由此可推论虽然价格调整的路径可能会因模型不同而有所不同，但从广义角度看，微观结构模型中汇率与客户指令流之间关系是类似的，所以从这个角度以类似的方法分析微观结构模型并没有什么不合理之处。[1]

客户指令的重要性对于执业者也是显而易见的。任何外汇交易商或交易经理都会同意这种说法。在与交易商交谈时，他曾有过一个有趣的比喻，他说，客户的交易是外汇市场的“霹雳可卡因”，其意思是客户的指令是市场的催化剂，而且这种催化剂是强力有效的。[2] 按照这一概念，对于大型商业银行的交易而言，这些指令流反映出的客户私有信息是最主要的交易驱动力。（对于规模较小的银行，它就看不到全市场客户的交易指令流，也就无法使这些指令流中蕴含的信息派上用场。）这些行为隐含了一个事实，那就是一些银行发现这些指令流对于预测汇率变化是宝贵的信息。到目前为止，本书只涉及解释汇率变动，用指令流解释其对汇率变动的即时影响。客户指令流具有预测力（即今天的指令流预测未来汇率走势）的这个发现，又为我们的研究增加了一个新的维度。正是这种指令流具有预测力的新观点，引起了微观结构研究的执业者的兴趣。[3]

既然客户的指令流如此重要，那么为什么还在前面几章花了那么多时间来研究交易商之间的指令流呢？原因有两个：第一是一个简单的事实，在获取客户数据集之前，研究人员已经别无选择，只能研究交易商之间的指令流。第二个原因是，除了对数据的获得性有所限制外，由于客户指令流的透明度明显小于交易商间指令流，因此只能以交易商之间的指令流为重点进行研究（见第3章介绍）。这个市场的现实是，交易商可以观察到交易商同业之间的指令流，尽管他们不亲自介入，他们可以通过经纪公司了解到这些指令流。而另一方面，客户与交易商的交易，交易商是观察不到的，而只有银行可以观测到。因此，交易商要想了解其他交易商的客户指令，只能尽可能去观察其他交易商同业之间的交易，然后他们再设置相应的市场价格。虽然这种对交易商同业之间交易的研究符合前面章节的实证模型，但交易商同业之间的指令流的最终驱动力仍然来自顾客的指令流。

如何将本章的客户指令流数据与前几章的指令流数据分析联系在一起，在此提供一个概览。正如在第3章中的数据，19世纪90年代，外汇市场的现汇交易额分为基本相等的三类：客户与交易商的交易，交易商之间的直接交易，交易商通过经纪商的交易。图9.1提供了一个示例。第7章的分析是基于交易商同业之间交易的数据。例如在Evans和Lyons（2000）的文章中，他们使用的数据完全是来自交易商之间直接交易的类型。Payne（1999）；Killeen、Lyons和Moore（2000a）文章的数据完全是来自交易商通过经纪商的交易类型。

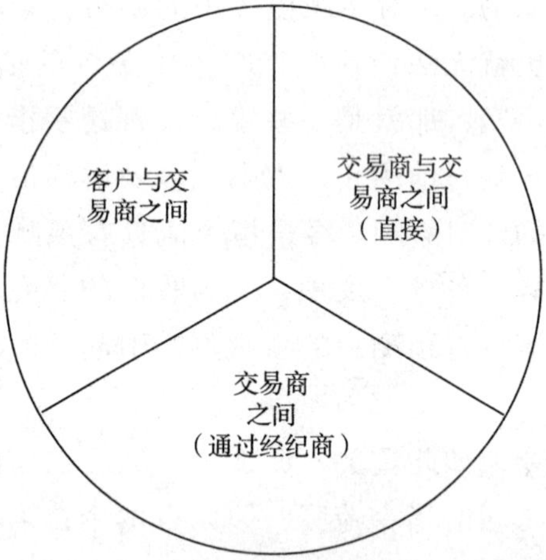

图9.1　成交额饼图

正如在第5章所述，在现汇市场，客户的指令数据很难获得。鉴于市场目前的结构，唯一可能的来源是私人银行，但一般来说，这些银行认为这些数据是高度专有的。然而，最近Fan和Lyons（2000）从花旗银行——一家在外汇交易领域领先的银行获得了客户的交易数据。（花旗银行在世界范围内位居前三名，在主要货币交易中，客户业务的市场占有率在10%到15%之间。）花旗银行提供的这些数据是经过处理的：这些数据是在某一时间加总的基础上提供的，也就是说，花旗银行将其在世界上所有客户在同一天内发生的交易数据都加总，汇成每日指令流（只计算执行过的指令）。所以，该数据集合不包括个体的交易数据。因此，要想顺着第5章介绍的路线去做交易层面的分析，仍然是不可能的。

即使数据集有这些缺点，但辩证地看，这个数据集合也还是有许多优点的：

1. 数据跨度超过5年，因此如果以更长期的视野进行分析（如月度分析）还是可能的。

2. 数据包括两个最大的市场：美元/欧元市场和美元/日元市场。（在1999年1月欧元启用之前，“欧元”的指令流数据是从欧元区成员国各组成货币，通过与美元的汇率构造组合而成的）。

3. 数据既包括即期交易，又包括远期交易，但任何外汇掉期交易都被抵消了（因为外汇掉期没有净指令流的影响；见第3章）。

4. 数据按客户类别分为3类，对应于第7.4节的三个部分划分的介绍：非金融机构（例如公司），非杠杆金融机构（如共同基金等）与杠杆金融机构（如对冲基金等）。

第4点优势提供了相当可观的统计分析能力，可以以此揭示指令流对价格产生影响的根本原因。是否所有的指令流对价格具有相同的影响？或者有些指令类型，比如说对冲基金的指令，是否比其他类型的指令能传达更多的信息？我们将分解这些指令流来回答这些问题，使读者更加深入地了解根本的信息来源。

指令流与资本流

当宏观经济学家听到“流量”这个词，他们往往会想到的是国际收支流量：即经常项目的实物贸易流动和资本项目中的资本项目流动[4]。而本书与此完全不同，打造一个指令流的概念。这正是一个回顾两种流量概念关系的合适的时机，因为我们离开了交易商同业交易的世界，转而考虑客户对货币的需求，这又代表着实体经济中的需求。他们是市场的主角，他们需求的变化对市场价格的持续变动至关重要。（作为一个实证问题，交易商的净需求过于短暂，以致从较长的视野来看不会起到多大作用。但他们会从基本面反映客户需求的有关信息[5]。）因为国际收支流量是宏观经济学家十分熟悉的领域，这也就很自然地成为具有那些研究背景的读者的连接点。

既然我们正在研究经济中的基本需求，那么这是否距宏观经济的国际收支流量概念又近了一步呢？乍一看，距离好像并不是那么近。比如，可以考虑一下在第1章介绍过的并在第7.2节重新回顾的商品市场分析法。的确，这种分析法提供了一个到国际收支平衡分析的桥梁，因为在那种分析法下，对货币的需求依赖于国际收支的两个大类，即进口和出口（比如进口会增加对外国货币的需求，用以支付那些进口商品，而这种需求的上升又导致外国货币升值）。但是，我们在第1章也学过，仅有不到5%的即期外汇交易来自进口与出口。商品市场分析法只不过是指令流分析法全部图景中的一个小片段。

研究经济中的基础需求不能使我们更接近国际收支概念的另一个原因，就是国际收支中的交易与外汇交易并不一样，二者之间并不存在一个一对一的关系。为了理解其成因，考虑一个美国跨国公司从日本进口1亿美元日本商品（此例中也可以使用资本账户交易）。假设交易发票的计价货币为日元，美国跨国公司用它在日本的分支机构所持有的日元来付账。进口已经发生了，但外汇市场上并没有发生相应的交易，所以二者的关系并不是一对一的。随着时间的推移，人们可能期望跨国公司调整其资产组合，但是这并不一定会立即发生，也无须涉及外汇市场中的指令流的变化（例如，假设在日本的分支机构增加了其日元运营资本的借入）。[6]这个例子说明国际收支流量平衡不一定产生相应的外汇市场的指令流。如果从指令流可以得知交易商如何确定交易价格，那么由国际收支流量变化导致的资产组合的变化将不予计算，除非它们产生指令流。

虽然前几段表明顾客指令流和国际收支平衡的联系是松散的，但它们确实有联系。至少这一章的分析会比前几章距国际收支平衡的概念更近一些。本章的实证分析，通过按“经常项目”和“资本项目”的属性对指令流进行分类，有助于加强指令流与国际收支平衡之间的联系。比如，由于有客户指令，使我们能分解出非金融公司的指令流，包括来自经常项目交易的需求，还能分解出来自金融机构的指令流，相对而言，这些指令流更多地与资本项目有关。（由非金融公司实施的外国直接投资，属于资本项目，是一个重要的例外。）在第9.3节，我们将检验这两个不同类型的指令流是否具有相似的价格影响。[7]检验结果将有助于我们了解哪一种交易类型驱动了价格。

早期模型对顾客指令流的预测

从概念上看，Evans—Lyons模型的贡献之一就是它解释了图1.2中交易商之间的累计指令流服从随机游走的原因。然而同时，单个交易商的头寸在每个交易日闭市时归零。这个模型得出归零结果的本质是交易商的总头寸每天都被公众完全吸收。这一市场出清机制对客户的总指令流有强烈的影响。例如，它意味着：

假设1：从整个市场范围看，每天客户指令流量净额应为零。

从模型的结果看，交易商在每天交易结束时没有净头寸。这本身就是假设交易商的风险承受能力低于整个市场，即低于所有的非交易商的总和的结论。

以下的客户指令流的数据仅代表某一家银行收到的客户指令流，而不是所有银行收到的客户指令流。哪怕投资组合转移模型确实是正确的，也不能因此预料每天净指令流将完全归零。由于这些数据量较小，假设1无法验证。但是，假设某单一银行的数据代表了随机抽样，比如说占某日市场顾客全部指令流的百分之十，在这种情况下，Evans—Lyons模型有以下预测：

假设2：对于单个银行，每天客户指令流不等于零，原因是随机抽样误差。

假设3：对于单个银行，每天客户指令流与汇率变动不相关。

假设3服从以下事实，即客户指令流的样本是随机的。（平均来看，从每日交易开始时的交易指令和到交易结束时的吸收指令是相等的，分别由模型中的C_1和C_3来表示。）

还有一种可能，所有的客户指令对于后续的市场变动并不具有相同多的信息量。比如，指令流就其市场影响而言是不相同的。我们可以想象两类客户，一类是对市场影响大的客户，另一类是对市场影响小的客户。如果这种描述是符合客观事实的话，那么银行的客户指令流就不宜成为全部客户指令流的代表，因为银行拥有较大比例的对市场影响大的客户。

9.2 初识客户指令流

表9.1列出三个主要客户类别的汇总统计：非金融公司，杠杆金融机构（例如对冲基金）和非杠杆金融机构（例如共同基金）[8]。样本范围包括从1993年1月至1999年6月。对于欧元，三种客户类别的交易额大致相当。对日元并非如此：非金融公司的交易额不到另外两类的一半（这些细分可能更多体现了针对银行的特殊性）。对于这两个市场，非金融公司每日指令流的波动性是最弱的。就累计指令流而言，三个客户类别显示出完全不同的特征。对欧元而言，非杠杆性金融机构是最大的净买家而非金融公司是最大的净卖家。在日元市场，杠杆金融机构是最大的美元净买家，非杠杆性金融机构是最大的净卖家（尽管卖出量很小）。

表9.1　　客户交易：交易量和指令流

	欧元			日元		
	交易额	累计指令流	每日标准差	交易额	累计指令流	每日标准差
非金融公司	539	-25.7	0.09	259	3.3	0.07
杠杆金融公司	667	2.5	0.16	681	16.1	0.16
非杠杆金融公司	507	11.8	0.13	604	-1.8	0.15
总计	1 713	-11.4	0.23	1 544	17.6	0.23

欧元单位是10亿欧元，日元单位是10亿日元。

欧元表示美元/欧元的市场。日元表示美元/日元的市场。

样本区间是从1993年1月到1999年6月。（在1999年1月推出欧元之前，交易额和指令流是从原组成货币交易统计而来的。）在欧元区，正的指令流是指对欧元的净需求（遵循市场惯例，欧元报价是每欧元兑若干美元）。日元区出现的正指令流是指对美元的净需求（遵循市场惯例，日元汇率标价是每美元兑若干日元）。每日标准差用来度量每日指令流的标准差。

现在转向客户指令流图，第一眼它就为读者展示了指令流与汇率变化的直观联系。图9.2显示了累计客户指令流和美元/欧元和美元/日元外汇市场汇率水平[9]。显而易见它们有正相关性。将这些图和图1.2比较——它使用交易商之间四个月的日度数据（Evans，1997）。可以看出，图9.2的相关关系并不像在高频数据时那么紧密。在较低的频率，例如月度数据，相关关系表现得十分清楚。我们在下一节将更加正式地运用回归分析方法来分析这个较低频率情形下的相关关系。

这些图对于解释第9.1节介绍的三个假设有明显意义。假设1说，整个市场每天顾客净指令流应为零。由于这些图只显示某一个银行的客户指令流，而不是整个市场的客户指令流，不能单单从这些数据就拒绝这个假说的。然而，假设2和3是可以直接检验的。假设2和3表示，某家银行的每日客户指令流如果不为零只是由于随机抽样误差引起的，因此应与汇率变动不相关。但这些假说显然被拒绝：这家银行所收到的累计指令流与汇率变动是相关的。

那么有什么因素可以解释这种正相关性呢？一种可能性是，这种正相关性其实并不存在，或相关关系并不显著。但下一节中将显示这种正相关关系在统计上是显著的。另一种可能性是，假设1——它是导出假设2和3的基础——可能不成立（即整个市场的顾客每天净指令流不为零）。例如，交易商作为一个整体可能会保持非零的头寸。虽然从逐天来看，这并不意外，但如果按周频率或更低频率来看，这确实是令人惊讶的（这些低频数据，在图9.2表现的相关性很明显）。因此，笔者不认为这种正相关关系是源于对假设1的拒绝。假设1不能成立的另一个原因是，交易商作为集体实现他们的零头寸，是通过运用一些套期保值工具（例如，货币期货或期权）来实施的。但是根据第3章和第5章，有证据表明，外汇交易商很少使用这些风险管理方法（参见Naik和Yadav 2000，其中有关于交易商在其他金融市场中的对冲的内容）。

没有任何令人信服的理由可以拒绝假设1，然而，在符合这些假设的前提下，至少还有其他两种可能性可以解释在图9.2中所描述的相

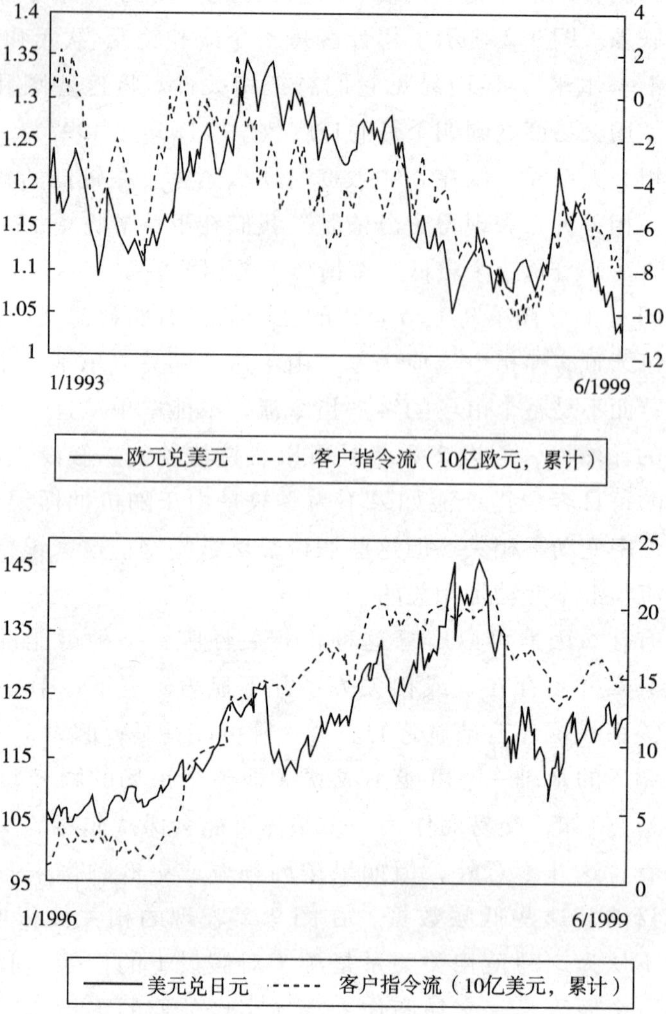

图 9.2　累计客户指令流和汇率

本图显示了花旗银行提供的即期汇率和银行收到的指令流。美元/欧元的图覆盖范围从 1993 年 1 月至 1999 年 6 月；日元/美元的图覆盖范围从 1996 年 1 月至 1999 年 6 月（1993 年 1 月至 1995 年 12 月的数据不包含在内，这是因为缺少东京方面的数据）。即期汇率于左轴表示，累计客户指令流于右轴表示（单位分别为十亿欧元和十亿美元）。

关性。（笔者为今后的研究工作提供这方面的建议，根据这些分析，现在还解决不了这些问题。）首先，一种可能性是，该银行的客户总体来看消息更加灵通。例如，花旗银行是世界上顶级的外汇交易银行之一，因此它可能吸引较高比例的消息最灵通的客户的业务。（更具体地说，假设对冲基金的指令能体现更多的信息，这家银行得到的指令中有更多份额来自于对冲基金。）在符合假设1的前提下，还有第二个可能性来解释相关性，即这家银行的庞大规模。假设这家银行的客户和全部市场范围内的客户是一样的，由于该银行的客户指令流所占比例较大，使其交易在交易商之间对市场价格产生较大比例的影响。（按照这些条件，模型中可以包括“监测”各银行的交易活动的成本的因素。在这种设定下，模型将赋予那些大银行的交易商间的交易更大的权重，这样做是有成本效率的，尽管它们的客户可能并不比一般客户消息灵通，可参见 Calvo，1999。）毫无疑问，进一步的理论研究工作将会提出更多的解释。随着可获得的客户指令流资料越来越多，实证分析者将能够将它们区分出来。

Evans—Lyons 样本：1996 年 5 月至 8 月

在转向回归分析之前，将再提供一个图例来说明 Evans 和 Lyons（1999）的研究中所使用的四个月美元/欧元汇率数据。回想一下，数据反映了从 1996 年 5 月到 8 月期间交易商之间的直接交易情况。这些数据，以及它们与汇率的关系，就显示在图 1.2 中。图 9.3 从图 9.2 所示的更长时期的指令流中截取了 5 月至 8 月一段。由于图 1.2 用的是德国马克/美元的数据，为了进行比较，在此以德国马克/美元汇率来作图。尽管这些指令流是所有欧元国货币（兑美元）复合成的指令流，这些指令流数据密切追踪了德国马克/美元的汇率。（复合成的指令流中的大部分是在德国马克市场。）令人欣慰的是，客户与交易商的指令流与交易商间的指令流得出的结论是类似的。对于这些不同层面进行综合分析是今后研究的重要领域。

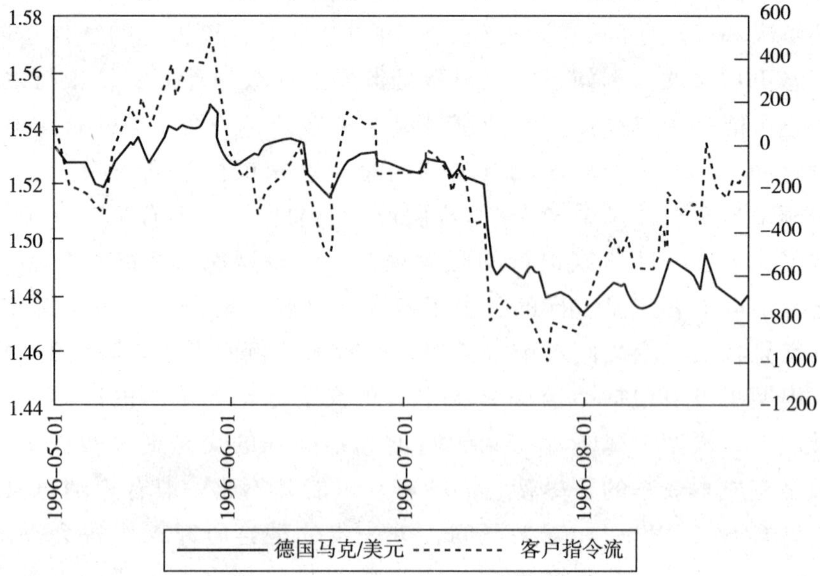

图 9.3　Evans—Lyons 样本中的累计客户指令流和汇率

该图显示了来源于银行从 1996 年 5 月 1 日至 1996 年 8 月 31 日在美元/欧元的外汇市场上收到客户的累计指令流，以及同期的即期汇率。左坐标是马克/美元的即期汇率。右坐标表示客户累计指令流（单位为百万欧元，净购入美元用正数表示）。

9.3　机构类型、对价格的影响以及信息结构

接下来将作客户指令流对价格影响的回归分析。这些结果引用自 Fan 和 Lyons（2000）的研究。表 9.2 列出模型的结果如下：

$$\Delta p_t = \beta_0 + \beta_1 (\text{累计客户指令流})_t + \varepsilon_t \qquad (9.1)$$

其中，Δp_t 是汇率取对数值后的月度变化。此模型的估计提供了一个比图 9.2 中所示的相关关系更为严谨的测度。Fan 和 Lyons 估计此模型用的数据是月度数据，这是在宏观汇率模型估计中最常用的时间频率[10]。

表 9.2 客户累计指令流对价格的影响

	β_1	R^2
月度数据		
欧元	0.8 (3.8)	0.16
日元	1.2 (3.0)	0.15

括号中的数字是 t 统计量。被解释变量 Δp_t 是即期汇率取对数值后的月度变化率（分别针对美元/欧元汇率和日元/美元汇率）。解释变量是对应当月的指令流，对欧元方程而言，单位是10亿欧元；对日元而言，单位是10亿美元。采用普通最小二乘法（已对异方差进行校正）。样本数据取自1993年1月至1999年6月，常数项未给出报告，它们在这两个方程中均不显著。

在上述两个回归方程中，指令流在统计上是显著的，t 检验值高于3。与典型的宏观汇率实证模型相比，R^2 也比较高（宏观模型通常介于0到10%）。但与 Evans 和 Lyons（1999）的研究中用交易商直接交易的指令流日度数据得出的结论相比，R^2 仍然低得多。

在欧元回归方程中，回归系数为0.8的估计值意味着每有10亿欧元的净购买将使欧元汇率（1欧元的美元价格）提升约0.8个百分点。同样，在日元回归方程中，回归系数为1.2的估计值意味着，10亿美元的净购买将使日元汇率（1美元的日元价格）提升约1.2%。这些价格影响系数大概是 Evans 和 Lyons（1999）所估计的价格影响系数的两倍，他们的研究结果表明，10亿美元的净购买将拉高德国马克汇率（1美元的德国马克的价格）约0.5个百分点。（事实上，Evans 和 Lyons 发现，按日度数据分析，其中的一些价格效应将消退，这意味着相对应的月度数据的价格影响将不到0.5个百分点。）

客户指令流具有较大的价格影响力系数，这可能有两个原因：第一，客户数据来源银行的客户指令流可能与其他银行的客户指令流存在相关关系。由于那些银行的指令流没有被包含在回归方程中，数据来源银行的指令流相当于“借”到了其他银行指令流的力量。第二，如果指令流导致交易商同业之间的数轮的“二传手”交易，就像传递“烫手山芋”

那样，那么这会抵消并降低交易商同业之间指令流对价格的影响。（因为每一美元交易商之间的指令流会对应于较少的客户指令流。）

表 9.3　　客户指令流分解之后对价格的影响

$\Delta p_t = \beta_0 + \beta_1$（非杠杆金融公司指令流）$_t + \beta_2$（杠杆金融公司指令流）$_t + \beta_3$（非金融公司指令流）$_t + \varepsilon_t$

	β_1	β_2	β_3	R^2
月度数据				
欧元	1.5 (4.6)	0.6 (1.6)	−0.2 (−0.5)	0.27
日元	1.1 (1.9)	1.8 (4.9)	−2.3 (−3.5)	0.34

括号中的数字是 t 统计量。被解释变量 Δp_t 是即期汇率取对数值后的月度变化率（分别针对美元/欧元汇率和日元/美元汇率）。三个解释变量是非杠杆金融机构的指令流、杠杆金融机构的指令流和非金融公司的指令流，指令流按月份分别对应（对欧元方程而言，单位是 10 亿欧元；对日元而言，单位是 10 亿美元）。采用普通最小二乘法（已对异方差进行校正）。样本数据取自 1993 年 1 月至 1999 年 6 月。常数项（未给出报告）在这两个方程中均不显著。

为了在将来运用微观结构分析方法，我们提出一个更重要的模型，如下：

$$\Delta p_t = \beta_1 (UF\text{ 指令流})_t + \beta_2 (LF\text{ 指令流})_t + \beta_3 (NF\text{ 指令流})_t + \varepsilon_t \tag{9.2}$$

其中，Δp_t 是即期汇率取对数值后的月度变化率，这和以前是一样的。三个解释变量在上面已经介绍过，*UF* 表示非杠杆金融机构，*LF* 表示杠杆金融机构，*NF* 表示非金融公司。Fan 和 Lyons 指出，此模型是十分重要的，原因在于它能识别出哪个机构的指令流比其他机构的指令流含有更多的信息量（这与指令流仅反映未细分的需求形成鲜明的对照）。分析每一部分的指令流，将揭示市场基础层面交易的信息结构。

表 9.3 结果表明，这 3 种不同类型的指令流确实对价格有不同的影响。非金融公司的指令流对美元/欧元的外汇市场价格没有什么影响，但需要注意的是，它似乎与美元 /日元的外汇市场价格的变化有负相关关系。另一方面，金融机构的指令流，都一致地对价格有正面的影响。在

美元/欧元外汇市场上，关键的参与者（至少在此期间）似乎是非杠杆的投资者，即执业者所说的“真金白银”的客户。（之所以用“真金白银”作为这些共同基金、养老基金、人寿保险公司等参与者的昵称，是基于其拥有真正的实实在在的资金去投资，而不是用借来的钱去投资。）虽然非杠杆投资者在美元/日元的外汇市场上也很重要，但是他们还是不如杠杆投资者那样具有举足轻重的地位。在表中可以看出，杠杆投资者的指令流对美元/日元市场的价格具有最大的影响，而且在统计上也具有最大的显著性水平。请注意一点，与表9.2中提出的单变量模型产生的R^2相比，这里的R^2大约提高了一倍。

这些结果表明，指令流并非仅仅是无差异的需求。相反，指令流会因源头的不同而大大不同。换种说法，如果一些银行家赞同指令流是无差异的这一观点，那么我们知道，其他银行会很高兴用某些类型的指令流的信息去与上述银行家交换关于指令流来源的信息。展望未来，为进一步展开研究，一个有趣的研究途径是分析这三类指令流是否具有不同的特性。举例来说，非杠杆投资者的累计指令流，正如他们所拥有“真金白银”的昵称，是否遵循了接近于随机游走的一些规律？与此相反，诸如对冲基金等杠杆投资者的累计指令流，由于他们要对自己的临时投机性头寸平仓，这是否意味着一两个月时间以后，累计指令流会出现反向变化？非金融公司的指令流是否具有相反的趋势，即一个时期中正的指令流是否意味着下一个时期也是正的指令流呢？这些都是十分重要的问题，这些问题的答案可能不仅有助于揭示指令流和汇率变动之间更深的并发关系，而且有助于揭示许多银行似乎已经发现的指令流对汇率变动的预测关系[11]。

9.4 案例分析：1998年10月，日元兑美元汇率的崩溃

在布雷顿森林体系瓦解后，浮动汇率时代最引人注目的事件无疑是1998年10月发生的日元/美元汇率的大幅下降。在一天之内，这个数字从130左右下降到118左右，有大约百分之十的变化。在当天，据说买

卖价差超过1日元，也就相当于1个百分点或更多，而通常情况下买卖价差只有1～2个基点（除了美元兑欧元的外汇市场外，这个市场大概也是世界上流动性居于第二的外汇市场）。当时并没有确认什么宏观经济消息，或者至少是没有与汇率基本面相关的什么新闻。当时的财经新闻，聚焦在长期资本管理公司（LTCM）的倒闭上面，作为一个对冲基金管理公司，它在全世界各地的头寸的流动性变得非常差以致无法平仓，除非将这个公司的资本变为负值。

各大银行将日元/美元汇率的下降归因于“对冲基金公司进行头寸对冲，他们借得廉价日元，用于购买高收益的美元资产”，也就是所谓的日元套利交易（The Economist，1998－10－10）[12]。长期资本管理公司危机之后，投资杠杆比例缩减，迫使这种投资组合进行转换，相应导致美元的卖出。虽然我们知道这些特定的因素的确在发挥作用，可是我们还是没有什么直接的证据。在Cai等人的研究论文（1999）中，首次切入这个问题。该论文的作者围绕这个事件，使用累计指令流测度和一系列宏观公告，构造了波动率模型（他们的累计指令流测度同Wei和Kim 1997年所使用的一样，是美国财政部的每周数据）。他们确实发现，尽管将一系列广泛的公共新闻考虑在内，指令流仍然是具有独立性的。但是，他们的波动性模型和累计指令流的测度，并不能决定哪些参与者向哪个方向推动了价格。

在这里，采用一个案例研究的方法。在每个事件发生时，考察不同的参与者的指令流。哪一类型的机构在卖空美元？通过识别卖者的类型，将会使我们深入理解卖出行为的原因（如他们是否是受到止损要求等外部限制而被迫卖出美元的机构?）。

在图9.4，子图a绘制了每天的日元/美元汇率和总的客户指令流，其中包括所有三种类型的客户。垂直线标志着日元/美元汇率的下降的开始。不存在指令流对“崩溃”的触发，至少从总指令流的角度看是这样。在汇率崩溃的最开始处，有一个总指令流的微小的，向下倾斜的信号，但是它很快就反转过来了。如果非要说些什么的话，这家银行收到的总指令流表明，美元卖出恰恰在汇率实际崩溃前，即9月15

日左右。从9月15日至10月6日，数据来源银行的客户共售出约30亿美元。

如果将客户分门别类，其中的信息内容将变得更加丰富。在图9.4b组子图中，在9月提前出售的美元主要来自对冲基金等杠杆投资者。但是，这些杠杆投资者在汇率崩溃的时候并没有突然的销售行为（这与我们以前的想象是相反的）。相反，他们似乎在提供流动性，在汇率崩溃的时候他们购买了大约10亿美元。c组子图表明，在汇率崩溃的时候，非金融公司也买进了美元，他们的购买总额大约相当于杠杆金融机构购买总额的一半，约4亿美元。在d组子图中，在汇率崩溃的时候，非杠杆金融机构对美元的抛售有巨大的影响力。这些机构不仅仅是触发者，而且更是火上浇油者，在汇率崩溃之前和崩溃过程的这些天中，他们卖出大约25亿美元。

在将来，如果能识别出非杠杆金融机构中那些最重要的机构，将是十分有趣。他们是美国机构还是日本机构？他们是因长期资本管理公司的崩溃而恐惧，或者说“参与者的恐惧性”是具有误导性的观点？例如，一些执业者认为，“真金白银”金融机构的带头作用，来自于对市场基础参与者日益增长的重视程度（与之相关的市场基准权重的增加导致大幅市场波动）。也许非杠杆金融机构的投资组合转移并不算太大，但碰巧在平常可以提供流动性的杠杆金融机构在当时无法继续提供流动性，将来还有更大的研究空间来解答这些问题。

在本案例对日元/美元的研究中，能得出什么更有意义的结论？如此之大的汇率水平变动（没有宏观经济消息并且持久的），使人考虑到可能是由于路径依赖的原因，即一个变量的运行所遵循的路径将很大程度上决定了之后该变量的运行轨迹。（例如，汇率的大幅波动可以改变一国之内的产业结构——包括外国供应商与国内供应商——从而改变长期均衡汇率。）在本案例中，笔者认为的路径依赖类型来自不同客户类型导致的交易次序，以及这种次序对最终的汇率的重要作用。例如，保持客户的总指令流不变，在9月早期逐渐逃离美元的是非杠杆金融机构，而不是杠杆的金融机构，那么日元/美元的汇率水平在10月晚些时候会有

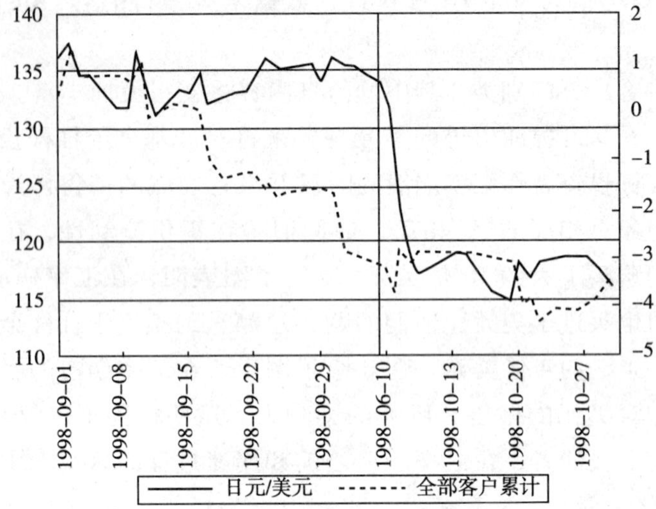

图 9.4　子图 a 在 1998 年 10 月日元/美元的汇率崩溃前后客户总的累计指令流

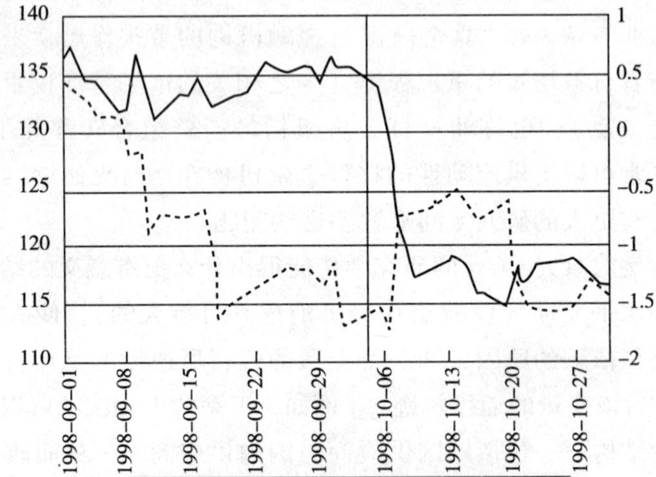

图 9.4　子图 b 在 1998 年 10 月日元/美元的汇率崩溃前后杠杆金融机构的总的累计指令流

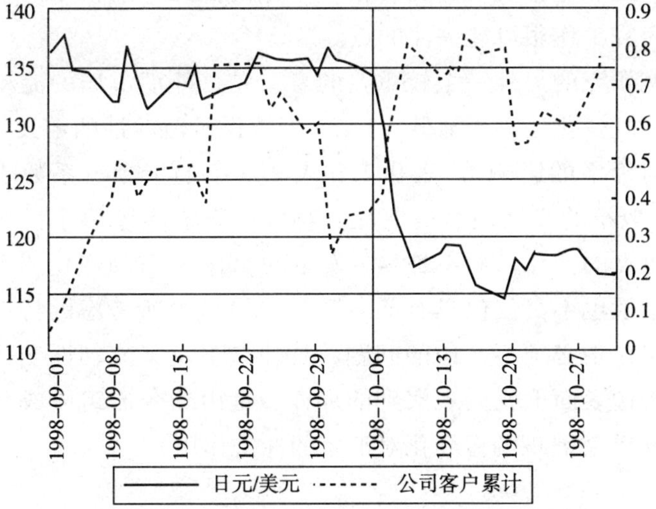

图9.4 子图c在1998年10月日元/美元的汇率崩溃前后非金融公司的总的累计指令流

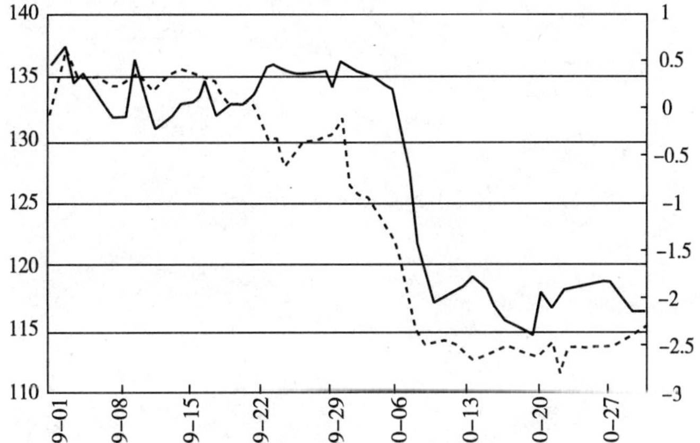

图9.4 子图d在1998年10月日元/美元的汇率崩溃前后非杠杆金融公司的总的累计指令流

所不同吗？虽然这种类型的路径依赖不是前面几章的模型的要点，但它是今后的研究工作很可能关注的点。

本案例研究的另外一个较重要的意义是，外汇市场的流动性随时间而变化，有时变化还相当显著。（第4章提供了流动性的定义，用它来度量指令流对价格的影响。）表9.2和表9.3中的指令流系数表明，在图9.4中相对较小的投资组合的变化，对价格影响应该要小得多，也许只是几个百分点的变化，而不是实际发生的10%左右的变化。不过随时间变化的流动性也不再仅仅具有前面几章的模型中所考虑的特性，这是一个在今后工作中必须要考虑的问题。是什么引发了流动性变化？流动性的改变是否像表面上我们观察到的那样，是由指令流组成成分的变动而造成的（从前文展现的差异化对汇率的冲击作用）？

第10章　展　　望

最后一章是具有前瞻性的一章。它按以下四个主题展开：(1) 已学过的内容，(2) 有待研究的方面，(3) 对政策的启示以及 (4) 外汇市场的未来。10.1 节简要概括了我们已经学到的知识，集中讨论了前面章节的主要部分。这一部分内容可以分成两大类，偏向于宏观主导的和偏向于微观主导的。在 10.2 节，将转向讨论一些我们还没弄清的方面，比如，有哪些还没有被解决的主要问题？这些问题为未来的研究提供了重要的方向。除了这些未解决的主要问题外，这一章还概述了一些与后续研究相关的其他主题。

对于已研究和需要被研究的问题的回顾为 10.3 节的政策启示提供了一个自然的承接。虽然政策启示方面的内容已经暗含于前面几章之中，但是它们容易被忽视。这些政策启示可以应用的方面包括官方机构数据的收集（用于监测市场流动性的）、央行干预、交易税、资本管制和交易机制设计。这一节的主要目标是阐明哪些对于政策前沿的后续研究可能产生丰富的成果。

10.4 节通过讨论外汇市场中机构的演变过程来结束这一章的内容。正如第 3 章所指明的，过去十年之中，这些机构发生了显著的变化（比如，现在电子中介扮演的主要角色），并且这种变化的速度仍未放缓。近期的这些变化在多大程度上可能导致微观结构方法失效？实际上，即使在结构改变的情况下，微观结构方法仍然是有效的。阐述其中的原因正是 10.4 节的目的之一。

10.1　我们已经学过的内容

将微观结构方法应用到外汇市场产生了一些新的见解，即使对于众多的微观结构文献来说，这些见解也是比较新的。比如，微观结构金融的研究几乎不涉及宏观资产定价谜团，即第 7 章提到的三大谜团之一。另一方面，外汇市场的微观结构方法从一开始就以解决宏观层面的谜团为目标，很大程度上因为这一领域研究人员只学习了宏观经济的研究方法。

外汇市场微观结构和微观结构领域交叉结合产出的另一个成果与信息相关。传统模型的信息结构主要与权益市场相关。比如在单一股票的情况下，盈余公告就是一个决定性的信息事件。拥有关于收益的私人信息的内幕人会尽可能在公告之前进行交易（除非这是被禁止的），因此指令流就成为连接信息和价格的媒介。但是这种类型的内幕消息在外汇市场上是不大可能存在的——市场参与者普遍不拥有宏观经济变动相关（如利率、公告等）的内幕消息。尽管如此外汇市场的指令流仍能影响价格，并且其作用具有持续性。在微观结构的框架下，考虑到信息的性质及其在其中所起的作用，对于非公开信息的探寻将让我们看得更远。

对外汇市场中指令流的研究主要可以分为两大部分：偏向宏观导向的和偏向微观导向的。[1]这个领域仍属于初期发展阶段，所以需要进行更多的研究以便作出更多确定性的结论。只要可以获取足够多的样本数据，这些研究将不断被完善。

下面将首先讨论偏向宏观导向的内容，虽然在前几章已经讨论过这些内容，对它们进行总结仍是有帮助的，其中六部分的内容对我们来说特别重要。

宏观角度的研究

指令流推动长期的价格

指令流几乎是导致很大一部分的长期汇率变动的原因。即使样本数据只包括市场指令流的一小部分，这些指令流的联合作用仍然解释 40% ~70% 的持续性价格变动（即按月或更长的时间单位计算，见 Payne，1999；Evans & Lyons，1999；Evans，2000；Rime，2000）。随着可用的指令流信息变得越来越多（如占市场指令流的份额变得更多且指令流的方向信息更加准确），指令流对价格影响的百分比很可能会更高。

宏观公告也通过指令流影响价格

宏观公告和其他可识别的宏观基本量变动并不能直接地解释长期价格水平的变动。宏观基本量的变动与长期价格水平之间的映射是比较弱的（Evans，2000；Evans & Lyons，1999）。然而，指令流却能够很好地解释价格变动（Evans & Lyons，2001）。（回顾图 7.1，其中的“混合模型”允许信息通过指令流链条直接或间接地影响价格。）虽然从某种意义上说，这个结果只是再度证实了众所周知的宏观模型实证分析上的失败，但外汇市场微观结构的研究有助于阐明一些因素，这些因素能帮助补充解释当期宏观基本量对价格的推动作用。

价格对指令流的高弹性

汇率对客户指令流的弹性大概在每 10 亿美元 0.8%。（在美元兑欧元市场，根据表 9.2，汇率对交易商之间的指令流的弹性大概是前者的一半。）考虑到世界金融财富是以万亿美元来计算的，如此高弹性就成为一个谜团。这个结果与一个普遍的观点相符合，即米尔顿·弗里德曼的“起稳定作用的投机者”胆子并不那么大。为什么这些投机者缺乏胆量仍然是个未解决的问题。但从信息理论的观点来看，高弹性却不是那么费解：小的净流量可能传递了大量的信息。

指令流是决定浮动汇率波动性的因素

现在我们有充分的证据说明指令流是影响波动率的一个重要因素，并能解释浮动汇率下为什么会有明显过度的波动率（Evans 和 Lyons，1999；Killeen，Lyons 和 Moore，2000a）。虽然对于指令流推动价格的研究集中于这个关系的正负号，但对波动率仍有一些启示：好的一阶矩收益率模型也是好的二阶矩收益率模型（反之则不然）。与这条经验相关的近期研究包括 Osler（2001）。她发现买（卖）方的止损指令的价格积聚在整数位之上（下），它可能导致在支持价位和抵抗价位被击穿后会出现动量效应（Momentum）。

信息对价格的加速作用

外汇市场的实证研究结果与“加速主义者”的观点并不一致，加速主义者认为指令流只是简单地将信息融入价格的速度加快了几分钟（图3.4）。正如前面提到，我们对于带符号公共信息流的最优测度与汇率变动的方向几乎并不相关（测度时间为一年或更短）。这与“加快了几分钟”的观点是不相容的。

同时，极有可能的是加速主义者的观点是成立的，但是必须在更长的时间跨度上。假设指令流传递了关于长时间跨度（即一个月、一个季度，甚至一年以后）的宏观经济变量的个体期望。在这种情况下，指令流在今天的即期汇率中融入了远期的信息。还必须注意到，这个可能性与在长时间跨度（如三到五年内）宏观经济变量的确能够解释很大一部分汇率变动的观点相一致（尽管当期的宏观基本变量与汇率变动并不相关，Mark，1995；Flood 和 Taylor，1996）。

指令流加总后不一定为零

Evans 和 Lyons（1999）模型表明了为什么加总这些指令流可能不为零。这在概念上十分重要，因为很多人错误地认为指令流加总必须为零（因此任何与价格变动正相关的流量测度在一定意义上一定不具有代表性）。事实并不总是这样的。

我们现在转向偏向于微观导向的一些经验。微观导向指的是基于个体交易商日内交易的分析。因此，它们与微观结构金融领域的日常工作有着紧密的联系。

微观导向的研究

指令流是私人信息

个体交易者的行为表明他们认为外汇指令流是含有信息的，并且他们据此定价（Lyons，1995 和第 2 章的其他参考文献）。这一微观层面上的实证研究成果与前述低频指令流的重要性相一致。此外，所有指令所包含的信息都不相同。识别哪些指令包含了最重要的信息并且谁是这些指令的委托人能够阐明市场的基本信息结构。这一类的分析不仅仅回答机构是否会影响价格的问题，它利用微观结构模型来发现金融信息一些新方面的内容。

交易商的存货影响价格

相比其他市场而言，即期外汇交易商的存货控制力量更加强大。大部分即期外汇交易商喜欢结平每日头寸——即净头寸为0。因此，典型交易商存货的半生命周期显著小于一天，且估计最短只有 10 分钟（如 Lyons，1998）。这个半生命周期远小于权益和期货市场，它们存货的半生命周期普遍长于一周。[2] 外汇市场的交易商不仅进行严格的存货控制，一些交易商甚至调整价格以产生一些减少存货的指令流。（Lyons 1995 年发现了价格的存货效应，但 Yao 1998 年在他追踪的交易商中并未发现这一效应；同样见 Bjonnes 和 Rime，2000 和 Romeu，2001。）价格的存货效应的发现十分重要：它们是微观结构的存货分支理论的关键，尽管事实上外汇市场以外的实证研究人员并未发现这种效应。[3]

“烫手山芋”交易对交易量的影响

交易商认为“烫手山芋”交易是造成外汇市场庞大交易量的重要原因。我们发现相对于其他市场外汇交易者之间巨大的交易量与“烫手山芋”交易的显著作用相一致。在理论方面，我们的模型表明“烫手山芋”交易与最优化行为相一致（如 Lyons，1997a）。在实证方面，我们找到直接证据证明“烫手山芋”交易是存在的（如 Lyons，1996b）。

微观结构分析中的中央银行

正是由于对外汇市场的研究，研究人员开始分析一些对微观结构领域而言并非传统的机构类型，其中最显著的是中央银行（Dominguez，

1999；Vitale，1999；Kirilenko，1997）。中央银行不受利益驱动，这使得在建模中增加了一些有趣（并与政策相关）的维度。

10.2 研究的方向

这一节的内容从外汇市场微观结构研究最重要的四个未解决的问题开始。

有待解决的问题1：外汇指令流信息反映了收益信息，还是资产组合平衡信息，或者是两者都反映了？

第2章讨论了指令流的信息经济学。在那一章，我们发现指令流可以通过两个渠道——收益和折现率对价格产生持续性的影响。Evans 和 Lyons（1999，2000）对这种持续性的影响进行了建模，并建立了宏观经济学家通常称为资产平衡效应的折现率效应。[4] Evans—Lyons 模型的这一效应来源于这样一个假设，客户的指令流 C_t 与当期和未来的收益 R_t 不相关。但是，我们并不能排除指令流可能传递未来收益信息的可能性。考虑 Evans—Lyons 模型的一个简单的变形有助于阐明这一问题。假设客户的指令与未来的收益 R_{t+k} 相关，这里 k 比如说为1到5年。如果个人客户对收益的预期是变动的，那么这一点就可能发生，这基于与构建预期相关的信息能够分散、持续地流出。希望对变化的预期中所包含信息进行汇总的交易商将会以原始 Evans—Lyons 模型中的方式对指令流作出反应。如果对模型的这一变形是正确的，那么我们就可以期待通过指令流去预测未来的宏观经济变量（正如前面提到的长期加速观点中表明的）。随着涵盖更长时间范围的指令流序列的可获取性（例如，第9章描述的7年的美元/欧元数据），我们可以获得足够的统计能力对此进行检验。按照这样的思路开展研究工作将会弥补现如今存在于指令流分析和宏观分析之间的空白。[5]

有待解决的问题2：在多大程度上存在从价格到指令流的反向因果关系？并且在什么样的情况下（比如说在强制的制度约束下）这种关系更强烈？

微观结构理论整体把因果关系看做是由指令流到价格的运行过程。为了使反向因果关系合理化，我们将不得不开发出一个最优化模型，在这个模型中决定价格的一方投资者依据保证金交易的正反馈机制进行相应的交易。这并非易事，尤其是由于没有令人信服的证据表明汇率的收益有持续的正向的动量。另外，作为一个实证问题，像 Killeen，Lyons 和 Moore（2000a）所做的研究发现，就统计学意义而言，格兰杰因果关系确实表现为从指令流指向价格，反之则不成立。尽管有上述理论和实证上的讨论，因果关系仍旧几乎确定无疑地在两个方向上都存在，至少在一段时间里是这样。第9章中对1998年10月美元对日元币值急剧下跌的分析提供了一些启发性的证据，证明价格下降导致额外的卖出。如果这一卖出行为确实是由止损限制或者其他制度限制而导致的被迫卖出，那么对这些类型的制度限制建立模型，并在实证上确定它们在多大程度上加剧了极端的市场运动将是很重要的。

有待解决的问题3：为什么客户的指令流之和不为零？

在10.1节所阐述的五个宏观导向问题的最后一个中，笔者注意到 Evans—Lyons 模型说明了为什么交易商间的指令流之和不需要一定为零。同时，这一模型还在日频率（以及更低的频率）上预测到客户指令流之和应该为零。然而由 Fan 和 Lyons（2000）分析的私人银行客户的数据——在第9章——加总起来并不为零，而是与汇率变动正相关，很大程度上与交易商间指令流与汇率变动的相关关系相似。怎样来解释这一点呢？答案不是很明确，但这个问题却着实很重要。关于客户指令流和汇率变动之间相关关系的实证研究是微观结构方法要研究的下一个前沿问题。毕竟，客户确实代表着经济体中的基本面需求。会不会是这样的情况，比如对于花旗银行，作为一个明确的市场领导者，会吸引一大批富含信息的客户指令流，从而导致正相关？这是一种可能性，尚未被证实。另一种可能性是，花旗银行在指令流组成方面来说正像其他商业银行一样，但是因为它的规模如此之大，其他银行更倾向于给其交易的每一个单位美元加上更多的权重。由于更多包含客户指令流的银行数据集的可获取性，研究者们应该能够在各种假设中挑选出真正的原因来。

有待解决的问题 4：为什么来自不同类型客户的交易产生的价格影响会如此的不同？

不同于第 3 个问题，这个问题处于试图依靠分解指令流来阐明基础信息结构的研究策略的核心地位。是否有某些类型的指令流传递了更多的关于未来宏观路径的信息？是否有某些类型的指令流传递了更多的关于其自身或者他人未来指令流的信息？这些问题的答案将会很快被我们掌握。

未来研究工作的其他方向

下面列出了据笔者判断在今后工作中值得关注的几个问题。

数据整合

整合来自所有三种交易类型（交易商之间的直接交易，通过经纪人进行的交易商之间交易，以及客户—交易商交易）中的指令流数据是很有价值的。我们马上会想到有两个能够通过整合的数据集解决的问题。[6] 第一，对交易商之间两种交易方式的数据进行整合使得我们能够考察什么时候以及什么原因下交易商更喜欢其中某一种交易机制。在市场动荡时期，会不会由于交易商在这种时候不愿意在经纪人屏幕上公开限价指令而导致交易商通过交易商间市场直接交易的交易份额增加？这对于制度设计来说是个很重要的问题：如果在市场动荡时期经纪人市场的流动性趋于枯竭，那么进一步依赖通过经纪人进行交易就可能意味着市场正在变得缺乏弹性（也就是说，在极端的价格运动期，更易受到流动性枯竭的影响）。与在股票市场上进行的研究不同（Goldstein 和 Kavajecz,

2000；Reiss 和 Werner，1999），外汇微观结构上的研究在这一问题上还没有取得进展。

整合的数据集能够帮助我们解决的第二个问题是客户交易怎样注入到交易商之间的交易中去。到目前为止，关于交易的价格影响的大多数实证工作集中在交易商之间的交易。但是从政策角度看（比如，中央银行干预），这不如测量客户交易的价格影响重要。或许更重要的是，整合的数据集能够帮助理清客户指令流中的信息融入价格的过程。信息的融入发生在交易商之间交易阶段（比如 Evans—Lyons 模型中的情形），但是交易商之间的交易仅仅是基础客户交易需求的噪声信号。至于这两期交易过程将多少噪声包含到了价格中去尚不明确。

实现强有效性所需的时间

与最后这一点有关的是强有效性的问题。一个强有效市场是指这样一种市场，即价格包含了公开信息和私有信息在内的所有信息。对于银行来说一个重要的私有信息来源就是他们从自身的客户那里接收到的指令流。那么在外汇市场上要使指令流中的信息反映到价格中去需要多长时间呢？一天？一周？依赖客户指令流去预测汇率的银行认为这些指令流在一个月内具有预测效力。假如真是这样，那么更长时间范围的预测效力又来自哪里呢？对这一问题建模将是一个挑战。

技术分析在什么时候是理性的?

技术分析一般被定义为完全依靠过去的价格进行的估值分析。在概念上，这种分析方法认为体现在过去价格中的模式可以帮助预测未来的价格。在外汇市场中，有证据证明一些参与者是依赖于技术分析的，至少有时候是这样（如 Taylor 和 Allen，1992）。这是理性的策略吗？或许是。在这里，一个有趣的问题类似于 Muth（1960）在其关于理性预期的开创性文章中所提出的："适应性预期在什么时候是理性的?" Muth 求解了时间序列过程，在这个过程中，适应性预期从信息的意义上来说是有效的。在我们的研究范围内，可能会提出这样的问题，"在什么样的信息结构下（以及代理商从交易中进行学习的过程中）具体的技术分析规则是理性的?”关于这一方向上的研究，参见 Osler（2000，2001）。

理性反馈交易的问题——一种技术分析方法——必定对于因果关系问题的研究具有指导意义。未来的工作很可能借鉴现存的对市场崩溃和资产组合保险所做的微观结构分析，因为在这些模型中，反馈交易是理性的。

为什么常规指令的报价规模为一千万美元?

按照惯例，在交易商之间直接进行的交易中，双向报价达到一千万美元是比较好的（或者在美元/欧元市场上达到一千万欧元）。这一规模对于市场流动性来说具有很重要的影响，但事实上我们几乎不知道这一惯例是怎样得来的。简单地说，有可能外汇交易者的成本函数是像交易规模函数一样的 U 形曲线，一千万美元是成本最小化点（O'Hara，1995）。至今为止还没有任何研究工作解决了这一问题。

信用风险和市场结构

通常外汇市场的参与者会认为，之所以我们目前的交易商结构式是由商业银行驱动，其原因是商业银行被认为是理想的适合于管理信用风险的市场主体。在外汇交易中交易双方的信用风险确实是相当大的，但是如果这果真是支撑交易商市场结构的原因，那将与微观结构领域对“均衡”机制的传统理解方式大相径庭。关于均衡机制的传统研究的着眼点在于对信息不对称性以及价格风险的管理，而不是违约风险。[7]

10.3　政策含义

笔者认为外汇市场微观结构分析会在五个广泛的领域内具有政策影响。第一个是在第 8 章曾经阐述的中央银行干预领域，这里不再赘述。着眼于帮助未来的研究工作，笔者将介绍其余的四个领域。在某些领域给出了具体建议，但是在其他领域只能有待于对政策问题的进一步分析才能给出相关建议。

政策领域1：指令流的价格影响

开始收集外汇市场上的指令流数据对于官方机构是很有用的。这对于发展中国家的政策制定尤其有价值。更具体地说，正如前面几章反复论证过的，指令流数据使得我们能够量化外汇交易的价格冲击（短暂的和持久的）。这会直接影响到市场流动性。的确，价格冲击与流动性是密切相关的：在其他条件不变的情况下，价格冲击越小，流动性越高。试着去理解在发展中国家市场中价格冲击随着市场状态（像贬值可能性）而变化的函数是一件很有趣的事情。而且，我们还可以确定客户的远期交易是否与客户的相似规模的即期交易具有同样的价格冲击。如果不是，我们可以量化其差异。（许多发展中国家限制甚至禁止远期交易，因为它们相信这样的交易本质上就比即期易更具“投机性”，因此更具破坏性。）还可以比较不同国家的价格冲击，以确定哪种制度结构在促进流动性方面更好。[8]

价格冲击的问题与稳定性问题有关。一些发展中国家的政策制定者相信，额外的流动性会破坏稳定。理论上，流动性不足而非更多的流动性更容易导致对稳定的破坏：在其他条件不变的情况下，流动性越小，价格冲击越大且价格波动越大。如果其他条件不相同的情况下，可能逆转流动性和稳定性之间关系，那么我们可以运用微观结构交易模型的原则去确定在其中起反面作用的力量。

在发展中国家这一大背景下另一特别重要的问题是钉住汇率的稳定性（尽管这一问题也会延伸到发达国家中的钉住汇率）。微观结构交易模型帮助我们理解在钉住汇率制下，特定类型的指令流是怎样的以及为什么具有价格冲击（Calvo，1999；Corsetti，Morris 和 Shin，1999）。作为一个实证问题，我们需要了解造成钉住汇率崩溃的指令流的类型（Carrera，1999），更好地理解这个问题有助于设计出更有弹性的钉住汇率。

政策领域2：新兴市场的设计

微观结构金融的一个基本的政策问题是怎样最好地设计市场。这也是外汇市场的基础问题，但由于主要货币是在一个真正的全球市场上交易，从而任何监管当局都很难单独对它实施结构性改变，使得对上述问题的处理受到了限制。任何试图在其自身管辖范围内改变或者限制交易结构的国家会发现指令流会迅速地流向其他交易场所。作为一个实际问题，这种政策变化的全球性调整在当前是不可行的。

在新兴市场上货币市场的设计仍旧是一个热点话题。由于缺乏可兑换性，因而这些市场上的大多数货币并不是在全球范围内进行交易。这些货币的交易很大程度上是在国内进行的，因此实现某种市场设计合法化是可行的，不像在主要市场上那么不可能。微观结构分析非常适合于解决诸如以下的问题，比如新兴外汇市场的组织形式应该同拍卖市场一样还是交易商市场一样，抑或是两者兼备（关于这类研究，参见 Kirilenko，1997），以及所需的透明度水平是多少这样的问题。国际货币基金组织等机构经常需要面对这类政策问题。微观结构方法可以对此提供有价值的指导。

政策领域 3：国际货币

某种具体货币应该在国际货币和金融体系中扮演什么样的角色？近来欧元的引入将这一问题带入到政策相关性层面，这是 20 世纪 70 年代早期（布雷顿森林固定汇率体系瓦解）以来从未被关注的。对一种国际货币的角色，即将单一货币作为世界通用的交换媒介的讨论围绕三个关键方面展开：（1）被中央银行用作储备货币，（2）用作国际交易的计价货币以及（3）用作货币交易中的交易通货（交易通货用于直接交易两种货币的成本高于间接交易时，即通过交易通货进行两次交易）。在第（2）和第（3）方面，一种单一货币成功地充当国际货币主要取决于交易成本的高低。因此，去预测欧元是否能成功充当国际货币，需要对其一旦完全投入使用就会导致的交易成本的增加建立模型。尽管不是一项简单的工作，但运用微观结构分析解决这一问题是非常合适的。这类分析还可以确定新欧元的哪些制度特点将会帮助降低交易成本。在这种分析当中，一个核心的问题是交易成本的降低在多大程度上能够刺激交易，包括直接交易和通过交易通货进行的间接交易。交易量和流动性对各种政策选择的反应正是 Hartmann（1998a，1998b，1999），Portes 和 Rey（1998），以及 Hau，Killeen 和 Moore（2000）近来研究的核心。

政策领域4：交易税

交易税的问题在汇率经济学家中引起了很大的关注。征收交易税的支持者们倾向于将高交易量与过度投机相联系。然而，正如文献所表明的，大多数的交易量反映了交易者的风险管理（“烫手山芋”交易），而不是投机。征收交易税因此也就阻碍了风险管理。尽管是无意的，对巨大交易量产生原因的这一误解可能导致糟糕的政策制定。在这里强调“可能”一词是因为微观结构分析仅仅是为这一重要的政策问题的分析提供了一个新的角度，并没有证明交易税支持者的观点是无效的。展望未来，我们期待微观结构方法能够作出更多对这一政策问题有贡献意义的工作。（关于近来运用微观结构工具处理问题的研究，参见 Hau 和 Chevallier，2000；Habermeier 和 Kirilenko，2000。）

10.4 外汇汇率未来的走向——本书的意义

在过去的十年里主要外汇市场经历了重要的变化。也许最重要的变化就在于交易商之间的交易方式，由过去的经纪人喊价转变为采用电子系统交易。这种脱离以人为中介进行交易的趋势在全球许多证券市场上是很明显的，[9]并且没有显示出削弱的迹象。

从喊价经纪人到电子经纪人系统的转变就其本身而言是很重要的，这是由于像第3章曾描述的，相比喊价经纪人来说，电子经纪人系统提供了不同的（通常是更高的）指令流透明度。这就改变了交易者的信息集，从而影响他们的交易策略。

然而，向电子经纪人系统转变的一个更大的意义在于，它预示着即期外汇市场未来将更加集中化、电子化以及对客户更加开放化（这一点至关重要）。主要的市场很可能朝着一个面向更多市场参与者的开放式电子限价指令的结构转变。[10]按照这样的情景发展，我们一直称做“客户”的机构将会为彼此提供流动性，而不是必须依靠交易商。到那时，他们将不再充当客户的角色——从总是充当流动性需求者的角度来说——而是变换为既是流动性的需求者又是供给者。

有什么理由相信市场会朝着这个方向发展呢？有三个证据来支持这一观点。第一，在2000年6月，三家投资银行（高盛、美林，以及摩根士丹利添惠）宣布它们将在美国债券市场（政府债券和公司债券）启动这样一种电子系统。美国债券市场现行的组织形式是具有类似于外汇市场特点的交易商市场。尽管其他证券市场——比如，股票和衍生品市场——已经转变为集中化的电子交易结构，但它们并不具有债券市场所具有的外汇市场的特点，也因此不能像在模型中那样适用。第二，在过去的几年里，许多新的公司为客户引入了各种形式的集中化交易（如FXall，Atriax，FXchange，FXconnect，FXtrade，Gain. com，MatchbookFX. com，等等）。这些新的公司通常宣传它们是在交易商市场结构的边缘进行操作。但是没有任何明显的阻碍力量阻止它们当中的任何一家扩展规模，以致它们能够在将流动性集中到单一池子中时，捕获其中固有的网络外部性。[11]

第三条证据，笔者判断，未来更集中化的外汇交易，指的是像EBS这样的系统可以很容易地对更多的客户——公司开放。客户关系是：拥有EBS的银行同时也是通过其交易服务拥有客户关系的银行。技术并不是主要的障碍。技术上的切换方式在很大程度上和美国债券市场上是一样的。那么什么来充当催化剂呢？一个天然的催化剂是行业中新进电子平台市场份额的快速增长。如果EBS决定对客户开放其系统，那么这一客户任何的竞争对手都很难战胜他。从EBS的角度来说，保持对其有利的网络外部性的阈值效应是很有必要的——如果市场朝着集中化客户交易的方向发展，EBS是等不起的。

内在的市场结构变化会威胁到微观结构方法的适用性吗？这个问题很重要——对于本书未来的适用性确实是很关键的。笔者的答案对于读过前9章的读者来说并不会出乎意料。与微观结构方法相关的问题不仅仅限于诸如市场组织形式是单交易商，还是多交易商，或者限价指令这样的问题。指令流在传递信息上的作用超越了市场结构，并且如果当未来的外汇市场改变时，指令流传递的信息的类型——尤其是具有持续价格影响的类型——是不可能发生根本性改变的。换句话说，市场的基础信息结构与交易的标的资产——外汇的特点而不是市场结构本身更有关。指令流将会继续告诉我们一些关于人们对公共信息应当如何反映到价格中去这一问题的观点，还会继续告诉我们一些关于目前的风险承受能力以及对未来的预期等方面的知识。简言之，指令流还将继续传递那些需要被整合的离散信息，而这也正是本书所阐述的内容。

注　释

第1章　微观结构分析方法概述

1　汇率经济学的另一种研究方法——“流量”方法，是商品市场研究方法的变形，因此本书的三类方法中没有将它单独列出。流量方法认为通货的需求不止来源于商品流，还来源于资本账户——国际收支平衡表（BOP）的另一个重要组成部分。与在商品市场中的研究结果相同，流量方法同样不能建立与金融市场有效性一致的、有代表性的汇率模型。第7章再次讨论了流量方法和微观结构方法的相似之处。

2　宏观经济学领域也朝着这个方向逐步放宽这三个假设。例如，不对称信息（如Gordon和Bovenberg，1996及Morris和Shin，2000），宏观非典型交易商（如Caballero，Engel和Haltiwanger，1997），货币政策微观基础（如Rotemberg和Woodford，1997），新开放宏观经济（如Obstfeld和Rogoff，1996）等文献。

3　在第4章（对微观理论的回顾）将用简要的模型从信息、参与者、机制方面继续探讨这三点。

4　采用限价指令的市场包括巴黎和香港股票交易市场，它们都是采用电子化操作，第3章会对这方面进行详细讲解。

5　交易商仅从指令流获取基本面信息是种极端假设，这是因为标准微观模型要求信息完全私有。而宏观模型则是另一极端——假设所有信息都是公开可得。第7章在解释私有信息和公共信息同时存在的实证模型时，会再次提到它。

6　笔者个人认为，交易机制如何影响价格形成这个核心问题，无意间将问题的范围缩小到了微观结构方法适用的范围。在介绍了更多基础问题后，在第3章第4节再次提到这个问题。

7　笔者想向读者讲述一个有关价差的经历。多年前，笔者做过一次关于汇率的演讲，演讲内容完全建立在以宏观为导向的资产方法上。有听众问笔者关于买卖价差的问题，当时笔者在想（但并没有说出来）“我根本就不在乎买卖价差”。那时，对于笔者来说，买卖价差仅仅是一个令人生厌的参数，与其他优雅的方法相比很粗糙，并且认为价差就是微观结构，微观结构就是价差。现在，笔者再也不会认同这种观点了。

8　瓦尔拉斯式的交易机制在真实的金融市场中确实存在：它们常常在开市时使用（参见，*pre－opening of the Paris Bourse*，Biais、Hillion 和 Spatt，1999）。具有代表性的指令会在真正交易开始之前的一段时间内收集，用来决定开盘价（这些指令会在开市时执行，但在开市前可以撤销）。

9　实际指令有两种形式，将会在第3章提到。

10　Andersen 和 Bollerslev（1997）建立了微观结构和低频相关性的另一种联系。他们的研究表明低频波动性的预测在基于高频数据时更为准确。

11　在广义的国际金融学中，主要有四大谜题——上述三个谜题和“本土偏好”之谜。“本土偏好”之谜指在国际范围内，投资者投资不足。三个谜题中没有包括本土偏好，是因为目前还不清楚它是否来源于汇率，而其他三个谜题则直接与汇率相关。然而，微观结构方法已被证明对本土偏好有解释力（例如，Brennan 和 Cao 1997 年提出的交易模型，Kang 和 Stulz 1997 年得到的实证结果，等等）。

这三个汇率谜题也类似地出现在其他市场上。例如，在股票市场上 Roll（1988），Shiller（1981），Mehra 和 Prescott（1985）都分别指出了这三个谜题（但是，股票市场中的远期偏离之谜——所谓的股票溢价之谜——与外汇市场有很大的区别。高风险溢价的股票，其溢价较为稳定，并且保持为正，而在外汇市场中，高风险溢价随时间推移而改变，并且其符号变化频繁）。微观结构方法仅仅是刚开始运用于解决主要股票市场的难题（例如，Easley 等 1999 年所著）。

12　需要在外汇市场中汇总的信息包括对新闻的不同理解、机构风险承受力的改变以及对冲需求的改变等（见第 2 章）。

13　当然，微观结构方法也有其不足之处（例如，长期中可公开获得的数据不足）。这些会在后面的章节提到。

14　确切的决定因素清单取决于在资产研究法中采用哪个模型。在这里我们仅对资产法和微观结构法进行简单对比。第 6 章与第 7 章将详细讨论资产研究法的不同。

15　使用的结构模型的研究包括 Glosten 和 Harris（1998），Madhavan 和 Smidt（1991），Foster 和 Viswanathan（1993），这些文章是针对纽约证券交易所的研究；多交易商假设的结构模型包括 Snell 和 Tonks（1995）对股票市场的研究，Lyons（1995）对货币的研究以及 Vitale（1998）对债券的研究。

16　在这里采用"德国马克/美元"的标记法，因为特指的是某一汇率值，这一汇率在市场中报价是 1 美元兑德国马克的价格。一般在外汇市场中，从业人员通常先列出美元，即他们在市场中"以美元标价"，通常写为"美元/德国马克市场"，或者直接写作"美元/德国马克"。（国际清算银行在其外汇市场报告中也采用美元标价，见 3.2 节）。本书中，笔者将保持这些惯例。

在表述实际汇率时，准确性要求将它写为成交价（例如，德国马克/美元、日元/美元和美元/英镑）。一般在指某一特定市场时，总是先列美元（美元/德国马克、美元/日元和美元/英镑）。最后，当在方程中用 P 将汇率表示为价格时，P 通常代表其他货币的美元标价（美元/其他货币）。

17　由于 Evans（1997）的数据不包括每次交易的成交量，因此指令流实际上就是买卖的差量。即，如果一个交易商发起对另一交易商 DM/＄报价，并且是购买（卖出）美元，指令流便是 +1（-1）。每 24 小时交易日在交易商中统计一次（周末交易量很小，因此将其归入周一）。

18　对协整概念熟悉的读者会意识到，这是测度长期关系的方法。

第 7 章将给出证据，证明累计指令流与汇率水平协整（即指令流与价格之间的关系并不限于高频率数据）。笔者也将在第 7 章给出模型，说明为什么人们希望它们间存在这种长期关系。

第 2 章　指令流信息经济学

1　一种不太极端的观点认为，流量可能会传达一些私有信息，但它们会很快成为公开信息，在这种情况下，指令流领先隐含在价格中的信息只有几分钟。这与现实数据不符。近似地看，公有信息最好的测量方法与外汇变动（年度或更高频的数据）方向不相关，指令流与外汇变动相关。第 3 章将谈到这个问题。

2　这里考虑的主要是成熟市场。这类私有信息观点在新兴的市场中应用会更合理。例如，国际货币基金组织 1995 年报告中提到，在 1994 年 12 月的货币贬值前期，墨西哥投资者是最先逃离墨西哥的。因此，有人认为某些容易接触到贬值决定的人获得了内幕信息并采取行动是有道理的。

3　本节强调的实证研究使用的是指令流数据，而不是仅采用价格数据。

4　检验指令流的影响是否持久的第三种方法是（与前两种相关）：检验累计指令流和汇率是否协整（Killeen，Lyons 和 Moore，2000a 以及 Bjonnes 和 Rime，2000）。

5　Hartmann 在 1999 年发现，当出现非预期的成交量时外汇汇率价差增大，这与逆向选择理论一致。

6　在这个案例中，午餐时间汇率的波动性仍可以计算，因为其他交易地点的交易仍在进行，如新加坡和香港。Andersen，Bollerslev 和 Das 在 2000 年指出了这种波动的意义所在。然而，伊藤等人的其他研究结果显示，它们对数据集中的异常值敏感。Covrig 和 Melvin 1998 年也对此进行了分析，他们剔除了异常的观测值，但仍然发现有证据表明日本银行对信息掌握相对较多，这验证了伊藤等的解释。日本银行是价格的领导者，这是 Covrig—Melvin 研究的前提。有关伦敦与纽约重叠交易时间段波动性的研究，见 Hsieh 和 Kleidon（1996）。

7 “更好”指的是条件方差更低。

8 Lyons（1995）给出了外汇价格存货效应的实证结果。

9 为了理解为什么风险溢价（例如期望收益）的改变会引起价格改变，可以参考纯贴现债券的定价：当市场利率——期望收益——改变，即使到期日的现金流量不改变，债券的价格也必然会改变。

10 这种逻辑同样适用于本书中使用“V”而不是用人们常用的“F”表示收益的逻辑。符号 F 容易让人理解为是整个基本面，在笔者看来这种理解十分狭隘。

11 关于预期的例子同样适用于有关贴现率的信息，也就是第二种和第三种类型。

12 其他的期望代理变量——如 ARIMA 或 VAR 模型等时间序列方法建立的代理变量——并不符合以货币为支持并包罗多种信息的特点。引用 Frankel 和 Rose 1995 年关于时间序列方法的观点，“采用 ARIMA 或 VAR 测量代理变量的期望，是因为这两种方法不必同时拥有足够的信息。事实上，并不是因为它们不用足够的信息，而是因为它们遗漏了大量的信息，而这些信息是市场中的投资者都在使用的……市场向投资者提供了很多信息……因为研究假设他们从样本开始就知道统计过程的参数”。与此相关的讨论还有 Engel（1996），他讨论了市场拥有的信息多于有经验的人拥有的信息时，出现的汇率“比索问题”；和市场拥有的信息少于有经验的人拥有的信息时（事后），出现的“学习机制”。

13 在广义资产定价的方法文献中（例如，内核定价法），随时间变化的贴现率通常被称为“随机贴现因子”。本书的关注的是贴现率中的风险溢价部分，而不是无风险利率的部分。

14 虽然这个贴现率对价格的影响在大多数模型中是以风险溢价表现的，出于技术处理便利的考虑，有时模型会指明是针对风险中性的交易商列出的。因为风险中性的交易商面对的是一般“存货持有成本”，该成本会产生相似结果的。

15　熟悉微观结构理论的读者会明白，这幅图假设价差不固定，即当流入的指令减少为零时，价差也会减少为零。这是个小细节，以宏观视野为导向的读者不必关注。

16　股票之间不完全替代性的证据可见 Scholes（1972），Shleifer（1986），Bagwell（1992）和 Kaul 等（2000），等等。至少有两个原因，使得不完全替代或许更合适货币市场而不是股票市场。第一，在美元兑欧元市场上的指令流的大小通常是一典型美国股票交易市场中指令流的 10 000 倍多（例如，1998 年纽约证券交易所股票日均交易量约为 900 万美元，而美元兑德国马克的平均日交易量约为 3 000 亿美元）。第二，很多个股可以与投资组合相互替代，而单个货币（尤其是主要货币）不可以。

第3章　制度设计

1　这一数据来自国际清算银行（1999）。将在 3.2 节仔细分析国际清算银行提供的数据。

2　BIS（1997a，17）。

3　简而言之，抛补的利率平价是以无套利为前提，即 $F_{美元/英镑}/P_{美元/英镑}=(1+i_{美元})/(1+i_{英镑})$，$F_{美元/英镑}$ 是当前所报的某一期限的远期汇率（美元/英镑），$P_{美元/英镑}$ 是即期汇率，$i_{美元}$ 是当前某一期限的美元名义利率，$i_{英镑}$ 是当前所报的某一期限的英镑的名义利率。从经济（和指令流）方面考虑，在等式左边冲销持有头寸相当于在等式右边冲销持有头寸（在没有资本管制的市场中）。

4　涉及衍生品市场和现货市场的互动问题是衍生品研究中令人着迷的一个分支（而不是孤立的衍生品市场分析）。问题在于引入衍生品是否可以纠正该市场的失灵，参见 Brennan 和 Cao（1996），Cao（1999）等。

5　目前有大量关于限价委托拍卖市场的文献，例如，Glosten（1994），Biais 等人（1995），Chakravarty 和 Holden（1995），Harris 和

Hasbrouck (1996), Handa 和 Schwartz (1996) 以及 Seppi (1996)。

6 “交易商”和“做市商”在学术文献中通常是可以相互替代使用的。如果进行区分的话，交易商一词用于交易商市场（如外汇市场），而做市商用于混合拍卖的交易商市场（如纽约证券交易所）。本书中会参照这种区别使用它们。需要指出的是，外汇从业人员通常使用“交易员”来形容交易商。由于交易员一词使用范围比较泛，因此在需要时，笔者会采用更具体的词语。

7 有一个名为路透 FXFX 的屏幕显示交易商的报价，但这些报价并不是固定的。（笔者会在第 5 章讲到 FXFX 屏幕的细节。）虽然在本节稍后提到的电子交易屏中的报价是固定的，但该报价反映的只是在任何特定时间上市场中固定报价的子集。对于外汇期货，虽然一些是在交易所中交易的，但大多数交易是分散的、多交易商参与的。世界各地的期货交易所往往汇集了各类外汇期货交易。

8 虽然目前即期外汇市场和美国政府债券市场有相似的结构，但债券市场的交易方式正在向更集中的拍卖结构（如上面所述的巴黎证券交易所和香港证券交易所）演变。详见 10.3 节。其他国家的债券市场已是集中拍卖形式（例如，意大利政府债券市场）。关于债券市场微观结构的较新的研究包括 Fleming 和 Remolona (1999) 以及 Vitale (1998)。

9 见国际清算银行（1999）。纳斯达克和 SEAQ（伦敦股票交易所自动报价系统）中交易商间的份额低于 40%（Reiss 和 Werner, 1995）。

10 外汇市场过去几年最大的变化就是从声讯经纪人系统（交易商用桌前的对讲机报价）转变成电子经纪人系统（价格由屏幕显示）。的确，一些非正式的证据表明，过去的一些交易商间的直接交易也开始通过电子经纪人系统完成（2001 年国际清算银行的报告）。目前占主导地位的电子经纪系统是在美元/欧元和美元/日元交易时使用的 EBS。另一个主要的电子经纪人系统是路透 D2000—2。更多有关向电子经济系统的转变的内容，可参见 1998 年 6 月 5 日的金融时报《调查：外汇交易所》。在美国债券市场中，交易商间经纪人也很重要。

11 这里需要指出这个过程中的两个重要变化。首先，银行尽最大努力“吸收”客户的指令流，即尽量匹配收到的客户的买卖指令。当完全匹配时，进入交易商间市场的净指令流会大大降低。其次，指令流的生命周期在非交易商吸收了净差额时并没有真正地“停止”。相反，这种再吸收活动随流动性提供者的“链条”传播。第一个非交易商环节是对冲基金和银行的专属柜台交易，最后环节是所谓的“实质货币账户”。实质货币账户是机构长期持有的资金，例如共同基金和养老基金。第9章会阐述更多关于客户交易的观点。

12　噪音的一个重要来源是，经纪交易系统并不显示所有交易的实时规模，因此以交易信号的信息建立精确衡量指令流的方法是不可能的。例如，在D2000—2系统中，如果最优价格上可以得到的数量超过1 000万美元，无论是买方还是卖方的交易商都只能看到显示“r”，反之，他们就可以看到可得的数量。如果在成交之后，屏幕仍然在买方和卖方都显示“r”，其交易商也无法推断成交的数量。但是通常可得数量低于1 000万美元，或一方数量在交易后下降时，交易商确实能得到有关数量的信息。另一主要的电子经纪系统EBS也是这样。这两个系统都提供了交易的高频数据（但不是完整数据）。

研究的数据集不同。（我在第5章将研究有交易商间经纪业务的数据。）这些数据集由真实交易之后的记录构成，提供了衡量指令流的精确数据，但这些事后数据在交易时并没有被交易商掌握。

13　相比之下，一只价差10美分、以50美元每股出售的股票，将表示为价差是20个基点——是用美元/欧元表达的10倍。

14　通常有一种误解，认为某一银行的交易商在每个交易日都会将他们的头寸从东京传到伦敦再传到纽约。这通常是不对的：交易商是分别管理自己的头寸的。从东京传到伦敦再传到纽约的是银行记载客户限制性指令的手册，这些未执行的指令与交易商的头寸是不一样的。

15　有两个很好的多媒体资源可以让大家体会到外汇交易商的工作：（1）Goodhart和Payne（1999），（2）花旗银行的“证券交易所课程”。前者提供了可视的电子交易商间交易系统（路透D2000—2）交易账户，后者是复制外汇市场交易的模拟交易比赛，包括图3.1所示的三种交易类型。(可直接联系花旗银行获取更多信息。)

16　第5章详细介绍了路透D2000—2交易系统，同时还介绍了它在实际工作中生成的大量的数据。

17　为对比股票交易商，笔者使用了Hansch等（1999）伦敦股票交易所的数据。因为与纽约证券交易所不同，伦敦证券交易所是一个纯粹的交易商市场，与外汇市场更具有可比性。研究者发现交易商一般在每次交易中有10个基点的利润。虽然笔者没有提供交易商的平均交易量，但可以从他们的数据中对交易量作出粗略估计。金融时报100指数的平均日交易量约为1 000万美元（690万欧元）。成交总量是分散于各交易商之中的，但是活跃的交易商会在许多股票上做市。在论文中，笔者将股票成交量市场划给那些为该只股票做市并较为活跃的交易商。每个交易商1 000万美元平均成交量的估计是合理的。

18　在样本和模型中德国马克/美元的中间价价差都是0.0003。价差的样本大约是所有交易商间双边报价的3/4。

19　然而本例的微妙之处就在于此，因为该交易商并没有多少客户业务。笔者认为正确理解应该是，该交易商为其他拥有更多客户业务的交易商提供了流动性和存货管理服务。因此，实际上在交易商间市场存在一种“分层”——外汇交易商并不同质。笔者认为在交易商间电子经纪成为主流的今天，这类交易商的利润已大大降低（表3.2是1992年一个交易周的数据）。

20　每天10万美元是否可称为“大量”取决于该交易商在交易中占用的银行资本量。如果所需资本是每天10亿美元（等于他需要资本的总量），那么10万美元是小额。现实中，支持这样一个交易（只涉及盘中交易）的资本远小于10亿美元。

21　除了国际清算银行，还有一些机构作为半官方协调员为外汇交易服务并提供讨论空间。美国的纽约外汇委员会联邦储备银行就是这样的机构。可以从它的网站www. ny. frb. org得到更多信息。

22　衍生工具在决定市场弹性和效率中所起的作用是20世纪90年代公共政策所关注的话题。在国际清算银行的调查中，对衍生品的高度重视就体现了这项政策的关注度。然而，人们不应忽视的事实是外汇市场中即期市场产生的指令流最大（虽然本书中指出，外汇衍生品市场中的主要产品——外汇掉期业务产生了巨大的交易额，但不是指令流）。

23 1989—1992 年的数据 10% 由（390/356） - 1 计算得到，1992 年即期交易量调整后得到 390 = 400（800/820），1989 年即期交易量调整后得到 356 = 350（600/590）。同理可得其他年度调整的即期交易量。因为外汇的即期交易总量与外汇的总交易量并不完全相等，所以应注意将这种调整看做即期交易量的近似。

24 美元的交易媒介作用带来了一部分交易量（但也只是一部分）。美元作为媒介时，非美元货币之间交易需要先兑换为美元。如今随着欧元的使用，美元国际货币的地位吸引了人们的关注。参见 Hartmann（1998）以及 Portes，Rey（1998）。有很多这方面的分析针对微观结构，这是传统的宏观研究中微观结构方法的合理应用。

25 目前在主要的央行中，只有日本银行经常干预主要市场。第 8 章中讲述更多的干预内容。

26 不要被 3.7 节第一句话（国际清算银行，1999）——“由经纪商交易”的表述误导。经纪商并不与自己交易，他们仅是为交易商交易提供便利（以获取佣金）。

27 英国的即期交易市场是最大的，约占世界即期交易总额的 28%（表 E - 9）。

28 第二个重要的政策问题是股票市场的透明度，这与交易前的信息更为相关：交易商观察到的报价信息公众是否也能完全知道？对于外汇市场交易前的透明度，有个问题需得到更多的政策关注，即是否应该将单个银行客户的限价指令详尽地公布（正如最近美国纳斯达克市场提议的那样；Weston，2000）。在某种意义上，这些限价指令的总和代表着更宽广市场的潜在需求。

29 然而需要补充的是，集中交易市场（股票和期货交易）的透明度要求是交易者自己先于政府提出来的。关于股票市场透明度的研究可参见 Naik 等（1999）以及 Pagano 和 Roell（1996）。

30　2000 年 6 月，三家投资银行（高盛、美林和摩根斯坦利）宣布，他们开始在美国债券市场（政府和公司债券）使用集中化电子系统。如果成功，该系统将不仅在提高透明度上，而且在获得流动性和成本方面大有作为。

31　作为题外话，有一个有趣的讨论：为什么交易过程透明度的提高可以降低价格中信息？提高透明度可能会降低投资信息产品的积极性。这种效果在标准交易模型中不会出现，因为这种模型假设私有信息和公共信息量是固定的。

32　本书将会在第 10 章探讨这种可能性。

第 4 章　理论框架

1　微观结构理论更广的研究可参见 O'Hara（1995）。近期的研究可参见 Madhavan（2000），前人对交易模型的研究可参见 Keynes（1936），Hicks（1939），Working（1953）以及 Houthakker（1957）。外汇市场微观结构早期理论的综述可参见 Flood（1991）和 Suvanto（1993）。

2　然而即使是在报价驱动的市场，仍然是指令流驱动价格，而不是价格驱动指令流（正如我们将在本章模型中看到的那样）。

3　对瓦尔拉斯拍卖人假设的讨论见第 1 章。

4　关于指令流在存货模型中的作用，O'Hara（1995，16）这样阐述："指令流随机波动，并且不能反映未来市场情况和价格变化的信息。这是绝大多数以存货为基础的微观结构模型的一般观点。"

5　笔者并不是说存货模型不重要，相反，存货模型开启了金融学微观结构的研究（Garman，1976；Stoll，1978；Amihud 和 Mendelson，1980；Ho 和 Stoll，1983），这些模型在对某些问题的理解上，起着至关重要的作用。但是笔者在本书中提到的这类模型需要与信息模型共同使用，对存货模型的深入研究可以参考 O'Hara（1995）。

6　给定 P 与私有信号 S_i，如果 V 的条件密度独立于 S_i，那么价格 P

是 V 的充分统计量。注意，这并不意味着 P 能够解释 V（例如，它并不意味着 V 对于 P 的条件方差为0），这仅说明信号 S_i 并没有贡献额外的信息。

7 Varian（1985）分析了这种均衡。他用“看法（Opinion）”一词表示对自身信念没有任何影响的无用信号。未获得信息是指，人们通过价格或其他方式观察到别人的看法后，不会改变自己的信念。参见 Harris 和 Raviv（1993）。

8 本章所有的模型都包括无风险资产，但它的经济影响很小，因此笔者不对其进行阐述。针对其的讨论请参见附录。

9 为了解释清楚，本章所有模型都采用均值为零的收益值。正的均值对于经济问题没有意义，实际上它还会使问题变得模糊。附录在使用一些推理方法时采用了非零均值。考虑到价格可能为负，可假设基本面的均值很大，使得均衡价格为负的可能性很小。有关（浮动）汇率收益分布函数的研究，参见 Hsieh（1988）。

10 如同基本过程，人们会很自然认为禀赋过程的均值为正。由于基本的经济活动没有变化，因此笔者采用零均值公式来进行解释。

11 在国际范围内，这意味着来自不同国家的代理在财富最大化中使用相同的单位（即美元）计量财富。正如 Jensen 不等式（有时被称为 Siegel 悖论，见 Siegel，1972）所示，如果投资者用本国货币单位衡量收益，期望收益就会有小的不同。虽然国际金融对此有很多讨论，但 Jensen 不等式在汇率决定研究中的影响很小。鉴于此，本书不对此进行介绍，详细资料参见 Obstfeld 和 Rogoff（1996），586－588。

12 虽然交易与价格同时决定，但不知情的交易者可以预先计算出自己的不同价格下的需求量。将他提交的指令流看做依市场出清价格而定。

13 笔者将在本章多次使用信号的这种转换方式，通过这种转变变量成为关于我们所关心的变量（此处为 S）的函数。

14 Grossman 和 Stiglitz（1980）的模型限定交易者数量为 $i=1$，…，n，因此它的完全竞争行为假设比两交易者的假设延伸得较少（但仍然存在问题）。通常解决这个问题的方法是将交易者分为知情交易者和非知情交易者，使得不用测量交易者对价格的影响。

15　关于交易理性预期模型的文献很多：有关信息如何在价格中体现的论文有 Grossman（1977），Grossman 和 Stiglitz（1980），Hellwig（1980）以及 Diamond 和 Verrecchia（1981）。Jordan 和 Radner（1982）的论文有关于均衡的存在性和信息反映程度的概述。将理性预期模型和微观结构模型联系起来研究的论文有 Hellwig（1982），Kyle（1989）以及 Rochet 和 Vila（1995）。Brennan 和 Cao（1997）将多期理性预期模型用于国际金融中本国偏好之谜的分析，Bhattacharya 和 Weller（1997）以及 Montgomery 和 Popper（1998）将该模型用于外汇市场。

16　虽然很多宏观信息都能符合第一个标准，但它们却很少能符合第二个标准。参见第 2 章关于各种非公有信息的讲解。

17　一般来说，在特定市场上才能操作利润，这种市场的特点是，指令被撤销时的流动性强于指令被执行时的流动性。Allen 和 Gorton（1992），Lyons（1997a）以及 Vitale（2000）的模型中允许存在对均衡的操作。

18　为了解释清楚，笔者继续使用零均值——它对基础经济学无影响。

19　Kyle 的论文（1985）最初也直接观测 V，和本章初提到的理性预期拍卖模型一样，不是通过信号去预测 V。改变 Kyle 的要求使知情交易者观测到 V 的信号是比较直观的想法。请注意，这会使得价格完全公开——在完全公开价格以外的任何价格下，等式（4.3）中知情交易者的需求是负无穷或正无穷。

20　请注意，因为知情交易者不是被动接受价格（例如，他会有策略上的考虑），所以等式（4.3）使用的需求函数在此处不适用。

21　见 Subrahmanyam（1991），Admati 和 Pfleiderer（1988）以及 Holden 和 Subrahmanyam（1992）。Kyle 模型最近在外汇的应用参见 Vitale（1999）。Kyle 模型的其他变化见 O'Hara（1995）。

22　回顾本章的引言部分，传统存货模型的重点一般是存货成本

（通常产生于对风险的厌恶）所引起的价格暂时变化，该价格变化围绕固定期望收益变动。相反，信息模型的重点是随着未来收益变化而永久调整的价格。

23　实际上大多数文献中的“单交易商”模型是承认多交易商情况，但伯川德（价格）竞争足以将问题限制在单交易商上进行讨论。

24　笔者将在序贯交易模型中结合这些观点进行讲解。鉴于模型的排序，序贯交易模型确定应放在本文所给的位置。这些观点很多年前就已经存在，但在 Glosten 和 Milgrom 1985 年建立的序贯交易模型发展了这种观点。参见 Bagehot（1971）以及 Copeland 和 Galai（1983）。

25　更正式的表达是，若 $E[P_{t+1}|\Omega_t]=P_t$，则价格遵循有关信息集 Ω_t 的鞅过程。

26　分别见 Easley 和 O'Hara（1987，1992）以及 Easley 等人（1996）论文。

27　这在考虑与外汇市场特点相符合的多交易商模型时尤为合理。关于多交易商理论的研究包括 Ho 和 Stoll（1983），Leach 和 Madhavan（1993），Biais（1993），Perraudin 和 Vitale（1996），Vogler（1997），Werner（1997），Hau（1998）以及 Viswanathan 和 Wang（1998）。这些论文大部分是针对集中化的交易商间市场建立模型，而不是针对外汇市场这类分散化市场。此外，与同时交易模型不同，它们大多要么包括基本私有信息要么引入对交易商风险厌恶的假设，但没有模型同时包括二者。

28　考虑共同信号 S，例如公开宣布的宏观数据。私有信号 S_i 比将在指令流中发现的信息具有优势。交易商常引用一个例子，S_i 可捕捉到有关顾客的身份和交易动机的信息，因此对冲基金的交易对价格的影响可能比公司交易大。通过引入不同的 S_i 来隐秘地反映这一特点，而不是直接假定所有影响相同。第 9 章将会有证据证明顾客身份的信息确实有意义。

29　扩大客户和交易商交易的报价价差较简单（例如，在内部确定参与交易的交易商数量），而扩大交易商间的报价价差则更复杂。

30　然而未知数 m 是棘手的，因为它产生了非正态分布的头寸扰动。

31　各种各样的扩展模型描述了其他特点，其中包括可变指令流透明度模型（Lyons，1996a）和日内交易模型（Evans 和 Lyons，2000）。

32　指数为负时效用为负是毫无疑问的——效用函数与结果的分布是一致的，而不是给定某一结果有完全对应的效用。在这些效用前加一个大的正常数，不会改变个人的选择。

33　这并不意味着财富再分配在金融市场无关紧要。人们需要判断正在处理的问题是否与再分配有关。

第5章　微观结构理论的实证研究

1　见 Goodhart 和 Figliuoli（1991），Bollerslev 和 Domowitz（1993）。有关日频率的早期研究，见 Glassman（1987），Bossaerts 和 Hillion（1991）以及 Wei（1994）。

2　见 Lyons（1995），Goodhart 等（1996），Yao（1998a）以及 Evans（1997）。对外汇市场这类市场的新兴实证研究，见 Flood 等（1999）。Flood（1994）采用模拟的方法进行研究。关于外汇交易技术的信息网络的研究见 Zaheer（1995）。对新兴市场货币的研究见 Goldberg（1993），Goldberg 和 Tenorio（1997），Carrera（1998），Galati（2000）以及 Becker，Chadha 和 Sy（2000）。

3　从两个网站上可以获得更多关于产生该数据的系统的资料。一个关于路透交易系统 D2000—1 和 D2000—2 < www. reuters. com/transactions/tran00m. htm >，另一个是关于交易商间交易的经纪系统 EBS < www. ebsp. com >。

4　虽然世界上主要即期市场中不到 90% 的交易商使用的是 D2000—1 系统，但通过该系统交易的美元额比 90% 高，因为活跃的交易商更多地使用它。

5　“电子交易系统”中不首先区分直接成交和通过经纪成交的交

易，这使得它在交易时会使交易商误读取得的信息。D2000—2 系统和 EBS 都曾与传统的语音经纪竞争，目前这些系统在外汇经纪业务中已占统治地位（语音经纪已被淘汰）。D2000—1 是直接交易的电子手段。在信息传播方面，电子交易在直接交易和间接交易两个市场有截然不同：在 D2000—1 中是严格的双边传播，而在经纪促成的交易则不是，其他交易商能获得更多的信息。

6 本书中所示文献的客户指令流数据见 Osler（2001）。该数据包括 1999 年 9 月至 2000 年 4 月（主要是美元/日元和美元/欧元）的某家“大”银行近 10 000 名客户的限价指令（包括止损指令）。

7 有一大而重要的机构做基于 FXFX 数据的实证研究，然而本书关注的是指令流及其对价格的影响。因此在此对基于 FXFX 数据的研究没有特别说明。有关 FXFX 研究的概括，见 Goodhart 和 O'Hara（1997）。

8 关于最近在多个细分市场数据整合中取得进步的数据集（非上文总结的）的介绍，见 Bjonnes 和 Rime（2000）。

9 这里没有列出一种较新方法——结构性序贯交易方法，它由 Easley 等人首创于 1996 年。这种方法还没有应用于外汇市场。

10 引述的文献为对此感兴趣的读者提供了该方法的详细内容。Hamao 和 Hasbrouck 在 1995 年应用此方法对东京股票交易所进行了分析。

11 当该方法应用于限价指令拍卖市场时，指令流用第 1 章的方法衡量：交易的符号取决于市场指令的方向，限价指令的符号和交易的符号相反。这相当于假设信息由市场中的指令传递，而流动性的提供者——限价指令并不传递信息。通常，在模型中知情交易者是可以选择市场和限价指令的，原因部分是他们不希望在指令执行前透露优势信息（Harris 和 Hasbrouck，1996）。

12 变量 x_t 在不同应用中有不同定义，甚至可以定义为一特征向量。将带符号的指令流 x_t 变换为带符号的交易指标是一种常用的变化，即用买入量减去卖出量。使用这种交易指标类似于这里提到的第二种实证方法——交易指示法。

13 在第 2 章中，笔者将私有信息定义为具有下面两个特征的信息：

(1) 不被所有人都知道;(2) 比公有信息更能精确预测价格。按照这个定义,外汇交易商存货的上层信息是私有信息,能使他们能够更精确地预测存货效应。这类私有信息可能无法预测长期价格,因此在 VAR 方法中不将它作为信息(公式5.6)。

14 Payne 1999 年的估计可能低估了,因为他采用的是交易商间经纪交易的指令流(而 Evans 和 Lyons 1999 年采用的是交易商间的直接指令流)。Bjonnes 和 Rime (2000) 发现,交易商间经纪交易的指令流传递的信息少于交易商间的直接指令流。Reiss 和 Werner (1999) 在对伦敦证券交易所的研究中得到了类似的结论,见 Saporta (1997)。

15 公平而论,Huang 和 Stoll (1999) 的确用他们的交易指示模型对三种交易量规模不同的交易进行了估计。他们通过分割交易的样本建立规模的模型,而不是直接建立规模模型。

16 价格当然会随着时间由于其他原因而产生变化。笔者在计算上让其他原因保持不变,以突出引起交易价格的这种特定原因。

17 在这种情况下,价格会随着时间由于其他原因而变动并且假设价差不变。这是最简单的情形,并且在一些存货模型中采用。但是它并不是一般存货模型的特征,详见 O'Hara (1995)。

18 用该模型对在纽约证券交易所上市的股票进行分析,Q_t 的取值范围是 $\{-1, 0, 1\}$,当交易按公告的中间价成交时取 0。在纯粹交易商市场上不会在中间价成交。但是纽约证券交易所不是纯粹的交易商市场(见第3章)。在纽约证券交易所,收到的指令有可能按中间价执行(例如,一买一卖两个限价指令,它们的限价等于中间价,并且同时到达)。

19 在此笔者提供一个价差分解可以解决的问题的例子(和外汇市场相关,给定交易量最大的银行市场份额日益集中)。该例子来源于 Weston (2000)。他研究纳斯达克中伴随着改革的竞争是否降低了价差中指令执行成本。(回忆一下,指令执行成本还包括"租金"。)经过研究,他发现价差确实降低了,这说明改革前的价差高于完全竞争时的价差。

20　其他采用结构模型的研究包括 Foster 和 Viswanathan（1993），Madhavan 和 Smidt（1991）对纽约证券交易所的研究。将微观结构用于多交易商的研究包括 Snell 和 Tonks（1995）对股票市场的研究，Vitale（1998）对债券市场的研究。

21　为适应外汇市场机制，Lyons（1995）的模型也采用了另一种变化：它考虑了外汇交易商会对存货进行控制（例如在其他交易商的报价上降低存货），而专家做不到这点。简单起见，在此略去该模型的第二种变化。

22　模型估计同样能够根据存货需求的变化而调整，见 Lyons（1995）。

23　此处的移动平均误差项来自模型的推理过程，详见 Madhavan 和 Smidt（1991）。如此解释会让人更容易理解：S_t 与 ε_{it} 相关使 X_{jt} 与 ε_{it} 相关（见式 5.21），因此采用 OLS 对模型进行估计可能会有偏差。然而这是不正确的。因为交易商 i 在报价时知道 S_t 和 ε_{it}，这使得 X_{jt} 与 ε_{it} 的相关性与能自由撤回的报价不一致（例如，它与理性预期不一致）。

24　最近在外汇市场之外的研究或许能够解释为什么交易商价格的存货效应不明显——非外汇的交易商用衍生工具降低存货风险，而不是用降低存货的方法（Reiss 和 Werner，1998；Naik 和 Yadav，2000）。而外汇交易商却不经常使用衍生工具，他们发现采用实际的即期交易控制存货的成本较低（Lyons，1995）。

25　关于金融市场交易量方面的研究很多，见 Karpoff（1986，1987）以及 Wang（1994）。

26　例如我们还不知道，有多少交易商间的交易是由于"烫手山芋"引起的。

第 6 章　汇率模型：从宏观基础到微观基础

1　在方程中用 P 表示汇率时，P 总表示为其他货币的美元标价（即美元/其他货币）。

2　见 Froot 和 Rogoff（1995）的 *Handbook of International Economics*。

3　值得注意的是，虽然笔者倾向在模型中使用一价定律，但并不对所有商品都适用。例如，当政策制定者可以干预外汇市场维持购买力平价时，可以采用购买力平价公式。尽管如此，仍然有很多原因使得在短期中不适合使用购买力平价（例如非贸易商品，贸易壁垒等）。

4　只要利率和货币升值率不是很大，该近似值在短期内精确。在长期和恶性通货膨胀时，该近似值不精确。

5　这是针对对金融领域的贴现现金流估值模型熟悉的读者的一种提法。国际经济的读者将在下一分节中看到他们更熟悉的公式，这些公式基于折现的货币与实际变量。

6　详细内容见 Taylor（1995）和 Isard（1995）。这些研究充分表明这些模型在实证上并不成功（第 7 章会再次提到）。

7　了解汇率的读者会将这种形式的购买力平价看做是购买力平价的绝对形式。相对形式的购买力平价的不同之处是取了对数，或用 $\Delta p_{\text{美元/欧元}} = \Delta p_{\text{美元}} - \Delta p_{\text{欧元}}$，Δ 表示 t 期与 $t-1$ 期的变动。

8　这是 IS – LM 模型中 LM 曲线的方程。注意，这里的“货币市场”是狭义的，指真实货币的宏观市场，而不是实践者视角中到期时间为一年或一年内的固定收益证券市场。

9　在这里只考虑不排除理性泡沫的解。作为标准，式（6.9）具有无限个理性预期解，但是其他情况下在价格路径中包括泡沫成分。更多理性预期模型的求解方法见 Blanchard 和 Fischer（1989）。

10　这个模型和本章中的其他模型都没有显著的实证结果，见 Meese 和 Rogoff（1983a，1983b），在 Frankel 和 Rose（1995）的文章中有最近的研究。

11　严格地说，长期的购买力平价仅在该模型的简化形式下成立，当长期真实汇率有真实冲击或有其他需要调整的冲击存在时，购买力平价不成立。

12　允许 y 改变的模型中不一定存在超调。

13　实际上，标准模型的整个调整时期都存在 $i_{\text{美元}} < i_{\text{欧元}}$，这意味着

人们预期美元在长期会升值。

14　更精确地说，作为国际收支平衡账户，经常账户的盈余必须在资本账户中以本国对外国的债权的净增加的形式抵消（假设中央银行没有储备的交易）。

15　这些模型中的另一“偏好”指决策者的偏好，例如，不同的货币政策。

16　作为拓展有关非要素性的概览见 Stockman（1987）。一般均衡模型的最近研究引入了粘性价格，见 Obstfeld 和 Rogoff（1996）。

17　模型中“一般性”一词强调它包括不同市场，这些市场在均衡中必须同时出清（例如，商品市场、劳动力市场、债券市场、外汇市场等）。

18　该说法是否严格正确取决于对微观结构范围的界定。用微观结构模型研究实际经济的，其着眼点是内幕交易。例如 Leland（1992）认为内幕交易会影响公司的实际投资。

19　前一节中，我们将一般均衡模型中的预付现金约束看做是“要素”限制。相对于生产要素，将预付现金约束看做一种制度会比较精确，尽管这样是简化了的。

20　一直有很多学者在宏观角度对波动率决定进行研究。然而目前的文献开始从微观角度对外汇波动性进行研究。这是笔者在中段部分列出该问题的原因。微观方面的研究有 Wei（1994），Andersen（1996），Andersen 和 Bollerslev（1998），Hau（1998），Jeanne 和 Rose（1999）以及 Cai 等（1999）。

第 7 章　宏观谜题：对微观结构的挑战

1　前面每章都有很多的相关文献。在长期中，如超过两年，宏观模型开始主导随机游走（见 Chinn 1991，Mark 1995），但低于两年期限的汇率决定机制仍是个谜（除非在恶性通货膨胀下，根据购买力平价，通货膨胀增长本身就成为一个驱动因素，见第 6 章）。

2　股票市场同样存在决定难题，见 Roll（1988）。Roll 用传统的股票基本面得到的，被他称为“对科学的巨大挑战”的结果，只能解释 20%的每日股票收益。当 Evans 和 Lyons（1999）将微观结构方法应用于外汇市场时，它还没有直接应用于股票市场的价格决定难题。

3　另一种对传统宏观模型的替代是最近的“新开放宏观经济”方法（例如 Obstfeld 和 Rogoff，1995，见第 6 章）。在此不介绍该方法是因为到目前为止，这个方法没有产生违背 Meese—Rogoff（1983a）的结论的实证的汇率公式。

4　如果指令流是宏观预期的衡量信息，那么它应该能预测到重要变量（如利率）的变化。新的指令流数据集同第 9 章的数据集一样囊括六年的外汇交易，这为检验提供了很好的统计基础。Evans 和 Lyons（1999）采用的 Evans（1997）数据集，包括 4 个月的数据，因此在这方面没有太大的说服力。

5　第 2 章介绍了两个子类的贴现率信息：关于存货效应的信息和关于资产组合平衡效应的信息。存货效应是短暂的，不太可能与长期的宏观谜题有关，因此本章不考虑有关存货效应的信息。

6　实证中，指令流 X 的实际影响因素可能不被资产组合平衡模型的传统假定（i，m，z）捕捉到。值得注意的是，在该讨论中不考虑一般均衡（GE）的宏观模型。在 GE 模型中，当 X 传递资产组合平衡影响的信息时，要确定 X 与（i，m，z）是否独立是很难的：这取决于 GE 模型的具体特点（当 X 传递此类信息时，它传递的是关于“定价中心”的信息——相较于贴现率的一般性均衡）。

7　在同步交易模型中，引入第一轮中的买卖价差（或价格清单）将交易商的数量的外部效应内生化，是一种简单的扩展。

8　第 4 章中，同时且独立的交易商间交易 T_{it} 指交易商在给定回合中无法影响其他交易商的交易。

9　这相当于假定价格交易商对隔夜风险的承受能力小于公众。

10　注意，该方程描述了价格水平与交易商间累计指令流的协整关系（即长期关系），7.3 节会再次提到。

11　该模型还可用于构造多重均衡。然而引入多重均衡会掩盖资产组合平衡逻辑的重要性，因而此处对此不阐述。

12　这些在 Evans—Lyons 模型中是外在因素。如果要精确建模，很多原因会产生这些因素，包括对冲需求，流动性需求以及变化的风险偏好。

13　例如，从 $X_t = 0$ 开始，客户向交易商的初始出售并不改变 X_t，因为 X_t 衡量的是交易商间的指令流。在客户出售给交易商后（例如一单位），如果交易商 i 采用将它卖给另一交易商 j 的方法轧平头寸，X_t 变为 -1。接下来交易商 j 又将它卖给交易商 k，则 X_t 变为 -2。若客户从交易商 k 处购买了该头寸，那么该过程最终结束于 $X_t = -2$。在这个简单的例子中，客户和交易商间的指令流为 0，因为后一客户的交易抵消了第一个客户的交易，使“烫手山芋”的传递终止，但交易商间的指令流不为 0。

14　Cheung 和 Chinn（1996b）对此进行了证明。他们对外汇交易者的研究显示，单独的宏观经济变量的重要性随着时间改变，但是“利率一直是重要的”。

15　Evans 和 Lyons 也利用利率差的水平对模型进行估计，在无抛补利率平价中得到了相同结果。

16　有很多大量实证文献试图增强利率在汇率方程中的解释力（例如，引入个别利率作为独立变量，引入非线性，等等）。由于这些尝试并不成功，因此利率的变动不太可能对指令流的相对重要性有影响。

17　在第 5 章中，Evans（1997）数据集的缺陷之一是没有考虑每笔交易的规模，因此指令流测度的是买入量减去卖出量。（然而，该数据集包括样本总量，因此可以计算出平均交易规模。）然而，该缺陷应当被合理地对待：假如 Evans—Lyons 结果为负——那么对数据的疑虑则非常有必要——负的结果很可能是数据中的噪声导致的。但实际上他们的结论得出正值，这仅靠噪声是达不到的。实际上，数据中的噪声反而强化了指令流与价格的关系。

18　第 5 章的“不确定事件”模型考虑了这种活跃度高时系数大的

情况（Easley 和 O'Hara，1992）。然而需要注意的是，Evans—Lyons 分析的日频率低于对不确定事件典型交易的测试频率。Evans（1997）数据的日内分析显示了不同结果——见第 8 章。

19　宏观公告对指令流决定的直接影响同样值得探讨。也可以将宏观公告直接引入 Evans—Lyons 类型的回归，但这不易得到好的结果——长时间以来的文献都显示宏观公告对一阶矩汇率无影响（尽管它对二阶矩汇率有影响，见 Andersen 和 Bollerslev 1998）。

20　见 Osler（1998）以及 Carlson 和 Osler（2000），他们模型中经常账户流量是汇率决定的核心。与传统流量法模型不同，这些模型中的汇率由投机市场决定。

21　需要补充的是，该比喻适用于资产分析法。资产分析法中指令流也体现不出对价格的影响。这是因为在资产法中假设所有的信息都是公开的（即公共信息是价格的充分统计量）。

22　与主流观点相反，从绝对值看，汇率波动幅度低于股票。美元兑其他货币的汇率收益年标准差在 10% ~12% 之间，而股票市场中收益年标准差在 15% ~20% 之间（单只股票的标准差更高）。

23　汇率制度不仅限于浮动汇率制度和固定汇率制度。以对汇率的控制程度为顺序，汇率制度可划分为：（1）自由浮动汇率制度，（2）管理浮动汇率制度，（3）汇率目标区域制度，（4）爬行钉住汇率制度，（5）货币局制度，（6）货币联盟制度。管理浮动汇率制度指对汇率浮动有一些限制性的干预。货币局制度是一种货币发行当局用货币政策实现目标汇率的制度。关于不同汇率制度的区别，见 Krugman 和 Obstfeld（2000）。

24　从欧洲货币体系过渡到欧洲货币联盟，这无疑是向固定汇率制度转变。KLM 认为欧洲货币联盟在 1999 年 5 月 2—3 日之后可以看做完全可信——加盟的十一国和欧元区各国的兑换汇率在这两天明确。可以将他们的模型扩展到对不完全可信的固定汇率的环境中作为未来的研究方向。

25　这是完全固定汇率下的例子。该例子的逻辑还可用于分析有一定波动性的中间汇率制度。

26　如果非平稳的变量间存在平稳的线性组合，那么它们是协整的。协整意味着虽然这三个序列都可能有永久性的变化，但是在长期中它们存在着一定的均衡联系。关于协整可以参考 Hamilton（1994）第 19 章。

27　EBS 设置了一个预审信用的功能模块，使交易商看到的交易价格都是没有违背他们对手的信用额度的，由此来消除由于这些信用额度的限制而导致的潜在的无效交易。

28　在他们的样本中，累计指令流的均值为 1.38 亿德国马克。

29　这是一个理论问题。事实上，在 1998 年 5 月至 12 月期间，国家中央银行或欧洲央行很少进行干预（对此进行验证是很困难的，因为这些银行不提供这段时间的干预数据）。

30　这类偏差通常被称为“条件偏差”，以区别于“非条件偏差”。条件偏差指为预测 P_{t+1} 是否低于 $F_{t,1}$，应当决定（基于预测）$F_{t,1} > P_t$ 这一“条件”是否成立。如果 $F_{t,1} - P_{t+1}$ 的均值在统计上异于 0，则远期汇率是非条件有偏的（此处对时间 t 的信息没有限定条件）。主要货币的远期汇率往往在无条件下都无偏（Perold 和 Schulman，1988）。

31　无套利的关系被称为抛补利率平价（在第 3 章尾注有介绍），需要远期贴水等于利差（只要资本市场对套利交易没有限制）。在等式右方用单一时期利率差（$i_{美元} - i_{其他}$）代替远期贴水（$f_{t,1} - p_t$），可得到回归方程见式（7.15）。很多文献用利率差分形式估计式（7.15）（实际上是对无抛补利率平价的测试，这在第 6 章介绍过）。

32　除已介绍的无效率与风险溢价这两种对偏差的主要解释外，还有一种所有偏差都会遇到的，即测量误差（广义上的）。也就是说，该偏差不是真实存在的。在研究远期汇率偏差的文献中，测量误差通常被称为“比索问题”。该名称来源于市场认为墨西哥比索可能会出现贬值使得比索远期在一段时间内一直贴水这一现象。经过多年，比索并没有贬值，这便出现了样本中远期利率的偏差，该偏差持续高估了汇率变动。在这种情况下对系数 b 的估计是有偏差的，因为测量到的汇率变动与市场期望的变动不相符（小样本问题）。Engel（1996）提供了很多证据证明在主要汇率上难以解释比索问题，但并不是不可以解释（详见 Lewis 1995，她正确地指出，关于远期汇率的偏差的备择假设，它们之间并不是相互排斥的）。

33　此处的货币交易策略是，$f_{t,1} > p_t$ 时，卖出外币的远期，$f_{t,1} < p_t$ 时，买入外币的远期。这是因为当 $f_{t,1} > p_t$ 时，一般会有 $p_{t+1} < f_{t,1}$。若 $t+1$ 时，市场预期价格低于 $f_{t,1}$，人们会因为将卖出外汇的价格锁定在 $f_{t,1}$ 而期望获利。同理，若 $f_{t,1} < p_t$，则有 $t+1$ 时的市场预期高于 $f_{t,1}$，此时人们会因为将买入外汇的价格锁定在 $f_{t,1}$ 而期望获利（人们可以借入低利率的货币投资于高利率的货币，以相同的方式进行这种交易）。最后，使用“股票屯仓策略”，即使用买入并持有股票指数基金（例如跟踪标准普尔 500 指数的基金）这样的简单策略。

34　夏普比率以诺贝尔奖的获得者威廉·夏普的名字命名。可以在资本资产定价模型（CAPM）的标准图中对其进行解释。在标准图中，纵轴是期望收益，横轴是收益的标准差，在起点是无风险利率的射线上的每个证券（或证券投资组合）具有相同的夏普比率。例如，在有借贷的 CAPM 中，在起点是无风险利率与有效前沿相切的射线上的每一个点的夏普比相同。在无摩擦市场中，只有各项投资互斥时，用夏普比率标准选择的投资才是最佳投资。

35　注意，指令流和交易量有很大的不同：指令流是带符号的交易量（即卖出的指令流为负）。

36　的确，美国股市以往的高回报率本身就是一个谜（所谓股票溢价之谜）。考虑股市中那么高的风险调整的股票回报率，远期汇率偏离的投机性资本的不足就可得到解释。见 Backus，Gregory 和 Telmer（1993）对早期样本进行的夏普比率研究。

37　此处，进行扩展研究时有范围限制。研究者可以学习 Cheung 和 Chinn（1999a）及 Cheung 和 Yuk—Pang（2000）的方法设计调查来研究为何机构决策者投入如此之少的资金利在远期偏误的套利交易上。

38　有关夏普比率在对冲基金和自营交易部门中的核心作用的经验证据，各公司的管理账户报告，如 MAR/Hedge 2000。MAR/Hedge 每月用夏普比率对于对冲基金的表现进行排名。

39　公司理财可以解释为什么公司特有风险会减损企业价值（例如，损坏公司与员工、顾客、供应商的关系，以及财务成本等。见 Bishop 1996 年的调查结果）。对“为何用夏普比率确定的合约为最优”这一观点的形成不依赖于这种特定代理摩擦。其他摩擦包括借款限制，偿付能力限制以及卖空限制，考虑这些摩擦就会得到约束下的最优决策规则（He 和 Modest，1995）。经过与从业者讨论，笔者认为在面对的机制约束下，他们用夏普比率得到的资本配置是最优的，而非近似理性或次优的。

40　据笔者所知，Baldwin（1990）首次提出了针对远期汇率偏离的无交易区间模型。在模型中仅交易成本就导致了无交易区间。因此他提出的机制与这里提到的机制有很大的不同。这里说的无交易区间是以风险评估为基础的，而他完全以期望收益的作用为基础。近年来使用无交易区间模型在国际货物市场的研究，见 Obstfeld 和 Taylor（1997）。

41　这种观点将本章中提到的另外两个主要谜题直接联系在了一起——汇率决定之谜（7.1 节）和过度波动之谜（7.3 节）。其联系在于公共需求的弹性。其他条件相同时，较低的条件收益率波动意味着公共需求有较高弹性，反之亦然。前几节的重点是更广泛、更抽象的不完全替代性，而本节的重点是夏普比率。

42　用这种方法将公共指令流划分开（Frankel 和 Froot，1990）的一个好处是使人们在做实证研究时易于区分这些交易的种类。在第 9 章，也是基于等式（7.19）进行模型估计的。

43　在实际中，杠杆投资者不采用纯货币策略并不意味着他们不在外汇市场中交易。大部分杠杆投资者的外汇交易集中于他们有信息优势的地方，例如大型银行的自营柜台——银行拥有的指令流信息是私有的，因此银行用该信息确定投机头寸。此类决策几乎不需要与纯货币策略引起的交易有特别的联系。

44　见 Moore 和 Roche（1999）在远期汇率偏离之谜研究中，关于有限参与下一般均衡的研究。他们的模型中还考虑了习惯持久性与消费外部性。

45 这种特别的思想实验与 Froot 和 Thaler（1990）类似。然而他们的研究没有解释为什么一直存在看上去能够取得巨大盈利的机会（事实上，在研究中他们将这称为“明显的严重缺陷”）。笔者对这种持久性的解释是：源于机构采用夏普比率对风险进行评估。Froot 和 Thaler 文章的最后一句话写到，“虽然这些策略的风险在理论上是可以分散的，但是复杂的分散化策略的成本可能会更高、更不可靠或是难以执行。”这与笔者的观点是一致的。见 Carlson（1998）用赌徒破产模型对为何机构严格限制外汇头寸的研究。有关固定汇率制度出现危机时提高利率的微观结构分析，见 Lyons 和 Rose（1995）。

46 数据证明了这种随着货币政策变化进行的逐步调整，见 Eichenbaum 和 Evans（1995）。

47 也许有人会怀疑系数 b 的 -0.9 的偏差是否足够大，以使其与汇率 20% 的偏离一致。它们之间一致的原因是 20% 是当前汇率水平上的偏离，代表了一系列的未来一个月期的误差，并且 20% 不是短期偏离的指标（否则会是一个特别的交易机会）。

48 虽然指令流明显不足，但并不意味着不能根据这种差异交易。例如，长期资本管理公司，它是在这种差异的基础上，有选择地开仓的机构之一。

第 8 章　微观结构与中央银行干预

1 对干预的宏观文献感兴趣的读者可以参看 Dominguez 和 Frankel（1993b），Edison（1993）以及 Sarno 和 Taylor（2000b）的研究。除了总结文献，Dominguez 和 Frankel（1993b）还包括自己的分析，这些分析大多数基于对期望汇率变化的总结。正如第 1 章所讲，可以将指令流作为相同预期的代替。

2 有关股票市场不完全替代的证明，见 Scholes（1972）、Shleifer（1986）、Bagwell（1992）以及 Kaul，Mehrotra 和 Morck（2000）等。至

少有两个原因可以说明单个外汇市场比单个股票市场更具有不完全替代性。第一，主要外汇市场需要吸收的指令流平均来看是具有代表性的美国股票市场的10 000多倍（1998年纽约纳斯达克的平均日指令流约为900万美元，而美元/德国马克现货的平均日指令流约为1 500亿美元），第二，资产组合中的某只股票可以被许多股票代替，而货币组合中可用于替代的货币会较少（特别是主要货币）。

3 此处用“干预”表示中央银行在外汇市场做每笔交易都是为了影响汇率。

4 将中央银行资产负债表中的负债看做是“货币供给”有些不恰当，但用它解释可以比较容易说明问题。进步一将它区分为流通货币和基础货币会更加精确。基础货币对宏观经济学中常用的货币乘数有影响。

5 目前中央银行也通过EBS这样的交易商间经纪系统进行交易。由于经纪商市场中的交易对手是交易商银行，因此资产负债表的效应相同。没有反映在资产负债表中的通过经纪商交易不同的是透明度的程度：中央银行直接与交易商交易时的透明度低于通过经纪商交易时的透明度（下面会讨论更多，包括使用中介保护中央银行的隐私）。

6 虽然在此并不重要，但是需要指出中央银行的外汇储备大多数是外国政府债券，而不是没有利息的现金。外国债券清算支付时必须由美联储换算为日元。明白这点后就容易理解，为什么在美联储“投入”价值1亿美元的日元时对日元的供给没有影响，即该交易对美联储持有的日元净效应为零。

7 更难以理解的是，如果央行试图将信号传递给市场，为什么央行不公告其将要干预的内容？（下文将会介绍不预先通知的干预。）这是没有根本原因的，见Dominguez和Frankel（1993b）对此的探讨。

8 公式（6.14）和公式（6.15）描述了宏观投资组合平衡模型。它们说明了为何两个债券的需求必须根据供给变化调整，例如，在固定利率下，如果预期美元贬值，$E[\%\Delta P]$就必须调整。如果使美元的长期名义价格不变，美元当前的价格的增长会增加美元贬值的预期。这种作用对于债券价格的改变是相似的——由于债券也有固定的期末收益——

从而改变债券的期望收益（到期收益率）。

9　在此将不讲述中央银行协调的干预和非协调的干预之间的区别（例如，各个中央银行间的协调）。这方面的更多研究，见本章开始引用的论文。

10　或者例如最近常见的，将货币政策用于治理通货膨胀。

11　注意，指令流趋近 0 并不意味着交易量趋近于 0。

12　引文并没明确说明，Dominguez 和 Frankel 在研究“引起投资者改变对未来收益的预期”的新闻效应时是否只考虑了信号渠道（即收益信息），还是也考虑了资产组合平衡渠道（这也影响未来收益的预期）。如果考虑了资产组合平衡，那么最好是将这种对价格的直接影响看做是第 2 章中提到的第三类信息（关于存货效应的信息）的体现。

13　这一点在公开宣布干预的情形下也是正确的。为了消除这种信息不对称，公开宣布干预必须（1）完全可信；（2）对交易的规模、方向和时间提供充分的信息；（3）在交易进行时或是在交易之前宣布干预的内容。现有的文献中没有出现完全满足这些条件的公开干预。此外，即便这些条件完全满足，也不能消除指令流的影响作用，因为市场参与者认为干预有其他暗含的意思。

14　回忆在 4.2 节对 Kyle 模型的讨论——交易商风险中性排除了资产组合平衡效应对价格的影响。由于有这种限定，所以用“基本面”一词是适当的。对基本面的更多研究，见 2.3 节。

15　需要注意，中央银行的目标有时是降低他们交易的价格冲击。例如，银行试图在汇率不改变时，让外汇储备的资产组合重新达到平衡。Evans 和 Lyons（2000）分析的干预规则就是出于这种目的。

16　其他采用微观结构方面方法进行干预的实证研究，见 Bossaerts 和 Hillion（1991），Goodhart 和 Hesse（1993），Peiers（1997），Naranjo 和 Nimalendran（2000），Chang 和 Taylor（1998），Fischer 和 Zurlinden（1999），Dominguez（1999），De Jong 等（1999），Payne 和 Vitale（2000）以及 Chaboud 和 LeBaron（2001）。

17　虽然没有区别，但并不是说这两种交易的分布相同。事实上，今后可以研究如果中央银行积极采用隐蔽的激进方式干预市场，市场会在多大程度上调整对中央银行指令流的预期均值（根据卢卡斯批判）。

18　第2章中对私有信息的定义很宽泛，即只要信息不被所有人知道，并且对价格的预测能力强于仅有公有信息情况下的信息就是私有信息。私有信息不一定是像美联储下次加息动向这样的内部信息。

19　模型还解释了为什么这种学习是通过交易商之间交易进行的。当中央银行的干预是秘密进行的时候，交易商间的指令流是价格制定者（交易商）所考虑的变量。

20　该模型将中央银行的交易视为期望为0的外生变量。这可以视为"预期"干预交易的标准化。同时要注意，在这里中央银行是它的所有交易的发起方。这种假设是合理的，因为在这个意义上讲中央银行和其他客户是一样的。但是在固定汇率下，中央银行有义务吸收指令，这使得它常常会处于被动——交易商和客户通过向中央银行发起交易，来降低不需要的头寸。

21　Evans 和 Lyons 目前用"下界"来进行估计。在他们的模型中，交易商间的流量等于客户的流量乘以常数 α，这里 $\alpha \geqslant 1$。因此，在用交易商间的指令流来测度价格冲击时，他们低估了客户交易的价格冲击——包括央行的交易——由于 α 的存在。虽然如此，但每20亿美元1%的估计解释了为何由于冲销干预带来的资产组合平衡效应难于实证测量——2亿美元的干预交易（Dominguez 和 Frankel，1993b）对价格仅有10个基点的影响。

22　这里指的是秘密干预，因此公众既不能对中央银行的战略改变作出反应，也不能完全避开干预。也就是说，大家可以预见公众的交易策略以及交易商的定价规则都会受到干预策略的影响。这是以后微观结构方法一个有趣的研究方向。

第9章　客户：经济中的基础需求方

1　依此类推，在其他条件相同的情形下（即，资本成本相似，相对估值相似等)，将在纽约证券交易所交易的公司看做与在纳斯达克交易的公司类似的是合理的。它们之间的区别可以归结为第 3 章的“微观结构效应”问题。微观结构效应并不是本书的重点。

2　请回想第 3 章中关于客户指令流的讨论与引用。

3　以执业者为导向的指令流效应对汇率影响的研究，见花旗银行的 *Citiflows Global Flow and Volume Analysis*（多期）；德意志银行 *Flowmetrics Monthly*（多期）；雷曼兄弟的 *Global Economics Research Series*，特别是“外汇对跨国并购影响”的部分。执业者用流量进行的研究，见 Gehrig 和 Menkhoff（2000）。

4　国际收支平衡表采用的是居民概念，统计的是一国居民与世界上的其他居民进行的经济交易。

5　回顾第 8 章讲过的——Evans—Lyons 模型虽然（部分上）说明交易商只是短暂地拥有头寸，但交易商间的指令流仍然对价格有持续的影响。这是因为指令流传递了潜在客户资产组合变化的有关信息。

6　有人会说，在无摩擦的一般均衡中，从帕累托最优分配开始，关于为什么企业的事前“资产组合”不能立即恢复的问题，就没有解释清楚过。在实际中，这种观点对笔者举的例子的反对是不能那么让人信服的。很多类型的机构在调整它们市场中净头寸时，会产生很大的成本(劳动密集型)。这可能会造成，机构在资产组合配置上仍有路径依赖，即便已成交的指令流和价格之间的关系是独一无二的。

7　今后这方面的研究的一个方向便是按照国际收支平衡表中的类别将不同的行业交易独立开来。例如，人们可以将股票共同基金独立出来。这样我们就可以把外汇交易划归“国际投资组合”这类。

8　随之而来便有一个问题——中央银行在哪里交易。提供数据的机构不愿意透露这些细节。虽然表格中没有报告，但提供数据的银行的确有一小部分第四类客户，他们被称为“杂项”。虽然相比其他三类客户，银行与这类客户的交易很小，但它有可能包括该银行与中央银行的所有交易。(回顾在第 8 章讲过的，中央银行的交易往往小于私人交易。)

9　日元的图中曲线从 1996 年 1 月开始，是因为直到 1995 年年底提供数据的银行才有东京办事处的客户流量数据。（东京办事处在该银行美元/日元的业务中有重要作用。）注意，在美元/日元总的客户交易中，可能会包括小部分非金融公司的交易，见表9.1。如果非金融公司倾向于通过他们的区域办事处进行交易，而金融公司倾向于24小时都在全世界交易，那么1996年以前，数据库中的客户交易主要是金融机构的。

10 在月度数据的回归中引入宏观变量，是今后研究的一个重要课题。

11 这些客户流量数据并没有公开，因此不排除对它基于市场效率的预测能力（例如，市场为半强有效时，所有的公共信息都包含在价格之中）。注意，不同的价格冲击使得能掩盖交易来源的客户（在理论上）有操纵市场的可能。Rosenberg（1996）对外汇市场的传统预测方法做了很好的处理。

12 在国际清算银行报告（1999b）中有详细介绍。

第10章 展望

1 第1章中说过，本书的重点是基于指令流的分析。但是有很多优秀的研究不是用指令流进行分析，而是用高频汇率数据进行分析，这类文献可以参见Goodhart和O'Hara（1997）的综述。

2 这些不同可能是因为非外汇市场的做市商用其他市场上的工具（例如相关的衍生工具）对冲了存货风险，而即期外汇的交易商发现只用即期外汇对冲存货风险时成本最小。有关非外汇做市商确实用衍生工具控制存货的证明，见Reiss和Werner（1998）及Naik和Yadav（2000）。

3 对于纽约证券交易所来说，这些不同可能是因为纽约证券交易所有义务维持价格平稳，这使得存货增加。

4 如果在考虑了指令流对价格的影响之后，最终资产组合平衡的观点取得了胜利，那么就会产生一个问题——什么使得资产组合发生变化？可能的原因（前面章节中提到过）包括风险偏好的改变、对冲需求的改变、流动性需求的改变以及观点的改变（这与收益无关）。

5 理论的进步会使与宏观分析结果的差距缩小。沿着这些研究下去便是对多种不完全市场模型的研究，这种研究与指令流目前的实证研究结果相符。目前对开放经济动态模型的研究，见 Duarte 和 Stockman (2001)。

6 整合数据的先决条件是有效性。目前很多这类文献采用的数据都是非公开可得的。(第5章中，笔者的网站提供的链接中的数据集都是公开可得的。) 希望这些数据的掌握者能够意识到，将数据广泛地提供给研究人员具有很大意义。

7 感兴趣的读者请参阅 EBS 网站（www. ebsp. com）上 FXNet（一种结算风险管理系统）的资料。

8 Carrera（1999）采用微观结构方法研究墨西哥市场的投机性攻击。

9 Euromoney（2000）研究了外汇市场中电子交易的出现。对于股票市场，Institutional Investor（2000）提出了一个很好的电子交易方法，该方法威胁到了传统的交易方法。

10 Frankel（1996，62）或许是第一个记载外汇市场中这种情形的人，他认为托宾税是该情形的触发因素。他写道："征收托宾税是有可能的……会从根本上改变市场结构。也许它会变得像其他的主要金融市场一样，客户的一次买或卖只会产生一或两次交易，而不是很多次。当这种税引起了新的交易结构的均衡状态，这种情况就更容易出现。分散的交易商网络……将被集中式的外汇交易系统所取代，就像纽约证券交易所那样。" 有关向非交易商开放经纪系统的法律的历史，见 Levich (2001，100)。

11 关于集中限价指令的结构是否可以捕捉到流动性，并主导交易的理论的处理方法，见 Glosten（1994）。这篇论文没有提到的关于外汇的一个重要问题是信用风险。在上一节中提到过，银行的交易商在管理与客户大笔交易造成的信用风险上，可能具有相对优势。想将市场集中到电子交易平台的新进入者，需要解决这个问题，因为非金融企业不希望承担对手方信用风险。而银行却能够无压力地承担该风险。标准的做法是建立一个具有保证金账户的清算中心系统（类似于期货市场）。

参考文献

Admati, A., and P. Pfleiderer. 1988. A theory of intraday patterns: Volume and price variability. *Review of Financial Studies* 1: 3–40.

Allen, F., and G. Gorton. 1992. Stock price manipulation, market microstructure and asymmetric information. *European Economic Review* 36: 624–630.

Amihud, Y., and H. Mendelson. 1980. Dealership markets: Marketmaking with inventory. *Journal of Financial Economics* 8: 31–53.

Ammer, J., and Brunner, A. 1997. Are banks market timers or market makers? Explaining foreign exchange trading profits. *Journal of International Financial Markets, Institutions & Money* 7: 43–60.

Andersen, T. 1996. Return volatility and trading volume: An information flow interpretation of stochastic volatility. *Journal of Finance* 51: 169–204.

Andersen, T., and T. Bollerslev. 1997. Heterogeneous information arrivals and return volatility dynamics: Uncovering the long-run in high frequency returns. *Journal of Finance* 52: 975–1006.

Andersen, T., and T. Bollerslev. 1998. Deutsche mark-dollar volatility: Intraday activity patterns, macroeconomic announcements, and longer run dependencies. *Journal of Finance* 53: 219–266.

Andersen, T., T. Bollerslev, and A. Das. 2001. Variance-ratio statistics and high-frequency data: Testing for changes in intraday volatility patterns. *Journal of Finance* 56: 305–328.

Backus, D., A. Gregory, and C. Telmer. 1993. Accounting for forward rates in markets for foreign currency. *Journal of Finance* 48: 1887–1908.

Bagehot, W. 1971. The only game in town. *Financial Analysts Journal* 27: 12–22.

Bagwell, L. 1992. Dutch auction repurchases: An analysis of shareholder heterogeneity. *Journal of Finance* 47: 71–105.

Baillie, R., and T. Bollerslev. 1991. Intra-day and inter-market volatility in foreign exchange rates. *Review of Economic Studies* 58: 565–585.

Baldwin, R. 1990. Reinterpreting the failure of foreign exchange market efficiency tests: Small transactions costs, large hysteresis bands. NBER Working Paper 3319.

Bank for International Settlements. 1996. Central bank survey of foreign exchange market activity in April 1995. Publication of the Monetary and Economics Department, BIS, March.

Bank for International Settlements. 1999a. Central bank survey of foreign exchange market activity in April 1998. Publication of the Monetary and Economics Department, BIS, May (available at www.bis.org).

Bank for International Settlements. 1999b. A review of financial market events in autumn 1998. Publication of the Committee on the Global Financial System, October.

Bank for International Settlements. 2001. BIS 71st Annual Report, June (available at www.bis.org).

Bank for International Settlements. 2002. Central bank survey of foreign exchange market activity in April 2001. Publication of the Monetary and Economics Department, BIS, forthcoming (available at www.bis.org).

Bank of England. 1998. The UK foreign exchange and over-the-counter derivatives markets in April 1998, September (available at www.bankofengland.co.uk).

Becker, T., B. Chadha, and A. Sy. 2000. Foreign exchange bid-ask spreads in the Asian crisis. Typescript, International Monetary Fund, April.

Bessembinder, H. 1994. Bid-ask spreads in the interbank foreign exchange market. *Journal of Financial Economics* 35: 317–348.

Bhattacharya, U., and P. Weller. 1997. The advantage of hiding one's hand: Speculation and central bank intervention in the foreign exchange market. *Journal of Monetary Economics* 39: 251–277.

Biais, B. 1993. Price formation and equilibrium liquidity in fragmented and centralized markets. *Journal of Finance* 48: 157–184.

Biais, B., P. Hillion, and C. Spatt. 1995. An empirical analysis of the limit order book and the order flow in the Paris bourse. *Journal of Finance* 50: 1655–1689.

Biais, B., P. Hillion, and C. Spatt. 1999. Price discovery and learning during the preopening period in the Paris Bourse. *Journal of Political Economy* 107: 1218–1248.

Bishop, M. 1996. Corporate risk management. *The Economist*, survey October 2, 1996.

Bjonnes, G., and D. Rime. 2000. FX trading ... live: Dealer behavior and trading systems in foreign exchange markets. Typescript, Norwegian School of Management, August.

Blanchard, O., and S. Fischer. 1989. *Lectures on Macroeconomics*. Cambridge, MA: MIT Press.

Blume, L., D. Easley, and M. O'Hara. 1994. Market statistics and technical analysis: The role of volume. *Journal of Finance* 49: 153–182.

Board, J., and C. Sutcliffe. 1995. The effects of trade transparency in the London stock exchange. Report commissioned by the London Stock Exchange, January.

Bollerslev, T., and I. Domowitz. 1993. Trading patterns and prices in the interbank foreign exchange market. *Journal of Finance* 48: 1421–1443.

Bollerslev, T., and M. Melvin. 1994. Bid-ask spreads and volatility in the foreign exchange market: An empirical analysis. *Journal of International Economics* 36: 355–372.

Bossaerts, P., and P. Hillion. 1991. Market microstructure effects of government intervention in the foreign exchange market. *Review of Financial Studies* 4: 513–541.

Branson, W., and D. Henderson. 1985. The specification and influence of asset markets. In *Handbook of International Economics*, vol. 2, edited by R. Jones and P. Kenen. Amsterdam: North-Holland.

Brennan, M., and H. Cao. 1996. Information, trade, and derivative securities. *Review of Financial Studies* 9: 163–208.

Brennan, M., and H. Cao. 1997. International portfolio investment flows. *Journal of Finance* 52: 1851–1880.

Brock, W., and A. Kleidon. 1992. Periodic market closure and trading volume: A model of intraday bids and asks. *Journal of Economic Dynamics and Control* 16: 451–489.

Burnham, J. 1991. Current structure and recent developments in foreign exchange markets. In *Recent Developments in International Banking and Finance*, edited by S. Khoury. Amsterdam: Elsevier North Holland.

Caballero, R., E. Engel, and J. Haltiwanger. 1997. Aggregate employment dynamics: Building from microeconomics. *American Economic Review* 87: 115–137.

Cai, J., Y. Cheung, R. Lee, and M. Melvin. 1999. "Once in a generation" yen volatility in 1998: Fundamentals, intervention, or order flow? Typescript, Arizona State University, July.

Calvo, G. 1999. Contagion in emerging markets: When *Wall Street* is a carrier. Working paper, University of Maryland.

Cao, H. 1999. The effect of derivative assets on information acquisition and price behavior in a rational expectations equilibrium. *Review of Financial Studies* 12: 131–164.

Cao, H., and R. Lyons. 1998. Inventory information. Working paper, Haas School of Business, U.C. Berkeley, August.

Carlson, J., 1998. Risk aversion, foreign exchange speculation and gambler's ruin. *Economica* 65: 441–453.

Carlson, J., and C. Osler. 1999. Determinants of currency risk premiums. Typescript, New York Federal Reserve Bank, February.

Carlson, J., and C. Osler. 2000. Rational speculators and exchange rate volatility. *European Economic Review* 44: 231–253.

Carrera, J. 1999. Speculative attacks to currency target zones: A market microstructure approach. *Journal of Empirical Finance* 6: 555–582.

Chaboud, A., and B. LeBaron. 2001. Foreign exchange trading volume and Federal Reserve intervention. *Journal of Futures Markets*, forthcoming.

Chakrabarti, R. 2000. Just another day in the interbank foreign exchange market. *Journal of Financial Economics* 56: 29–64.

Chakravarty, S., and C. Holden. 1995. An integrated model of market and limit orders. *Journal of Financial Intermediation* 4: 213–241.

Chang, Y., and S. Taylor. 1998. Intraday effects of foreign exchange intervention by the Bank of Japan. *Journal of International Money and Finance* 18: 191–210.

Chen, Z. 1997. Speculative market structure and the collapse of an exchange rate mechanism. Working paper, London School of Economics.

Cheung, Y., and M. Chinn. 1999a. Traders, market microstructure, and exchange rate dynamics. NBER Working paper 7416, November. *Journal of International Money and Finance*.

Cheung, Y., and M. Chinn. 1999b. Macroeconomic implications of the beliefs and behavior of foreign exchange traders. NBER Working paper 7417, November.

Cheung, Y., M. Chinn, and I. Marsh. 1999. How do UK-based foreign exchange dealers think their market operates? CEPR Discussion Paper 2230, September.

Cheung, Y., and C. Yuk-Pang. 1999. Foreign exchange traders in Hong Kong, Tokyo, and Singapore: A survey study. U.C. Santa Cruz Department of Economics Working Paper #425, January.

Cheung, Y., and C. Yuk-Pang. 2000. A survey of market practitioners' views on exchange rate dynamics. *Journal of International Economics* 51: 401–423.

Chinn, M. 1991. Some linear and non-linear thoughts on exchange rates. *Journal of International Money and Finance* 10: 214–230.

Chinn, M., and R. Meese. 1994. Banking on currency forecasts. *Journal of International Economics* 38: 161–178.

Citibank. 2001. *Citiflows Global Flow and Volume Analysis* (various issues). London: Citibank, NA (email: citiflows@citicorp.com).

Clyde, W. 1993. Intraday foreign exchange market anomalies and microstructure. Working paper, Quinnipiac College, August.

Copeland, T., and D. Galai. 1983. Information effects and the bid-ask spread. *Journal of Finance* 38: 1457–1469.

Corsetti, G., S. Morris, and H. Shin. 1999. Does one Soros make a difference? The role of a large trader in currency crises. Typescript, Yale University, March.

Covrig, V., and M. Melvin. 1998. Asymmetric information and price discovery in the FX market: Does Tokyo know more about the yen? Typescript, Arizona State University.

Dacorogna, M., U. Muller, R. Nagler, R. Olsen, and O. Pictet. 1993. A geographical model for the daily and weekly seasonal volatility in the FX market. *Journal of International Money and Finance* 12: 413–438.

Danielsson, J., and R. Payne. 1999. Real trading patterns and prices in spot foreign exchange markets. Typescript, London School of Economics, February.

Degennaro, R., and R. Shrieves. 1997. Public information releases, private information arrival, and volatility in the foreign exchange market. *Journal of Empirical Finance* 4: 295–315.

De Jong, F., R. Mahieu, P. Schotman, and I. van Leeuwen. 1999. Price discovery on foreign exchange markets with differentially informed traders. CEPR Discussion Paper No. 2296, November.

De Jong, F., T. Nijman, and A. Roell. 1996. Price effects of trading and components of the bid-ask spread on the Paris bourse. *Journal of Empirical Finance* 3: 193–213.

Demsetz, H. 1968. The cost of transacting. *Quarterly Journal of Economics* 82: 33–53.

Deutschebank. 2001. *Flowmetrics Monthly* (various issues). London: Deutschebank AG London (email: robin.lumsdaine@db.com).

Devereux, M., and C. Engel. 1999. The optimal choice of exchange-rate regime: Price-setting rules and internationalized production. NBER Working Paper 6992.

Diamond, D., and R. Verrecchia. 1981. Information Aggregation in a Noisy Rational Expectations Economy. *Journal of Financial Economics* 9: 221–235.

Dominguez, K. 1986. Are foreign exchange forecasts rational? New evidence from survey data. *Economic Letters* 21: 277–281.

Dominguez, K. 1990. Market responses to coordinated central bank intervention. *Carnegie-Rochester Series on Public Policy*, vol. 32.

Dominguez, K. 1999. The market microstructure of central bank intervention. NBER Working Paper 7337, September.

Dominguez, K., and J. Frankel. 1993a. Does foreign exchange intervention matter? The portfolio effect. *American Economic Review* 83: 1356–1369.

Dominguez, K., and J. Frankel. 1993b. *Does Foreign-exchange Intervention Work?* Washington, D.C.: Institute for International Economics.

Domowitz, I. 1990. The mechanics of automated trade execution. *Journal of Financial Intermediation* 1: 167–194.

Dooley, M., and P. Isard. 1982. A portfolio-balance rational-expectations model of the dollar-mark rate. *Journal of International Economics* 12: 257–276.

Dornbusch, R. 1976. Expectations and exchange rate dynamics. *Journal of Political Economy* 84: 1161–1176.

Duarte, M., and A. Stockman. 2001. Rational speculation and exchange rates. Typescript, University of Rochester, March.

Dumas, B. 1996. Comment on Jorion. In *The Microstructure of Foreign Exchange Markets*, edited by J. Frankel et al. Chicago: University of Chicago Press.

Easley, D., S. Hvidkjaer, and M. O'Hara. 1999. Is information risk a determinant of asset returns? Typescript, Cornell University, November.

Easley, D., and M. O'Hara. 1987. Price, trade size, and information in securities markets. *Journal of Financial Economics* 19: 69–90.

Easley, D., and M. O'Hara. 1992. Time and the process of security price adjustment. *Journal of Finance* 47: 577–606.

Easley, D., N. Kiefer, M. O'Hara, and J. Paperman. 1996. Liquidity, information, and infrequently traded stocks. *Journal of Finance* 51: 1405–1436.

Edison, H. 1993. The effectiveness of central-bank intervention: A survey of the literature after 1982. *Special Papers in International Economics*, no. 18, Princeton University.

Eichenbaum, M., and C. Evans. 1995. Some empirical evidence on the effects of shocks to monetary policy on exchange rates. *Quarterly Journal of Economics* 110: 975–1009.

Engel, C. 1996. The forward discount anomaly and the risk premium: A survey of recent evidence. *Journal of Empirical Finance* 3: 123–192.

Engle, R., and C. Granger. 1987. Cointegration and error correction: Representation, estimation and testing. *Econometrica* 55: 251–276.

Engle, R., and J. Russell. 1998. Autoregressive conditional duration: A new model for irregularly spaced transaction data. *Econometrica* 66: 1127–1162.

Euromoney. 2000. A true exchange for forex. July.

Evans, G. 1986. A test for speculative bubbles in the sterling-dollar exchange rate. *American Economic Review* 76: 621–636.

Evans, M. 1997. The microstructure of foreign exchange dynamics. Typescript, Georgetown University, November.

Evans, M. 2001. FX Trading and Exchange Rate Dynamics. NBER Working Paper 8116, February.

Evans, M., and R. Lyons. 1999. Order flow and exchange rate dynamics. Typescript, U.C. Berkeley (available at www.haas.berkeley.edu/~lyons). Forthcoming in *Journal of Political Economy*.

Evans, M., and R. Lyons. 2000. The price impact of currency trades: Implications for Secret Intervention. Typescript, U.C. Berkeley, June, presented at the NBER Summer Institute, July.

Evans, M., and R. Lyons. 2001. Why order flow explains exchange rates. Typescript, U.C. Berkeley, March.

Fan, M., and R. Lyons. 2000. Customer-dealer trading in the foreign exchange market. Typescript, U.C. Berkeley, July.

Federal Reserve Bank of New York. 1998. Foreign exchange and interest rate derivatives markets survey: Turnover in the United States (available at www.ny.frb.org).

Fieleke, N. 1981. Foreign-currency positioning by U.S. firms: Some new evidence. *Review of Economics and Statistics* 63: 35–43.

Financial Times. 1998. Survey: Foreign exchange, June 5.

Fischer, J., and M. Zurlinden. 1999. Exchange rate effects of central bank interventions: An analysis of transaction prices. *Economic Journal* 109: 662–676.

Fleming, M., and E. Remolona. 1999. Price formation and liquidity in the U.S. treasury market: The response to public information. *Journal of Finance* 54: 1901–1916.

Flood, M. 1991. Microstructure theory and the foreign exchange market. *Review*, Federal Reserve Bank of St. Louis, 73 (November/December): 52–70.

Flood, M. 1994. Market structure and inefficiency in the foreign exchange market. *Journal of International Money and Finance* 13: 131–158.

Flood, M., R. Huisman, K. Koedijk, and R. Mahieu. 1999. Quote disclosure and price discovery in multiple-dealer financial markets. *Review of Financial Studies* 12: 37–60.

Flood, R., and R. Hodrick. 1990. On testing for speculative bubbles. *Journal of Economic Perspectives* 4: 85–101.

Flood, R., and A. Rose. 1995. Fixing exchange rates: A virtual quest for fundamentals. *Journal of Monetary Economics* 36: 3–37.

Flood, R., and A. Rose. 1996. Fixes: Of the forward discount puzzle. *Review of Economics and Statistics* 78: 748–752.

Flood, R., and M. Taylor. 1996. Exchange rate economics: What's wrong with the conventional macro approach? In *The Microstructure of Foreign Exchange Markets*, edited by J. Frankel, G. Galli, and A. Giovannini. Chicago: University of Chicago Press.

Foster, D., and S. Viswanathan. 1990. A theory of interday variations in volumes, variances, and trading costs in securities markets. *Review of Financial Studies* 3: 593–624.

Foster, D., and S. Viswanathan. 1993. Variations in trading volume, return volatility, and trading costs: Evidence on recent price formation models. *Journal of Finance* 48: 187–211.

Frankel, J. 1982. A test of perfect substitutability in the foreign exchange market. *Southern Economic Journal* 46: 406–416.

Frankel, J. 1996. How well do markets work: Might a Tobin tax help? In *The Tobin Tax: Coping with Financial Volatility*, edited by M. ul Haq et al. New York: Oxford University Press.

Frankel, J., and C. Engel. 1984. Do asset demand functions optimize over the mean and variance of real returns? A six-currency test. *Journal of International Economics* 17: 309–323.

Frankel, J., and K. Froot. 1987. Using survey data to test standard propositions regarding exchange rate expectations. *American Economic Review* 77: 133–153.

Frankel, J., and K. Froot. 1990. Chartists, fundamentalists, and trading in the foreign exchange market. *American Economic Review* 80: 181–185.

Frankel, J., G. Galli, and A. Giovannini, eds. 1996. *The Microstructure of Foreign Exchange Markets*. Chicago: University of Chicago Press.

Frankel, J., G. Galli, and A. Giovannini. 1996. Introduction. In *The Microstructure of Foreign Exchange Markets*, edited by J. Frankel, G. Galli, and A. Giovannini. Chicago: University of Chicago Press.

Frankel, J., and A. Rose. 1995. Empirical research on nominal exchange rates. In *Handbook of International Economics*, edited by G. Grossman and K. Rogoff. Amsterdam: Elsevier Science.

French, K., and R. Roll. 1986. Stock return variance: The arrival of information and the reaction of traders. *Journal of Financial Economics* 17: 99–117.

Frenkel, J. 1976. A monetary approach to the exchange rate: Doctrinal aspects and empirical evidence. *Scandinavian Journal of Economics* 78: 200–224.

Froot, K., and E. Dabora. 1999. How are stock prices affected by the location of trade? *Journal of Financial Economics* 53: 189–216.

Froot, K., and K. Rogoff. 1995. Perspectives on PPP and long-run real exchange rates. In *Handbook of International Economics*, edited by G. Grossman and K. Rogoff. Amsterdam: Elsevier Science.

Froot, K., and R. Thaler. 1990. Anomalies: Foreign exchange. *Journal of Economic Perspectives* 4: 179–192.

Galati, G. 2000. Trading volumes, volatility, and spreads in FX markets: Evidence from emerging market countries. Typescript, Bank for International Settlements, July.

Garman, M. 1976. Market microstructure. *Journal of Financial Economics* 3: 257–275.

Gehrig, T., and L. Menkhoff. 2000. The use of flow analysis in foreign exchange: Exploratory evidence. Typescript, University of Freiburg, Germany, August.

Gennotte, G., and H. Leland. 1990. Market liquidity, hedges, and crashes. *American Economic Review* 80: 999–1021.

Gersbach, H., and K. Vogler. 1998. Learning from informed and uninformed traders and the role of interdealer trading. Typescript, University of Heidelberg, March.

Glassman, D. 1987. Exchange rate risk and transactions costs: Evidence from bid-ask spreads. *Journal of International Money and Finance* 6: 479–490.

Glosten, L. 1989. Insider trading, liquidity, and the role of the monopolist specialist. *Journal of Business* 62: 211–236.

Glosten, L. 1994. Is the electronic open limit order book inevitable? *Journal of Finance* 49: 1127–1162.

Glosten, L., and L. Harris. 1988. Estimating the components of the bid-ask spread. *Journal of Financial Economics* 21: 123–142.

Glosten, L., and P. Milgrom. 1985. Bid, ask, and transaction prices in a specialist market with heterogeneously informed agents. *Journal of Financial Economics* 14: 71–100.

Goldberg, L. 1993. Foreign exchange markets in Russia: Understanding the reforms. *International Monetary Fund Staff Papers* 40: 852–864.

Goldberg, L., and R. Tenorio. 1997. Strategic trading in a two-sided foreign exchange auction. *Journal of International Economics* 42: 299–326.

Goldstein, M., and K. Kavajecz. 2000. Liquidity provision during circuit breakers and extreme market movements. Typescript, Babson College, November.

Goodhart, C. 1988. The foreign exchange market: A random walk with a dragging anchor. *Economica* 55: 437–460.

Goodhart, C., and L. Figliuoli. 1991. Every minute counts in financial markets. *Journal of International Money and Finance* 10: 23–52.

Goodhart, C., and T. Hesse. 1993. Central bank forex intervention assessed in continuous time. *Journal of International Money and Finance* 12: 368–389.

Goodhart, C., and M. O'Hara. 1997. High frequency data in financial markets: Issues and applications. *Journal of Empirical Finance* 4: 73–114.

Goodhart, C., and R. Payne. 1996. Micro structural dynamics in a foreign exchange electronic broking system. *Journal of International Money and Finance* 15: 829–852.

Goodhart, C., and R. Payne. 1999. The foreign exchange market: A multimedia representation, compact disk, distributed by Enterprise LSE Ltd. (www.enterprise-lse.co.uk).

Goodhart, C., and R. Payne, eds. 2000. *The Foreign Exchange Market: Empirical Studies with High-Frequency Data*. New York: St. Martin's Press.

Goodhart, C., and M. Taylor. 1992. Why don't individuals speculate in the forward foreign exchange market? *Scottish Journal of Political Economy* 39: 1–13.

Goodhart, C., T. Ito, and R. Payne. 1996. One day in June 1993: A study of the working of the Reuters 2000-2 electronic foreign exchange trading system. In *The Microstructure of Foreign Exchange Markets*, edited by J. Frankel, G. Galli, and A. Giovannini. Chicago: University of Chicago Press.

Gordon, R., and L. Bovenberg. 1996. Why is capital so immobile internationally? Possible explanations and implications for capital income taxation. *American Economic Review* 86: 1057–1075.

Grammatikos, T., and A. Saunders. 1986. Futures price variability: A test of maturity and volume effects. *Journal of Business* 59: 319–330.

Grossman, S. 1977. The existence of futures markets, noisy rational expectations and informational externalities. *Review of Economic Studies* 44: 431–449.

Grossman, S. 1988. An analysis of the implications for stock and futures price volatility of program trading and dynamic hedging strategies. *Journal of Business* 61: 275–298.

Grossman, S., and M. Miller. 1988. Liquidity and market structure. *Journal of Finance* 43: 617–633.

Grossman. S., and J. Stiglitz. 1980. On the impossibility of informationally efficient markets. *American Economic Review* 70: 393–408.

Grossman, S., and L. Weiss. 1983. A transactions-based model of the monetary transmission mechanism. *American Economic Review* 73: 871–880.

Grundy, B., and M. McNichols. 1989. Trade and the revelation of information through prices and direct disclosure. *Review of Financial Studies* 2: 495–526.

Guillaume, D., M. Dacorogna, R. Dave, U. Muller, R. Olsen, and O. Pictet. 1995. From the bird's eye to the microscope: A survey of new stylized facts of the intradaily foreign exchange markets. *Finance and Stochastics* 1: 95–129.

Habermeier, K., and A. Kirilenko. 2000. Securities transaction taxes and financial markets. Typescript, International Monetary Fund, June.

Hamao, Y., and J. Hasbrouck. 1995. Securities trading in the absence of dealers: Trades and quotes on the Tokyo stock exchange. *Review of Financial Studies* 8: 849–878.

Hamilton, J. 1994. *Time Series Analysis*. Princeton, N.J.: Princeton University Press.

Handa, P., and R. Schwartz. 1996. Limit order trading. *Journal of Finance* 51: 1835–1861.

Hansch, O., N. Naik, and S. Viswanathan. 1998. Do inventories matter in dealership markets? Evidence from the London Stock Exchange. *Journal of Finance* 53: 1623–1656.

Hansch, O., N. Naik, and S. Viswanathan. 1999. Preferencing, internalization, best execution, and dealer profits. *Journal of Finance* 54: 1799–1828.

Harris, L. 1986. A transaction data study of weekly and intradaily patterns in stock returns. *Journal of Financial Economics* 16: 99–117.

Harris, L., and J. Hasbrouck. 1996. Market versus limit orders: The SuperDOT evidence on order submission strategy. *Journal of Financial & Quantitative Analysis* 31: 213–231.

Harris, M., and A. Raviv. 1993. Differences of opinion make a horse race. *Review of Financial Studies* 6: 473–506.

Hartmann, P. 1998a. *Currency Competition and Foreign Exchange Markets: The dollar, the Yen, and the Euro.* Cambridge: Cambridge University Press.

Hartmann, P. 1998b. Do Reuters spreads reflect currencies' differences in global trading activity? *Journal of International Money and Finance* 17: 757–784.

Hartmann, P. 1999. Trading volumes and transaction costs in the foreign exchange market: Evidence from daily dollar-yen spot data. *Journal of Banking and Finance* 23: 801–824.

Hasbrouck, J. 1988. Trades, quotes, inventories, and information. *Journal of Financial Economics* 22: 229–252.

Hasbrouck, J. 1991a. Measuring the information content of stock trades. *Journal of Finance* 46: 179–207.

Hasbrouck, J. 1991b. The summary informativeness of stock trades: An econometric analysis. *Review of Financial Studies* 4: 571–595.

Hasbrouck, J. 1992. Using the TORQ database. Typescript, New York University (available at jhasbrouck.stern.nyu.edu/main).

Hasbrouck, J. 1997. One security, many markets. Typescript, New York Univeristy.

Hasbrouck, J., and G. Sofianos. 1993. The trades of market makers: An empirical analysis of NYSE specialists. *Journal of Finance* 48: 1565–1593.

Hau, H. 1998. Competitive entry and endogenous risk in the foreign exchange market. *Review of Financial Studies* 11: 757–788.

Hau, H. 2000. Information and geography: Evidence from the German stock market. Typescript, Insead, March.

Hau, H., and A. Chevallier. 2000. Evidence on the volatility effect of a Tobin tax. Typescript, Insead, April.

Hau, H., W. Killeen, and M. Moore. 2000. The euro as an international currency: Explaining the first evidence. Typescript, Insead, April.

Hausman, J., A. Lo, and C. MacKinlay. 1992. An ordered probit analysis of transaction stock prices. *Journal of Financial Economics* 31: 319–379.

Hayek, F. 1945. The use of knowledge in society. *American Economic Review* 35: 519–530.

He, H., and D. Modest. 1995. Market frictions and consumption-based asset pricing. *Journal of Political Economy* 103: 94–117.

Heere, E. 1999. Microstructure theory applied to the foreign exchange market. Ph.D. dissertation, Maastricht University, Faculty of Economics and Business Administration.

Hellwig, M. 1980. On the aggregation of information in competitive markets. *Journal of Economic Theory* 22: 447–498.

Hellwig, M. 1982. Rational expectations equilibrium with conditioning on past prices: A mean variance example. *Journal of Economic Theory* 26: 279–312.

Hicks, J. 1939. *Value and Capital*. Oxford: Clarendon Press.

Ho, T., and H. Stoll. 1983. The dynamics of dealer markets under competition. *Journal of Finance* 38: 1053–1074.

Hodrick, R. 1987. *The Empirical Evidence on the Efficiency of Forward and Futures Foreign Exchange Markets*. New York: Harwood Academic Publishers.

Holden, C., and A. Subrahmanyam. 1992. Long-lived private information and imperfect competition. *Journal of Finance* 47: 247–270.

Hong, H., and J. Wang. 1995. Trading and Returns Under Periodic Market Closures. Working paper, MIT, July.

Houthakker, H. 1957. Can speculators forecast prices? *Review of Economic Studies* 39: 143–151.

Hsieh, D. 1988. The statistical properties of daily foreign exchange rates: 1974–1983. *Journal of International Economics* 24: 129–145.

Hsieh, D., and A. Kleidon. 1996. Bid-ask spreads in foreign exchange markets: Implications for models of asymmetric information. In *The Microstructure of Foreign Exchange Markets*, edited by J. Frankel et al. Chicago: University of Chicago Press.

Huang, R., and R. Masulis. 1999. FX spreads and dealer competition across the 24 hour trading day. *Review of Financial Studies* 12: 61–94.

Huang, R., and H. Stoll. 1997. The components of the bid-ask spread: A general approach. *Review of Financial Studies* 10: 995–1034.

Huisman, R., K. Koedijk, C. Kool, and F. Nissen. 1998. Extreme support for uncovered interest parity. *Journal of International Money and Finance* 17: 211–228.

Hung, J. 1997. Intervention strategies and exchange rate volatility: A noise trading perspective. *Journal of International Money and Finance* 16: 779–793.

Institutional Investor. 2000. Trading meets the millennium. January.

International Monetary Fund. 1995. *International capital markets: Developments, prospects, and policy issues*, edited by D. Folkerts-Landau and T. Ito. Washington, DC: International Monetary Fund.

Isard, P. 1995. *Exchange Rate Economics*. Cambridge: Cambridge University Press.

Ito, T., R. Lyons, and M. Melvin. 1998. Is there private information in the FX market? The Tokyo experiment. *Journal of Finance* 53: 1111–1130.

Ito, T., and V. Roley. 1990. Intraday yen/dollar exchange rate movements: News or noise? *Journal of International Financial Markets, Institutions and Money* 1: 1–31.

Jacklin, C., A. Kleidon, and P. Pfleiderer. 1992. Underestimation of portfolio insurance and the crash of October 1987. *Review of Financial Studies* 5: 35–63.

Jeanne, O., and A. Rose. 1999. Noise trading and exchange rate regimes, NBER Working Paper #7104, April. Forthcoming in the *Quarterly Journal of Economics.*

Johansen, S. 1992. Cointegration in partial systems and the efficiency of single equation analysis. *Journal of Econometrics* 52: 389–402.

Jones, C., G. Kaul, and M. Lipson. 1994. Transactions, volume, and volatility. *Review of Financial Studies* 7: 631–651.

Jordan, J., and R. Radner. 1982. Rational expectations in microeconomic models: An overview. *Journal of Economic Theory* 26: 201–223.

Jorion, P. 1996. Risk and turnover in the foreign exchange market. In *The Microstructure of Foreign Exchange Markets*, edited by J. Frankel et al. Chicago: University of Chicago Press.

Kaminsky, G., and K. Lewis. 1996. Does foreign exchange intervention signal future monetary policy? *Journal of Monetary Economics* 37: 285–312.

Kandel, E., and N. Pearson. 1995. Differential interpretation of public signals and trade in speculative markets. *Journal of Political Economy* 103: 831–872.

Kang, J., and R. Stulz. 1997. Why is there a home bias? An analysis of foreign portfolio equity ownership in Japan. *Journal of Financial Economics* 46: 3–28.

Karpoff, J. 1986. A theory of trading volume. *Journal of Finance* 41: 1069–1087.

Karpoff, J. 1987. The relation between price changes and volume: A survey. *Journal of Financial and Quantitative Analysis* 22: 109–126.

Kaul, A., V. Mehrotra, and R. Morck. 2000. Demand curves for stock do slope down: New evidence from an index weights adjustment. *Journal of Finance* 55: 893–912.

Keynes, J. 1936. *The General Theory of Employment, Interest, and Money*. New York: Harcourt Brace (see especially chapter 12).

Killeen, W., R. Lyons, and M. Moore. 2000a. Fixed versus floating exchange rates: Lessons from order flow. Typescript, U.C. Berkeley, July.

Killeen, W., R. Lyons, and M. Moore. 2000b. The puzzle of the euro. Typescript, U.C. Berkeley, July.

Kim, O., and R. Verrecchia. 1991. Trading volume and price reactions to public announcements. *Journal of Accounting Research* 29: 302–321.

Kirilenko, A. 1997. Endogenous trading arrangements in emerging foreign exchange markets. Working paper, University of Pennsylvania (Wharton).

Klein, M. 1993. The accuracy of reports of foreign exchange intervention. *Journal of International Money and Finance* 12: 644–653.

Kouri, P., and M. Porter. 1974. International capital flows and portfolio equilibrium. *Journal of Political Economy* 82: 443–467.

Krugman, P., and M. Miller. 1993. Why have a target zone? *Carnegie-Rochester Conference Series on Public Policy* 38: 279–314.

Krugman, P., and M. Obstfeld. 2000. *International Economics*, 5th ed. Reading, Mass.: Addison-Wesley.

Kurz, M. 1997. Foreign exchange rates under alternative expectational paradigms: A resolution of the excess volatility puzzle. Working paper, Stanford University.

Kyle, A. 1985. Continuous auctions and insider trading. *Econometrica* 53: 1315–1335.

Kyle, A. 1989. Informed speculation with imperfect competition. *Review of Economic Studies* 56: 317–356.

Leach, J., and A. Madhavan. 1993. Price experimentation and security market structure. *Review of Financial Studies* 6: 375–404.

Lee, C., and M. Ready. 1991. Inferring trade direction from intradaily data. *Journal of Finance* 46: 733–746.

Lehman Brothers. 2000. *Global Economic Research Series: FX Impact of Cross-Border MA.* London: Lehman Brothers International (20 April).

Leland, H. 1992. Insider trading: Should it be prohibited? *Journal of Political Economy* 100: 859–887.

Levich, R. 2001. International Financial Markets: Prices and Policies, 2nd ed. New York: McGraw-Hill Irwin.

Lewis, K. 1988. Testing the portfolio balance model: A multilateral approach. *Journal of International Economics* 24: 109–127.

Lewis, K. 1995. Puzzles in international financial markets. In *Handbook of International Economics*, edited by G. Grossman and K. Rogoff. Amsterdam: Elsevier Science.

Loopesko, B. 1984. Relationships among exchange rates, intervention, and interest rates: An empirical investigation. *Journal of International Money and Finance* 3: 257–277.

Luca, C. 2000. *Trading in the Global Currency Markets*, 2nd ed. New York: Prentice Hall.

Lui, Y., and D. Mole. 1998. The use of fundamental and technical analyses by foreign exchange dealers: Hong Kong evidence. *Journal of International Money and Finance* 17: 535–545.

Lyons, R. 1995. Tests of microstructural hypotheses in the foreign exchange market. *Journal of Financial Economics* 39: 321–351.

Lyons, R. 1996a. Optimal transparency in a dealer market with an application to foreign exchange. *Journal of Financial Intermediation* 5: 225–254.

Lyons, R. 1996b. Foreign exchange volume: Sound and fury signifying nothing? In *The Microstructure of Foreign Exchange Markets*, edited by J. Frankel et al. Chicago: University of Chicago Press.

Lyons, R. 1997a. A simultaneous trade model of the foreign exchange hot potato. *Journal of International Economics* 42: 275–298.

Lyons, R. 1998. Profits and position control: A week of FX dealing. *Journal of International Money and Finance* 17: 97–115.

Lyons, R., and A. Rose. 1995. Explaining forward exchange bias ... intraday. *Journal of Finance* 50: 1321–1329.

Machlup, F. 1939. The theory of foreign exchanges. Economica. Reprinted in *Readings in the Theory of International Trade*, edited by H. Ellis and L. Metzler. Philadelphia: Blakiston, 1949.

Madhavan, A. 1992. Trading mechanisms in securities markets. *Journal of Finance* 47: 607–642.

Madhavan, A. 1996. Security prices and market transparency. *Journal of Financial Intermediation* 5: 255–283.

Madhavan, A. 2000. Market microstructure: A survey. *Journal of Financial Markets* 3: 205–258.

Madhavan, A., and S. Smidt. 1991. A bayesian model of intraday specialist pricing. *Journal of Financial Economics* 30: 99–134.

Madhavan, A., and S. Smidt. 1993. An analysis of changes in specialist inventories and quotations. *Journal of Finance* 48: 1595–1628.

Madrigal, V. 1996. Non-fundamental speculation. *Journal of Finance* 51: 553–578.

MAR/Hedge. 2000. Monthly issues, Managed Account Reports, Inc., New York (available at www.marhedge.com).

Mark, N. 1995. Exchange rates and fundamentals: Evidence on long-horizon predictability. *American Economic Review* 85: 201–218.

Meese, R. 1986. Testing for bubbles in exchange markets. *Journal of Political Economy* 94: 345–373.

Meese, R. 1990. Currency fluctuations in the post–Bretton Woods era. *Journal of Economic Perspectives* 4: 117–134.

Meese, R., and K. Rogoff. 1983a. Empirical exchange rate models of the seventies. *Journal of International Economics* 14: 3–24.

Meese, R., and K. Rogoff. 1983b. The out-of-sample failure of empirical exchange rate models. In *Exchange Rate and International Macroeconomics*, edited by J. Frenkel. Chicago: University of Chicago Press.

Mehra, R., and E. Prescott. 1985. The equity premium: A puzzle. *Journal of Monetary Economics* 15: 145–161.

Melvin, M., and B. Peiers. 1997. The global transmission of volatility in the foreign exchange market. Working paper, Arizona State University.

Melvin, M., and X. Yin. 2000. Public information arrival, exchange rate volatility, and quote frequency. *Economic Journal* 110: 644–651.

Mendelson, H. 1987. Consolidation, fragmentation, and market performance. *Journal of Financial and Quantitative Analysis* 22: 189–208.

Menkhoff, L. 1998. The noise trading approach—Questionnaire evidence from foreign exchange. *Journal of International Money and Finance* 17: 547–564.

Montgomery, J., and H. Popper. 1998. Information sharing and central bank intervention in the foreign exchange market. Typescript, Santa Clara University, December.

Moore, M., and M. Roche. 1999. Less of a puzzle: A new look at the forward forex market. Typescript, Queen's University of Belfast, June.

Morris, S., and H. Shin. 2000. Rethinking multiple equilibria in macroeconomic modeling. *NBER Macroeconomics Annual 2000.*

Mussa, M. 1976. The exchange rate, the balance of payments, and monetary and fiscal policy under a regime of controlled floating. *Scandinavian Journal of Economics* 78: 229–248.

Muth, J. 1960. Optimal properties of exponentially weighted forecasts. *Journal of the American Statistical Association* 55: 290–306.

Naik, N., A. Neuberger, and S. Viswanathan. 1999. Trade disclosure regulation in markets with negotiated trades. *Review of Financial Studies* 12: 873–900.

Naik, N., and P. Yadav. 2000. Do market intermediaries hedge their risk exposure with derivatives? Typescript, London Business School, February.

Naranjo, A., and M. Nimalendran. 2000. Government intervention and adverse selection costs in foreign exchange markets. *Review of Financial Studies* 13: 453–477.

New York Federal Reserve Bank. 1995. *The Foreign Exchange Committee Annual Report, 1995.* New York: Federal Reserve Bank.

Obstfeld, M., and K. Rogoff. 1995. Exchange rate dynamics Redux. *Journal of Political Economy* 103: 624–660.

Obstfeld, M., and K. Rogoff. 1996. *Foundations of International Macroeconomics*. Cambridge, MA: MIT Press.

Obstfeld, M., and A. Taylor. 1997. Non-linear aspects of goods-market arbitrage and adjustment: Heckscher's commodity points revisited. *Journal of the Japanese and International Economies* 11: 441–479.

O'Hara, M. 1995. *Market Microstructure Theory.* Cambridge, MA: Blackwell Business.

O'Hara, M. 1999. Making market microstructure matter. *Financial Management* 28: 83–90.

O'Hara, M., and G. Oldfield. 1986. The microeconomics of market making. *Journal of Financial and Quantitative Analysis* 21: 361–376.

Osler, C. 1995. Exchange rate dynamics and speculator horizons. *Journal of International Money & Finance* 14: 695–720.

Osler, C. 1998. Short-term speculators and the puzzling behavior of exchange rates. *Journal of International Economics* 45: 37–57.

Osler, C. 2000. Support for resistance: Technical analysis and intraday exchange rates. *Economic Policy Review* 6: 53–68.

Osler, C. 2001. Currency orders and exchange-rate dynamics: Explaining the success of technical analysis. Typescript, Federal Reserve Bank of New York, March.

Pagano, M. 1989. Trading volume and asset liquidity. *Quarterly Journal of Economics* 104: 255–274.

Pagano, M., and A. Roell. 1996. Transparency and liquidity: A comparison of auction and dealer markets. *Journal of Finance* 51: 579–612.

Payne, R. 1999. Informed trade in spot foreign exchange markets: An empirical investigation. Typescript, London School of Economics, January.

Payne, R., and P. Vitale. 2000. A transaction level study of the effects of central bank intervention on exchange rates. Typescript, London School of Economics, July.

Peiers, B. 1997. Informed traders, intervention, and price leadership: A deeper view of the microstructure of the foreign exchange market. *Journal of Finance* 52: 1589–1614.

Perold, A., and E. Schulman. 1988. The free lunch in currency hedging: Implications for investment policy and performance standards. *Financial Analysts Journal* May–June, 45–50.

Perraudin, W., and P. Vitale. 1996. Interdealer trade and information flows in a decentralized foreign exchange market. In *The Microstructure of Foreign Exchange Markets*, edited by J. Frankel et al. Chicago: University of Chicago Press.

Portes, R., and H. Rey. 1998. The emergence of the euro as an international currency. *Economic Policy* 26: 307–343.

Reiss, P., and I. Werner. 1995. Transaction costs in dealer markets: Evidence from the London Stock Exchange. In *Industrial Organization and Regulation of the Securities Industry*, edited by A. Lo. Chicago: University of Chicago Press.

Reiss, P., and I. Werner. 1997. Interdealer trading: Evidence from London. Stanford Business School Research Paper No. 1430, February.

Reiss, P., and I. Werner. 1998. Does risk sharing motivate interdealer trading? *Journal of Finance* 53: 1657–1704.

Reiss, P., and I. Werner. 1999. Adverse selection in dealers' choice of interdealer trading system. Dice Working Paper no. 99-7, Ohio State University, June.

Rey, H. 2001. International trade and currency exchange. *Review of Economic Studies* 68: 443–464.

Rime, D. 2000. Private or public information in foreign exchange markets? An empirical analysis. Typescript, University of Oslo, March (available at www.uio.no/~dagfinri).

Robinson, J. 1937. The foreign exchanges. Reprinted in *Readings in the Theory of International Trade*, edited by H. Ellis and L. Metzler. Philadelphia: Blakiston, 1949.

Rochet, J., and J. Vila. 1995. Insider trading without normality. *Review of Economic Studies* 61: 131–152.

Rogoff, K. 1984. On the effects of sterilized intervention: An analysis of weekly data. *Journal of Monetary Economics* 14: 133–150.

Roll, R. 1988. R^2. *Journal of Finance* 43: 541–566.

Romer, D. 1993. Rational asset-price movements without news. *American Economic Review* 83: 1112–1130.

Romeu, R. 2001. Parameter stability in foreign exchange market microstructure. Typescript, University of Maryland, February.

Rosenberg, M. 1996. *Currency Forecasting: A Guide to Fundamental and Technical Models of Exchange Rate Determination*. Chicago: Irwin Professional Publishing.

Rotemberg, J., and M. Woodford. 1997. An optimization-based econometric framework for the evaluation of monetary policy. In *NBER Macroeconomics Annual*, edited by B. Bernanke and J. Rotemberg. Cambridge, MA: MIT Press.

Rubinstein, M. 2000. Rational markets: Yes or no? The affirmative case. U.C. Berkeley Research Program in Finance Working Paper RPF-294, June (available at www.haas.berkeley.edu/finance/WP/rfplist.html). Forthcoming in *Financial Analysts Journal*.

Saar, G. 1999. Demand uncertainty and the information content of the order flow. Typescript, Cornell University, July.

Saporta, V. 1997. Which interdealer market prevails? An analysis of interdealer trading in opaque markets. Bank of England, working paper 59.

Sarno, L, and M. Taylor. 2000a. The microstructure of the foreign exchange market. *Special Papers on International Economics*, Princeton University (available at http://www.princeton.edu/~ies).

Sarno, L., and M. Taylor. 2000b. Official intervention in foreign exchange markets. Typescript, University of Oxford, April.

Scholes, M. 1972. The market for securities: Substitution versus price pressure and the effect of information on sharp price. *Journal of Business* 45: 179–211.

Seasholes, M. 2000. Smart foreign traders in emerging markets. Typescript, Harvard University, January.

Seppi, D. 1996. Liquidity provision with limit orders and a strategic specialist. *Review of Financial Studies* 10: 103–150.

Shiller, R. 1981. Do stock prices move too much to be justified by subsequent changes in dividends? *American Economic Review* 71: 421–436.

Shleifer, A. 1986. Do demand curves for stocks slope down? *Journal of Finance* 41: 579–590.

Shleifer, A., and R. Vishny. 1997. The limits to arbitrage. *Journal of Finance* 52: 35–56.

Siegel, J. 1972. Risk, interest rates, and the forward exchange. *Quarterly Journal of Economics* 86: 303–309.

Slezak, S. 1994. A theory of the dynamics of security returns around market closures. *Journal of Finance* 49: 1163–1211.

Smith, R., and B. Madigan. 1988. Exchange market management and monetary policy in the United States. In *Exchange Market Intervention and Monetary Policy*, edited by Bank for International Settlements. Basel: BIS.

Snell, A., and I. Tonks. 1995. Determinants of price quote revisions on the London stock exchange. *Economic Journal* 105: 55–73.

Spiegel, M. 1998. Stock price volatility in a multiple security overlapping generations model. *Review of Financial Studies* 11: 419–447.

Spiegel, M., and A. Subrahmanyam. 1995. On intraday risk premia. *Journal of Finance* 50: 319–339.

Stockman, A. 1987. The equilibrium approach to exchange rates. *Federal Reserve Bank of Richmond Economic Review* 73, 2: 12–31.

Stoll, H. 1978. The supply of dealer services in securities markets. *Journal of Finance* 33: 1133–1151.

Subrahmanyam, A. 1991. Risk aversion, market liquidity, and price efficiency. *Review of Financial Studies* 4: 417–441.

Suvanto, A. 1993. Foreign exchange dealing: Essays on the microstructure of the foreign exchange market. ETLA—The Research Institute of the Finnish Economy. Helsinki: Taloustieto Oy.

Taylor, M. 1995. The economics of exchange rates. *Journal of Economic Literature* 83: 13–47.

Taylor, M., and H. Allen. 1992. The use of technical analysis in the foreign exchange market. *Journal of International Money and Finance* 11: 304–314.

Tesar, L., and I. Werner. 1995. Home bias and high turnover. *Journal of International Money and Finance* 14: 467–493.

Varian, H. 1985. Divergence of opinion in complete markets. *Journal of Finance* 40: 309–317.

Viswanathan, S., and J. Wang. 1998. Why is inter-dealer trading so pervasive in financial markets? Working paper, Duke University, February.

Vitale, P. 1998. Two months in the life of several gilt-edged market makers on the London Stock Exchange. *Journal of International Financial Markets, Institutions & Money* 8: 301–326.

Vitale, P. 1999. Sterilized central bank intervention in the foreign exchange market. *Journal of International Economics* 49: 245–267.

Vitale, P. 2000. Speculative noise trading and manipulation in the foreign exchange market. *Journal of International Money and Finance* 19: 689–712.

Vogler, K. 1997. Risk allocation and inter-dealer trading. *European Economic Review* 41: 417–441.

Wang, J. 1994. A model of competitive stock trading volume. *Journal of Political Economy* 102: 127–168.

Wei, S. 1994. Anticipations of foreign exchange volatility and bid-ask spreads. NBER Working Paper 4737.

Wei, S., and J. Kim. 1997. The big players in the foreign exchange market: Do they trade on information or noise? NBER Working Paper 6256, November.

Werner, I. 1997. A double auction model of interdealer trading. Stanford Business School Research Paper, no. 1454.

Weston, J. 2000. Competition on the Nasdaq and the impact of recent market reforms, *Journal of Finance* 55: 2565–2598.

Wolinsky, A. 1990. Information revelation in a market with pairwise meetings. *Econometrica* 58: 1–23.

Working, H. 1953. Futures trading and hedging. *American Economic Review* 43: 314–343.

Yao, J. 1998a. Market making in the interbank foreign exchange market. New York University Salomon Center Working Paper #S-98-3.

Yao, J. 1998b. Spread components and dealer profits in the interbank foreign exchange market. New York University Salomon Center Working Paper #S-98-4.

Zaheer, A., and Zaheer, S. 1995. Catching the wave: Alertness, responsiveness, and market influence in global electronic networks. Typescript, University of Minnesota, December.

Zhou, B. 1996. High frequency data and volatility in foreign exchange rates. *Journal of Business and Economic Statistics* 14: 45–52.